新时代财富管理研究文库

Research on the Risk Impact of Insurance
Companies' Investment in Chinese Stock Market

保险公司投资中国股市的风险影响研究

郝芳静／著

经济管理出版社

ECONOMY & MANAGEMENT PUBLISHING HOUSE

图书在版编目（CIP）数据

保险公司投资中国股市的风险影响研究/郝芳静著.—北京：经济管理出版社，2021.6
ISBN 978 - 7 - 5096 - 8094 - 0

Ⅰ.①保…　Ⅱ.①郝…　Ⅲ.①保险公司—投资—风险管理—研究—中国　Ⅳ.①F842

中国版本图书馆 CIP 数据核字（2021）第 125126 号

组稿编辑：赵天宇
责任编辑：赵天宇
责任印制：黄章平
责任校对：董杉珊

出版发行：经济管理出版社
　　　　　（北京市海淀区北蜂窝 8 号中雅大厦 A 座 11 层　100038）
网　　　址：www. E - mp. com. cn
电　　　话：(010) 51915602
印　　　刷：唐山玺诚印务有限公司
经　　　销：新华书店
开　　　本：720mm × 1000mm/16
印　　　张：13.5
字　　　数：248 千字
版　　　次：2021 年 12 月第 1 版　　2021 年 12 月第 1 次印刷
书　　　号：ISBN 978 - 7 - 5096 - 8094 - 0
定　　　价：88.00 元

"新时代财富管理研究文库" 总序

　　我国经济持续快速发展，社会财富实现巨量积累，财富管理需求旺盛，财富管理机构、产品和服务日渐丰富，财富管理行业发展迅速。财富管理实践既为理论研究提供了丰富的研究素材，同时也越发需要理论的指导。

　　现代意义上的财富管理研究越来越具有综合性、跨学科特征。从其研究对象和研究领域看，财富管理研究可分为微观、中观、宏观三个层面。微观层面，主要包括财富管理客户需求与行为特征、财富管理产品的创设运行、财富管理机构的经营管理等。中观层面，主要包括财富管理行业的整体性研究、基于财富管理视角的产业金融和区域金融研究等。宏观层面，主要包括基于财富管理视角的社会融资规模研究、对财富管理体系的宏观审慎监管及相关政策法律体系研究，以及国家财富安全、全球视域的财富管理研究等。可以说，财富管理研究纵贯社会财富的生产、分配、消费和传承等各个环节，横跨个人、家庭、企业、各类社会组织、国家等不同层面主体的财富管理、风险防控，展现了广阔的发展空间和强大的生命力。在国家提出推动共同富裕取得更为明显的实质性进展的历史大背景下，财富管理研究凸显出更加重要的学术价值和现实意义。"新时代财富管理研究文库"的推出意在跟踪新时代下我国财富管理实践发展，推进财富管理关键问题研究，为我国财富管理理论创新贡献一份力量。

　　山东工商学院是一所以经济、管理、信息学科见长，经济学、管理学、理学、工学、文学、法学多学科协调发展的财经类高校。学校自2018年第三次党代会以来，立足办学特点与优势，紧密对接国家战略和经济社会发展需求，聚焦财商教育办学特色和财富管理学科特色，推进"学科＋财富管理"融合发展，构建"素质＋专业＋创新创业＋财商教育"的复合型人才培养模式，成立财富管理学院、公益慈善学院等特色学院和中国第三次分配研究院、共同富裕研究院、中国艺术财富高等研究院、黄金财富研究院等特色研究机构，获批慈善管理本科专业，深入推进财富管理方向研究生培养，在人才培养、平台搭建、科学研究等方面有了一定的积累，为本文库的出版奠定了基础。

　　未来，山东工商学院将密切跟踪我国财富管理实践发展，不断丰富选题，提高质量，持续产出财富管理和财商教育方面的教学科研成果，把"新时代财富管理研究文库"和学校 2020 年推出的"新时代财商教育系列教材"一起打造成为姊妹品牌和精品项目，为中国特色财富管理事业持续健康发展做出贡献。

前　言

自 2009 年银保监会（原保监会）对保险公司股票投资的转入门槛以及投资限额放松后，险资在股票市场上不断活跃，尤其是近几年险资的频繁举牌上市公司使险资在市场上的热度不降且升，成为不可小觑的市场力量。然而作为现代经济资源配置的中心，资本市场起着重要的作用，尤其中国市场作为一个新兴市场，股价异象的问题更加明显，股价异常波动的表面影响是引起资本市场的动荡，实质上则体现的是市场整体的不成熟、参与主体的投机心理以及信息配置效率的低下。在各个层面市场主体的利益博弈下，保险公司投资股票市场会给市场风险带来怎样的影响。在此研究背景下，本书试图从不同利益相关者视角出发，对保险公司投资中国股票市场的风险影响展开分析。

本书的研究创新主要体现在：第一，本书将保险公司投资股票市场的治理效应拓展到资本市场上股价的极端现象，研究了保险公司投资股票市场对股价崩盘风险、股价同步性以及投资—股价敏感性的影响，丰富了保险公司治理效应以及险资参股与市场风险方面的相关文献；第二，本书从控股股东、投资者行为以及公司内部信息透明度三个角度分析、探讨了保险公司投资中国股票市场的风险影响，丰富了资本市场风险方面的研究；第三，本书将保险公司投资股票市场及其与各个利益主体之间的关系进行深刻剖析，着重分析了在不同情境下保险公司投资股票市场对不同利益主体心理与行为的影响，并就作用机理及具体路径进行了深入分析与剖析，为公司加强内部控制以及市场风险管理提供了可行性建议。具体的实证研究工作如下：

第四章，险资举牌的市场风险影响。首先，对险资举牌上市公司的特征进行案例分析，对其持股偏好、持股数量与比例、险资交易策略及将险资持股与全体上市公司进行比较，发现险资持股的特性；其次，基于险资举牌热潮前后的样本数据，建立双重差分模型对险资举牌与市场风险之间的关系建立准自然实验展开研究，通过描述性统计、平行趋势检验、PSM 检验等发现险资举牌与市场风险之间的关系。研究得出，险资举牌能够降低个股收益率的波动幅度。此外，换手率作为体现股票流通强弱的重要指标，一般认为换手率越高的上市公司在险资介入后个股收益的波动率越小，但是通过异质性分析没有发现显著差异。

第五章，保险公司投资中国股市对股价崩盘风险的影响。首先，对从控股股东层面出发的股权质押行为展开分析，并就其与股价崩盘风险之间的关系进行分析检验；其次，将险资参股、股权质押与股价崩盘风险置于统一情境中展开论述，从而发现险资参股对控股股东股权质押行为以及股价崩盘风险的中介效应。研究得出：①股权质押下企业的股价崩盘风险低，这主要是因为企业为了能够获得股权质押资格以及高的杠杆率，会加强内部治理和盈余管理，提升公司市值管理、业绩，投资者认可度提高会使投资者大量购买股票，同时由于股权质押的股票在市场上暂时处于冻结状态，所以市场上可流通股本相应减少，股价上升。②进一步研究发现，保险公司投资可以进一步降低股权质押带来的股价崩盘风险，这是因为：保险公司投资首先能够加强公司治理监督，防止股价下行；同时能够增强市场信心，在公司股权质押流动性不足时提供资金保障，一旦触及平仓线、出现爆仓风险时，可提供资金支持，有一定的中介效应，尤其是对于私企和大股东持股比例高的公司，降低股价崩盘风险的作用更明显。③当核心变量都取较大组或者都取较小组时，股权质押的组相对于无股权质押的组，股价崩盘风险降低 0.009，有险资参股的组相对于无险资参股的组，股价崩盘风险降低 0.059，有股权质押和险资参股的组相对于无股权质押和无险资参股的组，股价崩盘风险降低 0.837。

第六章，保险公司投资中国股市对股价同步性的影响。首先从市场层面角度出发的投资者情绪展开分析，并就其与股价同步性之间的关系进行分析检验，接下来将保险公司投资、投资者情绪与股价同步性放在一个特定情境中展开论述，从而发现险资参股对市场投资者情绪的影响以及股价同步性的中介效应。研究得出：①股吧论坛的投资者情绪短期内会加大股价同步性，二者呈正相关关系。②险资参股有效降低了投资者情绪带给股价同步性的冲击，产生了一定的中介效应，并且险资持股比例越高，效应越明显，因为当险资参股后会通过公司治理对资本市场起到利好的作用，在网络论坛的信息效应下有助于稳定投资者情绪，降低羊群效应从而降低股价同涨同跌效应，这种降低股价同步性的效应在国企样本中更明显。③当核心变量都取较大组或者都取较小组时，投资者情绪高的组相对于投资者情绪低的组，股价同步性降低 0.139；有险资参股的组相对于无险资参股的组，股价同步性降低 0.212；投资者情绪高和险资参股的组相对于投资者情绪低和无险资参股的组，股价同步性降低 4.031。

第七章，保险公司投资中国股市对投资—股价敏感性的影响。首先对从公司层面出发的信息透明度着手分析，并就其与投资—股价敏感性之间的关系进行检验，接下来将险资参股、信息透明度与投资—股价敏感性置于一个统一情境中展开论述，从而发现险资参股对公司信息透明度的影响以及在其实际经济决策中对投资—股价敏感性的中介效应。研究得出：①信息透明度越高，其对公司的投资—股价敏感性的反馈效应越明显。②险资参股后，通过加强外部监督会使信息透明度对投资—股价敏感性的反馈效应更加明显，产生一定的中介效应，并且险资持股比例越高，效应越明显，这种效应在两权分离程度大和高杠杆率的组中效果更明显。③当核心变量都取较大组或者都取较小组时，信息透明度高的组相对于信息透明度低的组，投资—股价敏感性提高 0.024；有险资参股的组相对于无险资参股的组，投资—股价敏感性提高 0.007；信息透明度高和险资参股的组相对于信息透明度低和无险资参股的组，投资—股价敏感性提高 0.47。

综上所述，实证研究的结果整体上验证了保险公司投资对市场上风险整体起到一个降低作用，并且能够通过对不同利益主体（控股股东、投资者以及公司内部信息）的心理和行为影响从而起到降低市场不同层面风险的作用。

第八章，研究结论与未来展望。首先对全文的基本研究结果进行归纳总结，其次针对具体的实证研究结果提出系统性的政策建议：保险公司要提高自身风险意识，尤其是在股权投资问题上，要深入挖掘被举牌公司的市场潜力和价值，并充分考虑资金的流动性与安全性，加强公司的资产负债管理，完善公司的资金配置结构；上市公司要对保险公司的介入进行有效的门槛限制，提高识别能力，力争引入质量优良的保险公司，在其发挥监督作用的同时有效改善公司内部的治理结构，提高公司经营绩效。国家要从整体上制定合适的法律法规以规范保险公司的行为，并对其进行健康引导与监管，从而充分发挥市场在资源配置中的作用：在股东方面，加强对公司控股股东的监管，预防其机会主义的投机行为；在投资者方面，要加强对其教育，并且国家要对市场信息进行整肃，建立正确的投资情绪导向。中国作为新兴资本市场，要加强上市公司信息监管以及培育优秀的分析师队伍，从而提高信息含量。总之，保险公司是资本市场上重要的市场力量，国家及社会的各个层面应该为其提供发展支持及引导，以充分发挥险资在资本市场中的作用。

目　录

第一章 引言

第一节 选题背景与意义

一、选题背景

资本市场作为金融市场的核心，在资源配置中发挥着重要的作用。其中市场价值的异常波动现象值得关注，尤其在以中国为代表的新兴市场上表现得尤为明显。股价的异常波动表面上会引起资本市场的动荡，实质上体现的是市场整体的不成熟、参与主体的投机心理以及信息配置水平的低下。而在不同利益主体的博弈下，资本市场的资源配置效率不但难以得到保障，而且上市公司和市场投资主体的财富保值增值都会有巨大的风险。伴随着资本市场动荡性的加剧，尤其为了避免金融危机的出现，市场风险更是受到监管者、投资者和学术界的格外关注。

随着中国资本市场不断发展和完善，机构投资者在股票市场中的比重也在不断地增加，对维护资本市场的稳定和健康发展具有不可小觑的作用。近年来，机构投资者的发展结构也发生了变化，基金分化现象严重，比较明显的是保险公司的悄然崛起，保险公司在近几年内持股比例不断攀升，作为市场中新兴的投资力量，对上市公司的发展有着重要影响，也引领着资本市场的交易风格，更是与资本市场的稳定性息息相关。2016 年的"宝万之争"使保险公司赚足了市场的关注度，随着深圳地铁集团的加入，才使这场市场纷争得以结束。在纷争背后可以发现，保险公司在资本市场上已经占据着举足轻重的地位。

虽然在市场发展的初期由于市场的不成熟性以及保监会维稳的需要，对于保

· 1 ·

险资金进入股市做了严格的规定，但是随着市场成熟度日益增加，自 2009 年之后保监会先后放宽险资投资股票的准入门槛和限额，保险公司在股市上的活跃度不断提升。尤其是在 2014 年之后，险资的话语权不断增加。2014 年安邦保险购入民生银行股票并成为最大股东，持股比例超过 20%①，2015 年以前海人寿为核心的宝能系对万科进行杠杆收购从而成为最大股东②，2016 年恒大集团携恒大人寿斥资超过 360 亿元对万科超过 14% 的股权进行增持③，2017 年中国平安和中国人寿共耗资约 300 亿元发起 7 次举牌④，2018 年以来太保寿险、人保财险、合众人寿 3 家险企对 3 项股权投资计划进行认购，认购金额 10 亿元⑤，从而保险公司成为股市上的关注重点。

从总市值口径看，截至 2019 年第三季度，保险资金中关于股票和证券投资基金总规模将达到 2.24 万亿元，占 A 股总市值的比重为 3.79%，相对于上一时期的 2.19 万亿元和 3.75% 的比重，保险资金无论是在持股总市值还是占比中均呈现稳中上升的态势；从流通市值口径看，截至 2019 年第三季度，保险是继公募基金、外资之后排名前三的机构投资者，持股市值分别为 2.11 万亿元、1.76 万亿元、1.66 万亿元。由此可见，近些年来保险资金是 A 股市场中的新秀。而在对保险资金的监管方面，国家对于保险公司在投资股票方面的比例要求也不断呈现出方式限制的趋势，对权益类资产的投资要求限制上限也由 5% 提升到 30%⑥。随着投资比例的不断提升，保险公司在 A 股中的地位也越来越高，这也是机构投资者对资本市场影响力不断加强的一种体现。

相对于中国其他投资者，保险公司资金的体量大、久期长、来源相对稳定。在风险控制上，保险公司更加注重风险预警和风险责任追究机制，并且一直秉承

---

① 2018 年 2 月 23 日，保监会网站公告称，依法会同人民银行、银监会、证监会、外汇局等有关部门成立接管工作组，对安邦保险集团实施全面接管。

② 2017 年 2 月 24 日，保监会官网通报了对前海人寿保险股份有限公司（简称前海人寿）有关违法案件作出行政处罚。在处罚中，对时任前海人寿董事长姚振华给予撤销任职资格并禁入保险业 10 年的处罚。

③ 2017 年 6 月 9 日，恒大集团将持有万科 A 占 14.07% 的股份全部转让给深圳市地铁集团，恒大彻底退出备受关注的"宝万之争"。

④《2017 年险资 7 起举牌耗资 300 亿元》，2017 年 12 月 28 日，《证券日报》。

⑤《2018 年险资股权投资"花样多"：举牌、入股、风投齐上阵》，2018 年 12 月 13 日，《蓝鲸财经》。

⑥ ［国金策略］专题：2019Q3A 股投资者结构全景图剖析（公募、险资、外资、私募等）（李立峰、魏雪），2019 年 12 月 4 日。

着价值投资、长期投资和稳健投资的理念，其资金被认为质地优良。此外，保险公司近年来积攒了丰富的投资经验，决策分析能力也不断提升，在投资过程中更加注重挖掘上市公司深层次的市场信息，关注上市公司的真实投资价值，能够发现个体投资者不易发现的负面消息，从而能够从全局上准确地把握市场信息，进而采取更加主动的投资行为，并通过用脚投票以及发布研报等方式向市场传递信息，最大限度上降低负面消息的市场效应，降低市场风险。然而，保险公司投资股市虽然对上市公司的股权结构建设起到优化作用，并且能够加强投资者的信任、维稳市场，但是也存在着保险公司对上市公司经营干扰的状况，从而存在与公司股东勾结对公司利益进行挖空的行为，这些都会对股价产生直接的影响，从而加剧市场动荡。因此，保险公司投资对资本市场风险有着重要的影响。

然而，自中国股票市场运行以来，随着制度建设不断完善和监管部门对上市公司监督程度的不断提升，中国的信息披露体系日益完善，但在整体上资本市场的信息透明度仍然比较低，信息环境建设仍然是中国资本市场制度改革面临的一个重要难题（Thomas et al.，2010），信息完善将对公司的政策决策产生连锁反应，从而进一步作用于公司的长远发展。同时股市中各种各样的风险有可能会影响投资者的投资心理和风格，这会引起投资者对市场风险不同程度的价格反应，进而采取不同的投资策略，因而市场上投资主体的情绪变化与股市关系密切。从公司管理层出发，为了既得利益的追求，股东之间会发生勾结的利益攫取以及因私利操纵公司利益的行为，不利于市场的稳定。所以，不同利益相关者对资本市场风险都会有异质性影响。

从控股股东层面看，股权质押一直以来是深得公司股东青睐的融资途径，主要缘于其融资成本低、时间快、效率高，但是其存在的风险隐患也是很大的。首先，基于委托代理问题，经理人和股东之间的冲突会使公司进行股权质押后因公司治理不善面临控制权转移风险（Liu and B. X.，2007），成为企业"套现"手段，转手"卖"给银行等质权人。其次，容易产生"多米诺骨牌效应"，由于受无涨跌幅限制和主板市场萧条联动效应的联合夹击，公司股价容易如过山车般波动，尤其当质押股票的股价触及市值警戒线时，则必须追加质押物或保证金，此时公司面临流动性缺失风险，出现资金链断裂，融资渠道受阻，容易转到债市，增加公司经营的风险，这种系统性风险还会使股价面临着崩盘的风险。所以股权质押对公司发展具有潜在风险。但是机构投资者有意愿并能够在公司治理中发挥积极作用（Brickley et al.，1988；Hartzell and Starks，2003；Cheng et al.，

2010）。保险公司作为重要的机构投资者，对于公司治理具有重要作用。首先，险资参股会加强公司内部治理以及各方面发展，降低公司股权质押违约风险。其次，险资参股化解了公司的资金困难，险资对公司的战略性投资，尤其以在二级市场购买股票的方式投资，为公司流动性困难提供了资金支持，分散了公司经营的风险，会对场外资金传递出一个信号，激发其积极入市，以保险资金的投向为标的，提升股票的估值预期，有利于股价的回升；但是保险公司作为机构投资者，其常常会通过操纵信息来干预市场，制造虚假信息，并且如果短期机构投资者目光短浅，更加注重短期利润，则会对企业投资效率产生不利影响（Bushee，1998），牟利之举更会使公司经营困难加剧，为股价下行甚至崩盘埋下祸根。所以股权质押是股价崩盘风险的潜在地雷，但险资能否有效降低股权质押带来的流动性风险，从而降低股价崩盘风险，或者说会出现偿付能力不足加剧股价崩盘的风险呢？这个问题值得进一步探讨。

从市场上投资者的角度来看，在中国资本市场中个人投资者仍然占市场主体地位，由于未经过专业训练，又受教育水平、性格差异、信息接触能力等各方面因素影响，投资心理会有偏差，呈现出非理性特征，这种对未来股价预期出现的偏差叫作投资者情绪。Baker 和 Wurgler（2007）同样将投资者情绪定义为一种对未来股市价格的心理预期波动。因此，投资者是属于有限理性的，其投资情绪会有很多非理性因素包含在内。Lee 和 Thaler（1991）的观点也证实了投资者情绪主观性这一特征。随着网络的普及和股票市场信息共享发布的快速发展，越来越多的投资者开始在股票贴吧论坛里发表自己的看法和预期。金融市场的大部分信息又是从社交媒体等外生来源获得，社交媒体情绪的变化和资产价格息息相关，尤其在情绪进入市场后投资者会产生不同的理性和非理性行为，因为投资者决策取决于其对信息的自我理性评估，而情绪因子融入股票的过程又会在未来几天内影响股票价格（Sul et al.，2016）。根据中国互联网信息中心（CNNIC）的第 43 次调查报告①，截至 2018 年 12 月，中国网民规模为 8.29 亿人，全年新增网民 5653 万人，互联网普及率达到 59.6%。所以，随着中国网民数量及网络论坛用户的快速增长，投资者对网络论坛的关注度越来越高。可见，在线的社交网络吸引了很多用户和研究人员关注，其在社交媒体中表达的公众情绪与金融市场息息相关，个人情感可以影响个人行为和决定，而情绪又是可以熏染的（Ruan et

---

① 《CNNIC 第 43 次中国互联网统计报告》，新浪网，2019 年 2 月 28 日。

al.，2018；Nofer and Hinz，2015），并且在信息流动越来越快的情况下，股价会更有动量去逆转（Daniel and Julien，2014），所以不同股票论坛上社交网络模型中不同用户之间的互动关系会影响股票价格波动（Saumya and Kumar，2016；Mao and Bollen，2015）。而在股吧论坛方面的研究涉及了论坛帖子数和帖子内容等（Antweiler and Frank，2004；Das and Chen，2007；Zhang and Swanson，2010），论坛帖子数可以作为投资者关注程度的代理变量，投资者情绪可以从帖子内容中提取。而目前中国对股票论坛表现的投资者情绪方面的研究还比较片面，本书则尝试从不同维度考虑股票市场所体现的投资者情绪，从股票网络论坛中提取帖子内容作为投资者情绪的信息含量进行研究，以期做出边际学术贡献。针对金融市场中出现的各种风险，保险公司作为资本市场的重要力量，一直受到各方关注。2018 年 10 月，中国银保监会表示要加大保险资金在财务和战略的视野高度上对上市公司的投资力度，从而壮大机构投资者实力，巩固长期投资的基础。一方面保险公司参股有助于公司治理环境的改善和市场的稳定，对企业价值起到正面的提升作用（Cornell et al.，2007），另一方面也可以有效提升股价中的公司特有信息含量，提高市场效率、稳定市场。保险公司作为灰色机构投资者更喜欢进行经验投资，更关注与公司治理一致的机制（De – La – Hoz et al.，2018），然而投资者是具有非理性特点的，机构投资者也不例外（Zamri et al.，2017）。保险公司可能视野比较短，决策不够准确，而信息技术所引致的媒体效应对保险业发展有重要影响（Kaigorodova et al.，2018）。那么保险资金在进入市场的同时，如何能够提振市场信心，降低股价风险，实现金融市场的稳定，这是至关重要的问题。险资参股后，是会通过对公司的治理监督提高资本定价效率，稳定投资者情绪，让其安于持股并做出正确的价值投资判断标准，降低市场同涨同跌效应，还是会因为信息不对称性让投资者的情绪得到快速的熏染，乐观抑或悲观的情绪都会被放大，只会产生盲目的追涨杀跌行为，加大股价同步性，所以险资参股到底在投资者情绪和股价同步性之间起到怎样的作用？这个问题仍然有待深入研究。

从公司信息透明度的角度来看，在股市中，股价作为信息的主要来源（Hayek，1945），早期的研究以股价有效性假说为主，侧重于研究公司股价与未来现金流和风险的关系，但是近年来的研究则侧重于研究股价是否会通过内部途径反馈到公司高级管理层，从而为公司提供有效信息以为其投资提供参考，这种效应就是反馈效应。一般认为在股价反映信息含量高的情况下，对公司来说会起到投资助益作用，其投资—股价敏感性会提高。并且当公司资本约束条件较强时，公司经理可以通过股票价格的私有信息对公司基本面进行研究，并助益于公司的投资决策参考，所以公司的投资支出与其市场价值之间存在着很强的正相关关系（Chen et al.，2007）。而真正的决策不仅取决于价格信息的总量，还取决于这些信息的来源，当经理没有足够的信息时，经理会从价格中学习（Edmans et al.，2017）。因此投资实际效率评估需要重新考虑现有的价格效率指标。而公司内部的信息透明度也会影响股价信息，信息环境越透明，越有助于投资者对公司某些特定信息进行准确的评估（Dasgupta et al.，2010）。所以信息透明度是影响公司投资—股价敏感性的核心影响要素。一般来说，信息披露水平与公司业绩是正向相关的（Li，2019），因为相对透明的财务报告向市场投资者传递着更为准确的企业特质信息，有利于其对公司未来的发展事项（比如现金流）进行考虑，并将其纳入对股价信息的考量范畴。但是，当市场上没有各种消息时，各个主体反应相对比较稳定，风险系数更小（Dasgupta et al.，2010），投资—股价敏感性也更小。然而保险公司作为重要的市场主体，一方面具有极强的信息搜集和管理能力（Bhatnagar et al.，2011），能够及时地进行信息披露，提高市场资源配置效率；另一方面具备非理性特征，容易出于利益驱使与利益集团勾结做出短期决策，信息不对称的传染效应也许会更明显，那么它对公司信息透明度是否会产生影响？若有影响，是否又会作用到投资—股价敏感性？二者之间的内在传导机制如何？

那么保险公司的投资是否能够充分发挥提高资本市场资产配置效率的作用呢？保险公司的投资对股票市场的风险起到怎样的影响？基于对以上问题的思考，本书试图分析保险公司投资对中国股票市场风险的影响。

二、选题理论意义

本书主要对保险公司投资中国股市的风险影响研究展开分析，理论意义主要体现在以下几点：

第一，本书对保险公司投资中重要的"险资举牌"事件与市场风险的整体影响展开分析，再分别从公司管理层、市场投资者及公司内部信息三个角度对其与险资参股之间的关系展开研究，这对保险公司投资方面的学术研究做出了一定的边际贡献，为如何规范保险公司行为，以及保险公司如何加强公司治理给出了理论依据，以更好地服务资本市场的运行。

第二，本书分别从不同的利益相关主体公司管理层、市场投资者及公司内部角度出发，就险资参股后对三个利益主体产生的影响进而对资本市场风险的影响展开分析，丰富了各利益主体与资本市场风险作用机制的经验分析，为国家化解金融风险提供一定的依据支撑。

第三，本书对于保险公司投资中国股市的风险方面的分析给出了直接的理论证据，丰富了保险公司对市场风险影响方面的文献，对于如何防范市场风险给出了理论依据。

三、选题实践意义

第一，作为资本市场重要的机构投资者，保险公司在资本市场上起着举足轻重的作用。保险公司投资的主要目的是获得长久的投资收益，提高市场竞争力。本书探究了在公司管理层、市场投资者及公司内部各利益主体下，其与保险公司之间会有怎样的利益影响机制进而作用于资本市场的价值风险，从而为各个利益主体应该如何进行有效的行为规范提供经验依据。

第二，本书的研究结果有助于理解保险公司在中国资本市场发展中发挥的作用，也有助于更深入地掌握资本市场风险产生的原因，从而帮助政府及监管方更深刻地认识到中国在资本市场制度建设、监管及投资者素质等方面还存在哪些不足之处，进而为提高中国资本市场效率、加强市场稳定性提供经验支撑，同时具有一定的现实意义。

第三，本书的研究结果有助于深刻地理解保险公司在治理方面存在的弊端，从而为其在未来的市场参与中减少市场风险方面提供一定的经验依据，从保险公司自身的角度更好地防范市场风险。

第二节　研究对象界定

由于保险公司投资在市场上的发展热潮方兴未艾，而影响资本市场风险的因素错综复杂，资本市场的价值风险又是多种多样的，所以本书拟从不同利益相关者视角下保险公司投资中国股市的风险影响展开分析。

一、保险公司投资

本书研究的主要对象是保险公司投资，其是指保险公司资金对上市公司的股票进行持股的行为，属于"险资参股"行为。其中，当其持股比例超过上市公司已发行股份的5%时，则在该持股事实发生3日内向国务院证券监督管理机构以及证券交易所上交书面报告，并告知该上市公司，从而履行相关法律义务，则被称作"险资举牌"。

二、市场风险

关于市场风险，主要针对的是股票市场的风险。本书首先从股市整体个股收益率的波动程度进行衡量，即股价波动率，以此验证"险资举牌"事件对市场风险的影响。此外，本书又从与各利益主体相关的风险进行体现，具体用股价崩盘风险、股价同步性以及投资—股价敏感性进行代替，从而体现市场价格的相对左偏程度、市场价格的同涨同跌效应，以及实体经济投资对股价敏感性的影响。因为在资本市场中，股东更容易通过对公司内部利益的攫取进而操纵公司从而影响公司业绩，使股价发生不同的偏度变化，所以对股价崩盘风险产生重要影响；市场投资者情绪的整体变化则更容易导致股票价格的同涨同跌效应，与股价同步性关系密切；公司内部的信息含量则会影响公司的投资判断，进而对投资—股价敏感性产生进一步深入的影响。

第三节　研究内容

一、研究内容

本书主要研究保险公司投资中国股市对市场风险的影响，而股价整体波动风险、股价崩盘风险、股价同步性及投资—股价敏感性都是市场风险不同维度的体现，其中股价整体波动体现的是个股收益率的整体变化，股价崩盘风险体现的是公司股票收益相对左偏的程度，股价同步性体现的是公司个股价格变动和市场上整体平均价格变动之间的关系，投资—股价敏感性体现的是市场上投资和股价之间的敏感程度，每一个指标都与市场上的公司股价收益风险密切相关。

所以本书首先分析了"险资举牌"的事件效应，市场风险选取与其密切联系的个股收益率整体波动风险进行衡量；其次分别从公司管理层、市场投资者及公司内部信息三个视角出发，针对其与市场联系最紧密的风险（股价崩盘风险、股价同步性、投资—股价敏感性）展开分析，分析保险公司投资中国股市对市场风险产生的影响及内在传导机制。

二、研究目标

本书具体研究目标如下：

目标1：以财务困境理论、行为金融理论、委托代理理论、信息不对称理论、有限理性理论、股市博弈论、供求理论、投资者情绪理论、信号传递理论、股东激进主义理论以及资产组合理论等为理论基础，分析保险公司投资对资本市场风险的影响，进而为防控市场金融风险提供理论依据。

目标2：通过文献分析、实证分析和案例分析等方法，从利益相关者视角出发，对不同利益主体下保险公司投资与市场风险之间的关系进行了分析，为公司加强内部管理以及国家防范系统性金融风险提供经验和实证依据。

第四节　研究方法

本书以上市公司为研究对象，使用2007～2018年上市公司及其他财务数据，检验了保险公司投资股市对市场风险的影响。本书采用的研究方法主要有文献研究法、样本实证研究方法与案例研究方法等。

一、文献研究法

通过搜集国内外关于保险公司投资股市与资本市场风险方面的相关研究，并对文献进行梳理分析，从而对研究现状进行有效剖析，发现已有研究的不足和未来值得挖掘学习的方向。

二、样本实证研究方法

本书通过对国泰安、锐思数据库以及Wind数据库的数据整合收集，并进行交叉核对，形成样本数据，并主要采用描述性统计分析、多元回归检验和工具变量检验等数理统计方法，借助SAS、R及Stata数据分析软件对本书中研究假设进行分析和验证。

三、案例研究方法

本书采用案例研究方法，通过手工收集案例资料以及走访查询的方法进行案例分析，有助于深入了解保险公司投资股市的动机和意图以及其与市场风险之间的内在影响机理，从而得以对险资参股进行进一步的讨论与分析。

第五节　结构安排与技术路线

本书的结构安排如下：

第一章，引言。主要介绍了本书的研究背景与意义，并陈述了研究内容、目标以及研究方法和贡献。

第二章，文献综述。首先对保险公司投资对市场风险的影响进行分析；其次分别从控股股东、投资者、公司信息透明度等角度对市场风险的影响因素进行文献梳理；最后进行整体的文献评述。

第三章，理论基础和机制分析。首先对本书的理论基础进行归纳梳理，奠定分析的理论基础；其次分别从保险公司投资及各利益相关者（控股股东股权质押、投资者情绪、公司信息透明度）角度出发对其与资本市场风险之间的关系进行机制分析；最后进行整体的文献评述。

第四章，险资举牌的市场风险影响。首先对险资举牌上市公司的特征展开分析，对其持股偏好、持股数量与比例、险资交易策略以及将险资持股与全体上市公司进行比较，发现险资持股特性；其次基于险资举牌热潮前后的样本数据建立双重差分模型，对险资举牌与股价风险之间的关系建立准自然实验展开研究，通过描述性统计、平行趋势检验、PSM 检验等发现险资举牌与市场风险之间的关系。

第五章，保险公司投资中国股市对股价崩盘风险的影响。首先从股东层面角度的股权质押行为展开分析，就其与股价崩盘风险之间的关系进行分析检验；其次将险资参股、股权质押与股价崩盘风险置于统一情境中展开论述，分析险资参股对股东股权质押行为以及股价崩盘风险的中介效应。

第六章，保险公司投资中国股市对股价同步性的影响。首先对市场层面角度出发的投资者情绪展开分析，并就其与股价同步性之间的关系进行分析检验；其次将险资参股、投资者情绪与股价同步性放在一个统一情境中展开论述，从而发现险资参股对市场投资者情绪的影响以及股价同步性的中介效应。

第七章，保险公司投资中国股市对投资—股价敏感性的影响。首先从公司层面角度出发的信息透明度着手分析，并就其与投资—股价敏感性之间的关系进行检验；其次将险资参股、信息透明度与投资—股价敏感性放在一个统一情境中展开论述，从而发现险资参股对公司会计信息行为的影响以及在其实际经济决策中的投资—股价敏感性的中介效应。

第八章，研究结论与未来展望。首先对全书的基本研究结果进行归纳总结；其次针对具体的实证研究结果提出系统性的政策建议，并对未来的研究发展做出展望。

与结构安排相对应的具体的技术路线如图1-1所示：

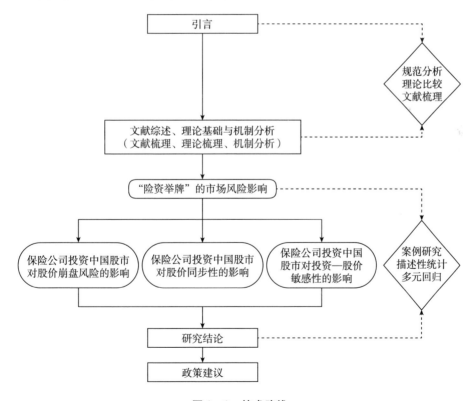

图1-1 技术路线

第六节　研究创新与贡献

本书可能的创新和贡献主要体现在以下几方面：

第一，本书将险资参股的治理效应拓展到资本市场价值的极端现象，研究了险资参股对股价崩盘风险、股价同步性以及投资—股价敏感性的影响，丰富了险资参股治理效应以及险资参股与市场风险的相关文献。

第二，本书从控股股东、投资者行为以及公司内部信息透明度三个角度出发分析了险资参股与市场风险之间的关系，丰富了资本市场风险方面的研究。

第三，本书将保险公司投资及其与各个利益主体之间的关系进行深刻剖析，着重分析了在不同情境下保险公司投资对不同利益主体心理与行为的影响，并就作用机理及具体路径进行了深入分析与剖析，为公司加强内部治理以及市场风险管理提供了可行性建议。

第二章 文献综述

第一节 保险公司投资中国股市对
市场风险的影响研究

保险公司投资中国股市是保险公司采取的一种重要投资行为，可以通过对上市公司的影响进一步作用于资本市场价值的发展。而机构投资者一般是指各类基金公司、证券公司以及保险公司等，通常具有资金、专业以及信息等方面的优势。保险公司作为重要的机构投资者，具有机构投资者的共性，而学者对机构投资者的分析主要体现在以下几方面：第一，机构投资者可以通过发挥监督功能提高公司绩效（Fazzari et al.，1988；杨典，2013），并且能有效地缓解公司内部冲突，并构建战略同盟（Pound J.，1988），因为其掌握着股权，具有专业的知识能力，有非常强的动机可以通过联合的方式对管理层及企业的投融资行为进行监督管理从而对管理层的机会主义投机行为进行约束（Shleifer and Vishny，1986）。机构投资者在持股过程中会降低企业的盈余管理行为（程书强，2006），提高企业的信息透明度（江向才，2004），从而提高企业的决策水平（叶松勤和徐经长，2013）。第二，机构投资者通过"用手投票"的方式积极参与公司治理（李维安和李滨，2008），这有助于提升企业的投资效率（Shleifer and Vishny，1986），并且机构投资者相较于其他职业分析团队来说对企业效率的影响更大（Hansen and Womack，1996）。机构投资者的持股比例与公司价值呈正相关关系（石美娟和童卫华，2009），因为机构投资者持股会对会计稳健性起到促进作用，并且在参股比例提高的影响下，效应更明显（李争光等，2015）。所以机构投资者凭借着丰富的金融资源对企业的大股东以及管理层的监督过程中，不仅可以对中小股东的利益进行诉求，而且提高了公司的治理效率（Cornett et al.，2007），机构投资者对企业绩效的正向影响基本得到认同。

然而，宋渊洋和唐跃军（2009）认为机构投资者参股公司进行治理的短期效应明显，长期来看效应逐渐减弱。这可能是因为机构投资者也会有投机性的需求，长远来看不会参与公司治理，一旦企业的业绩不佳，就会采取"用脚投票"的方式撤离（Ju et al.，2003）。Juliarto 等（2013）、蔡宁等（2015）以及 Jiang 和 Kim（2015）的研究也表明股权机构集中的情况下，传统的机构投资者治理机制并不能对控股股东形成约束。此外，产权性质也会对机构投资者参与公司治理产生影响（薄仙慧和吴联生，2009）。不同类型机构投资者的不同特性会影响企业的投资效率（Bushee，1998）。而关于机构投资者与市场风险之间的关系，学者的观点主要为以下三个方面：

第一，机构投资者的投资行为会降低股票市场的波动性。Cohen 等（2002）研究表明机构投资者具有价值发现的功能，促进市场真实价值的回归，因为其会卖出非业绩上升导致价格上涨的股票，买入因业绩好转而价格上升的股票。虽然在这个过程中会发生市场的流动性风险，但是也从整体上保证了股市的稳定（Davis，2003）。而国内的学者也得到了相似的结论，如姚颐和刘志远（2007）研究发现保险公司的股票投资可以起到稳定资本市场的作用。祁斌等（2006）从机构投资者持股行为与股市波动性的相关系数进行实证检验，发现二者系数为负，所以机构投资者的投资行为会降低股市的波动性。林忠国和韩立岩（2011）也同样验证了上述观点。而孙英博和戎姝霖（2016）研究发现机构投资者虽然对市场波动有一定的平抑作用，但是这种影响比较薄弱。刘璐等（2019）则发现保险公司主要遵循价值投资的理念，尤其在价格低迷时期能够对市场起到稳定作用。

第二，机构投资者的投资行为会加剧股票市场的波动性。Nofsinger 和 Sias（1999）从策略角度出发，发现机构投资者惯用的追涨杀跌策略更容易加剧股市的波动。Dennis 和 Strickland（2002）、Puckett 和 Yan（2008）也支持上述观点。Chang 和 Sen（2005）则以日本 1975~2003 年的股市数据为研究对象，发现当公司有机构投资者持股时，其更容易造成市场的异常波动。刘振彪和何天（2016）以机构投资者整体持股比例和上证综指二者之间的关系为对象展开分析，发现呈正相关关系。

第三，机构投资者投资行为与股市波动性之间的关系不确定。何佳等（2007）从资本市场投资者结构差异的角度出发，发现机构投资者与股市波动的变化有密切关系。宋冬林等（2007）则发现在市场形势不同时，机构投资者的作用也不同，其在熊市可以平抑市场的波动，在牛市则会加大市场波动。曹云波等（2013）则得出了相反的结论，认为机构投资者在牛市能够平抑市场波动，在熊市则无显著影响。薛文忠（2012）的进一步研究表明，在市场不同发展阶段机构投资者的市场效应不尽相同。在市场成熟阶段，机构投资者的持股行为以及其持股比例的变化都会对市场造成波动。史永东和王谨乐（2014）则从市场环境的异质性角度出发，发现在市场上升阶段机构投资者会起到加大市场波动的作用，在市场下跌阶段，机构投资者虽然可以熨平市场波动，但却无法防控市场的下行趋势。

所以机构投资者与市场风险之间的关系错综复杂。而按照投资期限对机构投资者进行划分，可将其分为关注公司长远发展以及短期利润的稳定型机构投资者和交易型机构投资者（牛建波等，2013）。保险公司作为重要的机构投资者会重视公司的长远发展利益，还是会以短期利润追求为中心，所以保险公司与市场风险之间的关系仍然密切，值得研究。

针对保险公司的研究，国内学者主要进行了以下探讨。徐高林和马世兵（2006）通过对保险公司股权投资的数据进行描述性统计，进而得出公司关于个股投资方面的偏好。罗庆忠和杜金燕（2007）以中国保险资金在资本市场股票的投资组合以及风险状况为研究对象，运用 CAPM 模型以及资产组合理论进行检验，发现保险资金股票投资组合整体风险相对稳定特征，而且风险水平相对较低、收益较高。王俊和王东（2010）对保险公司的资产组合模型进行线性规划求最优解，从理论层面出发得出最优的投资比例。张晓东（2013）从股权结构角度出发对中国保险公司的投资偏好展开分析，发现其投资的安全系数相对较高，流动性充足。王媛媛和葛厚逸（2017）对保险公司持股与上市公司的经营业绩展开分析，发现寿险公司持股可提高公司下一期的经营业绩，而财险公司持股则与经营业绩关系不显著。韩浩等（2017）则研究发现短期内险资举牌对被举牌公司具有相对显著的影响。

而保险公司作为重要的机构投资者，国外学者的研究相对来说更加丰富。Shleifer 和 Vishny（1986）认为由于其所具备的股权属性，他们有更强大的动力对公司具体的投融资行为展开监督，防止管理层的机会主义投资行为，减少非效率投资。而且保险公司参股有助于公司治理环境的改善和市场的稳定，对企业价值起到正面的提升作用（Cornell et al.，2007），它也可以有效提升股价中的公司特有信息含量，提高市场效率，稳定市场。同时保险公司作为重要的机构投资者，其通常会有一定规模的专业分析团队以及更加全面的信息等优势，他们会买入价格被低估以及抛售溢价的股票，以求得市场平衡，缩减股价波动，降低股价同步性，是重要的制约暴涨暴跌的"制衡器"（Statman，1994）。而且保险公司对经济增长的促进作用在新兴市场中更明显（Zhou et al.，2012；Han et al.，2010），从保险公司对市场整体的风险影响贡献程度看，企业的风险管理会影响到投资者的风险需求（Hitchcox et al.，2011），并且保险公司拥有强大的数据群和客户群，在保险行业自我竞争的过程中也逐渐具备数据挖掘的能力（Bhatnagar et al.，2011）。此外，保险公司的独立董事占比较高，这有助于公司的风险规避（Brick and Chidambaran，2008）。考虑到与保险公司保单相关者的利益，独立董事会对保险公司运行项目的风险有深入考量，从而对自身的偿付能力有所保障（Eling and Marek，2014）。

然而，保险公司作为灰色机构投资者更喜欢进行经验投资，更关注与公司治理一致的机制（De - La - Hoz et al.，2018），并且投资者是具有非理性特点的，机构投资者也不例外（Zamri et al.，2017）。保险公司可能视野比较窄，从而会在利益驱使下影响管理者做出只是增加短期利润的短期决策（Pucheta - Martínez María Consuelo and López - Zamora Blanca，2018）。公司治理过程中的漏洞会使股东损害其他利益相关主体权益，进而使其面临高风险（Boubakri，2011）。而信息技术所引致的媒体效应对保险业发展也有重要影响（Kaigorodova et al.，2018）。Polonchek 和 Miller（2005）进一步证实了在保险公司中由信息不对称性引发的传染效应更明显。在这个过程中他们的投资行为势必会通过网络传播以及评论对投资者情绪产生影响。从保险公司的独立董事制度看，Daily 等（1993）发现独立性越强的公司经营能力更差。Agrawal 和 Knoeber（1996）也同样认为保险公司外部的董事制度与托宾 Q（公司的收益水平）之间是负效应。

可见，国内外学者都对保险公司进行了丰富的研究，虽然关于保险公司与市场风险之间的研究相对较少，但是大多数学者认为保险公司投资股市与市场有着重要的关系。

第二节　市场风险的影响因素

从利益相关者的角度出发，影响公司及其市场价值发展的因素包括股东、客户等与公司经济和人力相关的成本，同时在经营过程中还会受到除股东外的其他风险因素的影响（Blair，1998）。

一、控股股东股权质押行为与股价崩盘风险

控股股东普遍存在私利行为，这主要是指其利用股权的实际控制便利条件，以外部股东的利益牺牲为代价，对上市公司的资源进行转移从而攫取私利的行为，被称作掏空行为（Johnson et al.，2000），这种私利行为不易被观测（Atanasov et al.，2014），并且会降低公司盈利能力的可持续性（窦欢和陆正飞，2017），而其动机主要源于股权集中产生的两权分离（Jiang et al.，2010）。虽然控股股东的持股结构有助于降低企业的融资约束问题，这在一定程度上显示了其合理性（Almeida et al.，2011）。但是 Fan 等（2016）的研究表明中国的上市公司控股股东在缓解资金约束之外同时还有挖空动机的存在，这两种主观意愿之间的权衡决定了上市公司的资金流动。而对卖空限制的放松则能够有效约束控股股东的私利挖掘行为（侯青川等，2017；陈胜蓝和卢锐，2018）。此外，Faccio 等（2001）、Attig 等（2008）、Attig 等（2013）分别从股利、资本成本及现金持有视角出发研究发现其他大股东的存在也有助于对控股股东起到监督作用，形成制衡，但是 Cai 等（2016）发现大多数制衡情况仅仅存在一个大股东。这种大股东制衡方式可以有效降低控股股东的私利攫取（姜付秀等，2015，2017）。

而"融资难、融资贵"的问题使企业面临着发展困境，融资约束困境必使其转向简单易行的融资渠道进行股权质押。从融资困境角度出发，股东会出于融资困难进而选取简易的融资方式，但是股权质押却与股价崩盘风险有着密切关系（谢德仁等，2016）。股权质押作为一种权利质押，其在未来的变化会影响到质押双方的利益，潜藏着巨大的风险压力。由于股权质押前后质押双方的身份地位及权利不发生改变，所以控股股东的质权人角色有助于加强公司经营管理（王斌和宋春霞，2015）。首先，市值管理行为对于股东的外部融资行为提供了便利，这

样出于内部管理动机，他们会减少对自身内部利益的挖掘（李旎和郑国坚，2015），并且赵袁军等（2017）认为，经验性的股东更能够通过投资的灵活性趋利避害地影响市场股价。并且伴随着控股股东股权集中度的加大，他们更能够对公司进行良好的监督作用（Shleifer and Vishny，1997）。

但是大股东对公司这种管理措施的影响效应持续性差，对于其长期稳定运营的保障有所欠缺，只是机会主义的权宜之计，并没有从根本上对股价风险进行防范。尤其是对于未进行股权质押的股东，其虽然也有较大的主观能动性去降低股价崩盘的风险，但是他们的治理对股价风险的影响并不大，对其自身影响也会比较小，所以他们并没有很强的欲望去对股价崩盘风险进行治理。公司治理环境也会对公司利益产生重要影响，与公司价值密切联系，因为其与股权资本成本负相关（罗劲博，2014），并且股权主要通过最终所有者对经营业绩起激励作用（徐莉萍等，2006；Hao and Liang，2009）。在激励效应中，债权银行利用股权质押降低其代理作用，而控股股东对中小股东利益的侵占主要是通过"隧道效应"（Tan and Wu，2013），因此最终控制人的股权质押行为存在明显的弱化激励效应和强化侵占效应（Hao and Liang，2009），并且当大股东的控制权超过现金所有权时，公司的治理水平就会下降（Claessens et al.，2002）。同时，政治关系严重影响了抵押品质量的治理效用（Tan and Wu，2013）。管理层的机会主义投机动机也会对公司经营产生重要影响，影响公司的过度投资以及再融资，可能会对股价产生不好的影响，从而引发股价下行风险（Bao et al.，2015；Chen et al.，2017）。由此可见，股权质押产生的经济后果还是比较深远的。所以控股股东股权质押与股价崩盘风险关系密切。

二、投资者情绪与股价同步性

投资者一般具有外在衍生的预期心理，投资者情绪作为投资者心理的重要体现，是金融市场研究的基础，具有预测股票市场收益的能力，并且信息传递和股市收益的变化对投资者情绪影响显著（Zhao Hui，2008），过去的市场回报也会影响情绪（Gregory et al.，2004），而投资者情绪在市场回报形成中起着重要作用（Kumar and Lee，2006）。中国股票市场作为新兴的资本市场，投资者情绪对中国股票收益的影响相对较大，但也存在不一致的解释（Chi et al.，2012）。

在投资者情绪中，基本面决定的投资者情绪被称作理性情绪，会受到过去基本面的影响（Hu and Chi，2012），其他部分则被称作非理性情绪，非理性情绪会对股票估值产生影响（Chuang et al.，2010），并会对市场波动性有更显著的负向影响（Verma and Verma，2007）。在资本流动的市场，情绪具有传染性（Baker et al.，2012），在情绪更加高涨的情形下，每个市场主体的行动性更强（Stambaugh et al.，2012），并且股市产生的泡沫会对消费起不同的效应（郭文伟和王礼昱，2017）。Yifeng 和 Yanming（2014）通过构建综合情绪水平指数和情绪变化指数，并进行时间序列和横截面模型检验，探讨了投资者情绪在资产定价中的作用，发现情绪变化对市场收益产生积极影响，情绪诱因显著影响每月市场风险的变化并影响价格波动；当情绪水平低时，很少有情绪交易者参与股票市场，因此情绪变化对市场收益和波动率的影响很小；情绪变化与市场收益率和波动率相互作用；情绪变化逆转时，不同时期的情绪变化对市场收益和波动率有相反的影响，短期上升的情绪导致市场收益减少和波动性增加；短期上升的市场收益和波动率导致情绪增加。Kumari 和 Mahakud（2015）发现前期的投资者情绪对股市波动具有巨大的正向影响，噪声交易员的悲观情绪也导致市场波动的高度紧张。Tourani Rad 等（2008）发现情绪对波动性具有显著且非对称的影响，当情绪消极时，波动性会进一步增加。Zhang 等（2019）使用2005年1月~2012年6月中国股票市场交易数据的数据库，从行为金融的角度研究了股票市场危机，发现比宏观经济变量更重要的投资者情绪对股市危机具有显著的积极影响。

而 Qiu - Ling 和 Hong - Quan（2015）发现投资者情绪对股价联动反应起着重要的负向作用，Ho 和 Hung（2009）通过将投资者情绪纳入资产定价模型进行分析，发现其有助于捕捉市场上流动性的信息，提高市场估值信息含量，Lee 等（2002）发现情绪具有系统定价的风险，超额收益与情绪变化是正相关关系，情绪看涨（看跌）变化的幅度也会导致波动率向下（向上）修正，而未来的超额水平更高（更低）。此外，Kumari 和 Mahakud（2016）认为情绪到股市波动是单向的因果关系，Diego 和 Mohammad（2018）认为投资者情绪的不确定性和市场风险在很大程度上受到其滞后价值的驱动。

关于投资者情绪与市场层面，投资者情绪会对股票收益率产生重要影响（尹海员和吴兴颖，2019；Wurgler and Baker，2006），情绪的异质性差异也会引起市场的重大波动（李永等，2018）。De Long 等（1990）认为噪声交易者在资本市场中更容易受到投资者情绪的影响，易产生各种市场幻觉，容易形成自己独特的信息，理性程度低。Hong 和 Stein（2003）认为投资者的异质信念和卖空限制会导致股价下行，投资者的悲观情绪也是有渠道可以释放到市场中。并且当错觉越严重时，心理预期越高，股市上的泡沫越严重。市场中的噪声交易者占主体地位，当面对坏消息时他们兜售股票的可能性大大提高，尤其中国的"羊群效应"非常严重，市场的同涨同跌效应严重。可见投资者情绪对股市价值风险的影响巨大，通过股票收益率对股价同步性产生重要影响。

三、公司信息透明度与投资—股价敏感性

鉴于投资者、企业家和管理者之间的信息不对称和代理问题，公司信息环境是内生发展的（Beyer et al.，2010）。寻求信息是企业进行自我保护的重要过程，为其交流风险和做出更好的决策提供了实际的含义（Cai et al.，2007）。会计信息系统是提高公司发展的主要因素，有助于提高公司的竞争力（Ghorbel，2019）。Xing 和 Yan（2019）通过使用 1962～2012 年在 CRSP 和 Compustat 数据库中的公司数据进行研究，发现会计信息质量与系统风险之间显著负相关关系，提高会计信息质量可以降低系统风险，这些发现对披露决策，投资组合管理和资产定价具有重要意义。

从公司财务报表质量看，Armstrong 等（2012）认为随着信息不对称和个人信息收集信息有所缓解的情况下，财务报表中的信息效率会有所提升。应计质量作为价格风险的重要因素（Core et al.，2008），应计质量越高，收益持久的可能性更高（Dechow and Dichev，2002）。Bandyopadhyay 等（2015）的研究从审计质量的角度研究也同样证明了这一点。因为财务会计质量的提高有助于资本资源的有效配置（Marquardt and Zur，2015）。Chen 等（2012）通过 1978～2009 年的金融数据研究发现，信息质量与预期收益之间关系密切。而应计质量较差的公司股价的波动程度更高（Isidro and Dias，2017）。从信息披露的角度看，虽然披露对资本成本的直接影响是负面的，但通过所有权的间接影响却是积极的，这与披露质量和所有权作为替代者相一致（Core et al.，2015），当公司自愿披露其信息时，其资本成本要低于未披露公司的资本成本，但自愿披露与披露公司和非披露公司的资本成本之间的联系总体上是正的，并且相对于估值好的股票，高低披露分别会导致其过度投资或投资不足（Heynel，2012）。张学勇和廖理（2010）研究发现股权分置改革下公司的自愿信息披露水平会提高，因为可以使股东利益趋向一致进而提高公司治理水平。罗宏等（2016）也提出上市公司的信息披露对于宏观经济的走向具有预测价值。从信息质量的角度来说，较高的信息质量与较低的流动性风险负相关，并会降低资本的经济成本，当市场流动性出现巨大冲击

时，二者之间的负相关性会更强（Ng，2011）。Sadka（2011）进一步研究发现提高信息质量可以减少公司对系统性流动性风险的承受，并且会计质量可以通过对流动性不同方面的影响进而作用到公司的估值和资本成本。从信息接受者的角度看，Armstrong 等（2013）发现公司的特定信息会影响投资者对风险因素负荷的不确定性，进一步影响预期收益。Patton 和 Verardo（2012）发现投资者对公司公告信息的参考来改变他们对总体经济盈利能力的期望。Tang（2011）认为信息传输成本高低导致的信息差异会影响投资者的准确性，影响价格波动。

在完美信息市场的情形下，投资与公司的融资方式无关（Modigliani and Miller，1958）。从最优投资的 Q 理论出发，在公司经营中，当其重置成本低于市场价值时，说明公司的市场价值高，投资会增加；反之，投资则会降低（Tobin，1969；Barro，1990；Chen et al.，2007）。所以，公司的市场价值与股价密切相关。当股价融入更多信息的时候，股价的信息质量更高，投资与股价之间的敏感程度更强（陈康和刘琦，2018）。而融资约束又会对股价与投资之间的敏感程度产生重要影响，且融资约束较弱的样本更加明显（于丽峰等，2014）。当市场上流动性充足时，投资者在头寸买卖的过程中对市场价值影响较小，具备信息优势的公司管理者有巨大的欲望加大对公司信息的搜集，进而获利，提升股价信息含量（Kyle and Vila，1991），并且在搜集信息的过程中，股东的边际成本会越来越低，获取的信息量相对更多（Edmans，2009）。所以上市公司可以加大公司流动性方面的股票投入，使市场投资者加大对该类股票的信息挖掘，从而使股票的价格信息含量提升，进而提升投资的敏感性（苏冬蔚和熊家财，2013），尤其当公司有合并或者收购方面的公告后，股价会受外部投资者的影响，这也是公司管理层决策的参考信息之一（Luo，2005）。股价中所包含的信息含量和定价行为会影响到企业的投资决策（Bond et al.，2012），信息含量越高，其对实体经济的信息反馈效应越大（Dow and Gordon，1997；Bond et al.，2012；连立帅等，2016），因为可以降低股价与其实际价值之间偏离所导致的错误定价程度（Edmans，2014；钟覃琳和陆正飞，2018）。

投资者通过市场源源不断地获得私有信息，并希望通过私有信息的交易来获得额外回报。然而，当获得私有信息的边际成本与边际收益相比较高时，投资者搜集私有信息的意愿会降低，股价受私有信息交易的影响程度更低，只有当获取私有信息的边际收益高于边际成本时，投资者才有更大的意愿搜集私有信息，从而使其交易融入股价。反之，当获得私有信息的边际收益与边际成本相比较高时，才会有更多的投资者搜集私有信息，其融入股价的概率才会更高，而这一过程只有在获取私有信息的边际收益与边际成本持平时，搜集私有信息的行为才会逐渐停止（Grossman and Stiglitz，1980）。那么，会计信息质量中的私有信息又是如何融入股价呢？作为会计信息的重要组成部分，盈余质量对会计信息质量有重要的决定作用，并且会计盈余可以对公司现金流量以及公司价值进行有效传递（Watts and Zimmerman，1986）。当公司会计盈余质量越高时，投资者通过对盈余信息的判断可以对公司价值有更清晰的把握，此时公司可供挖掘的私有信息的边际收益更低，投资者对私有信息挖掘的意愿自然降低，私有信息融入股价的概率降低，股价风险加大。当公司的盈余质量相对较低时，管理层隐藏公司特质信息的概率越大（Hutton et al.，2009），投资者挖掘私有信息的交易越多，其通过信息交易融入股价的概率更高，股价风险降低。因此，从私有信息交易理论来说，会计信息质量也与市场风险关系密切。

在资本市场上有很多投资者以自己掌握的信息量进行投资，所以股价可以看作是知情信息的汇总。Hayek（1945）最早提出了关于投资—股价敏感性的思想理论，认为股价是股票市场的重要信息来源，可为公司的经营决策提供判断依据。这个思想后来也得到其他学者的论证。Grossman（1980）通过建立理论模型来验证股票价格是投资者私有交易信息的反映。这样股票价格就间接表明了管理者在信息获取上的缺口——私有信息，比如，工程项目恰当的市场成本、投资者的产品需求和公司在投资者心中的竞争地位等，而当公司管理层以公司利润最大化或股东利益最大化为出发点进行投资时，如果股价上升则代表公司价值是上升的，那么投资对股价就是非常敏感的（Goldstein and Guembel，2008）。这表明了"信息假说"的重要性，所以股价中那些不被管理层所知晓的私人消息会影响投资决策。Fama 和 Miller（1972）指出在一个有效的资本市场上股价提供的有效信息对于公司进行投资决策有重要的影响，也就是公司层面的管理层对信息的操控和反馈对投资决策的影响，即"反馈效应"。Subrahmanyam 和 Titman（1999，2001）等提出了反馈效应的理论模型，表明在投资过程中外部投资者也会根据它掌握的公开或未公开信息进行交易，而这个行为又会融入股价，从而成为公司决策时的参考意见。金融市场与实体经济交相辉映的关系便是以资产价格传导机制作用于实体经济的资源配置（Morck et al.，1990；Baker et al.，2002）。

关于投资—股价敏感性的研究，首先从价格信息含量展开研究，Chen 等（2007）发现在资本约束条件下，公司经理更倾向于从股价的私人信息中学习公司的基本面，并且将这些信息纳入公司的投资决策过程，发现公司的投资支出与其市场价值之间存在着很强的正相关关系；Edmans 等（2017）研究发现真正的决策不仅取决于价格信息的总量，而且还取决于这些信息的来源，当经理包含他没有的信息时，其会从价格中学习。这表明投资实际效率评估需要重新考虑现有的价格效率指标。其次在公司管理层面以及外部市场环境上，Ovtchinnikov 和 Mcconnell（2009）认为投资股票价格敏感度与公司杠杆率、财务松弛和财务困境概率有关，但与公司低估的代理无关；Jiang 等（2011）从内部人的动机私有利益出发研究其与投资—股价敏感性的关系，发现控制所有权与投资 q 之间是负相关关系，因为内部人的利益动机会使他们不倾向于听从市场；Foucault 和 Laurent（2011）发现美国的交叉上市公司比从未交叉上市的公司具有更高的投资—价格敏感度，原因可能是交叉上市增强了管理者对股票价格的依赖，因为它使股票价格对他们更有信息，具有更高的投资—价格敏感度；Durnev（2010）从政治不确定性的角度出发，认为政治不确定情况下投资对股价敏感度大幅下降，导致资源配置效率低下。

从信息披露的代理变量来说，经审计的财务报表和支持披露构成投资者和监管机构可获得的公司特定信息集的基础。会计信息的处理程度可以用来衡量公司透明度，利用财务会计信息减少投资者之间的信息不对称（Lee et al.，2017），管理人员也会对投资项目进行资源导向，加强公司治理，提高公司绩效和资源配置程度（Bushma and Smith，2003）。Chu 等（2018）利用企业价值偏差作为信息披露的代理变量，发现减少信息不对称可以降低道德风险，从而更强的信息透明度可以增强投资的确定性，减少预测误差。从信息披露制度来说，信息披露制度的评价结果对公司绩效有显著影响，投资者也会对评价结果产生兴趣，信息披露水平与公司绩效呈正相关。评级上调的公司往往表现出公司业绩的显著增长（Li，2019）；从信息披露水平的角度来说，信息披露水平对权益资本成本的影响是非常重要的（Botosan et al.，1997），高质量的披露会影响公司的真实决策，信息质量的提高导致资本成本明显下降，权益成本越多（Lambert et al.，2007；Cheng et al.，2006；Botosan et al.，1997）。增加披露有可能减少信息不对称，降低融资成本，增加分析师跟随者，对投资者是有益的，并且信息披露可以通过信息中介（如分析师跟随者）来实现（Tim et al.，2007）。Healy 和 Palepu（2001）指出信息披露质量越高，越有助于提升投资效率。因此，会计信息是否透明对公司是否进行投资以及其投资敏感程度会有非常重要的影响，管理者要关注财务透明度。并且在股价涨势的推动下，透明度必然会释放消息（Lin et al.，2018），从而继续影响股价。所以信息透明度与投资—股价敏感性关系密切。

第三节　文献述评

本章首先对保险公司投资中国股市的经济后果进行分析，其次介绍了控股股东行为、投资者行为、公司信息透明度与市场风险方面的文献研究。然后发现现有文献对市场风险的研究仅集中在单个经济主体行为对股价的影响，而且没有把它们放在一个整体的框架中进行研究，进而就各个主体对市场风险的经济后果以及动因展开分析。此外，虽然少数研究从险资参股的视角进行研究，但忽视了保险机构对金融市场的影响，将险资参股与外部经济环境相结合进行的研究更少。所以通过以上基础理论和文献综述的归纳分析，发现现有研究关于保险公司投资以及市场风险影响的不足之处，接下来的研究正是为了弥补现有文献的研究不足。

第三章　理论基础和机制分析

保险公司作为重要的机构投资者，是资本市场上的重要参与者，对金融市场的发展起着重要的作用，在利益相关者视角下其引发的市场风险引起学术界对险资的广泛关注与研究。

为了对公司在资本市场中股价的运行规律进行有效判断，市场中各个投资主体均形成了不同的判断思路和方法。虽然股市在国外发展历史悠久，但在国内的

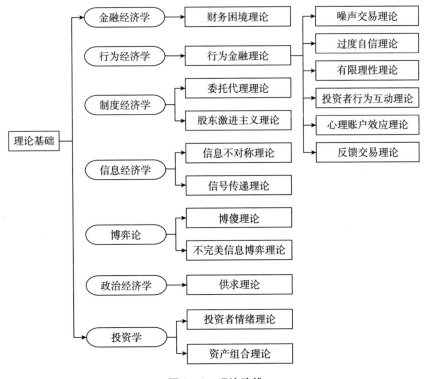

图 3 –1　理论路线

发展时间还不足三十载，各方面的体制有待成熟，仍然存在资本市场股价异象。由于本书的研究主题是保险公司投资中国股市对市场风险的影响研究，所以本书欲设定险资参股这一特定情境，从不同利益主体出发研究其为什么会对市场风险产生影响，以及影响后果如何，并深入探讨它们之间的内在传导机制，在此基础上进行理论探讨。理论路线如图3－1所示。

第一节　理论基础

一、金融经济学理论

财务困境理论

财务困境在中国更多地被称作"财务危机"和"财务困难"，但是关于其具体定义仍然没有明确的概念和标准的判断。其一般内涵如下：第一，它是从现金流角度来衡量的，与盈利相比的差别只在于是否将违约情况纳入财务困境中；第二，当公司对债权人的债务无法兑现时则意味着财务困境的发生；第三，财务困境并非破产，二者是包含与被包含的关系。在公司治理中，陷入财务困境的企业会对资金充满渴望，这会对其行为形成一种隐性引导作用，尤其对于一些融资硬约束的企业来说，效果更加明显。迫于融资渠道的限制，公司管理层会选择一些便利的融资渠道进行融资，他们只考虑到了暂时的利益问题而罔顾风险，最终在不断的资金扩张中迷失自我，丧失最初投资的初衷，进而加大了公司自身经营的风险以及股价风险，加大了整体资本市场范围内的风险。

二、行为经济学理论

行为金融理论

众所周知，现代金融理论是在资本资产定价模型（Capital Asset Pricing Model，CAPM）和有效市场假说（Efficient Markets Hypothesis，EMH）的理论基石上形成的，他们的设定局限在"理性"的分析框架中，并没有重视到市场中投资者所产生的行为效应。随着资本市场上金融异象的发展，理论知识模型与现实经济发展的冲突使得现代金融理论不足以解释金融异象。行为金融理论在20世纪

80 年代兴起，CAPM 和 EMH 的权威地位开始动摇。

在金融的研究框架中，行为金融理论首次将人类心理与行为特征纳入研究范畴，主要研究人的心理、行为以及情绪等对其投资决策、资产价格以及资本市场的影响，引起了市场焦点向人类主体中个体及群体行为的转变，研究方式也由传统的力学规范研究向以人类生命个体为主体的非线性复杂研究范式的改变。这对于金融理论与实际经济运行发展之间的差异起到了解释作用，但是行为金融理论起步时间较晚，自身存在很多缺陷。

投资者作为市场主体，其是有限理性的，即位于完全理性和非完全理性之间。有限理论（Bounded Rationality）这个概念最初由阿罗提出，他认为"人的行为是有意识的、理性的，但这种理性又是有限的"。所以投资者的有限理性必然会派生出很多非理性行为。第一，从噪声交易理论出发，由于噪声交易的存在，金融资产会偏离其实际价值，De Long 等（1990a，1990b）在此基础上进一步的研究发现噪声交易者通过自己的交易行为继续派生出市场上的噪声交易。第二，从过度自信理论出发，Odean（1998）建立模型并发现过度自信所带来的过度交易最终引发市场价格的大幅波动和价格投机泡沫；过度自信是从心理学角度出发的，指个体因为高估自己对事物的判断而造成心理预期，心理学研究表明，当人们有 90% 的把握做某些事时，而实际上只有 70% 的成功率。在资本市场中当投资者进行投资的时候，更倾向于相信自己相信的信息，过于相信对自己有益的信息而忽视市场上那些与自己信息判断不符的东西，这样在过度自信引导下的认知与判断会造成对市场上信息的垄断，罔顾心理利润预期而忽视对市场现实情况的整体把握。然而市场行情并非按投资者心理预期进行，反而是跟随市场整体行情运行，Hong 和 Stein（2003）以异质信念假说为理论依据，认为市场中很多的投资者都存在着过度自信的特征，这会使他们在投资时会将自己的乐观情绪融入股价中，从而忽视悲观情绪的作用。同时，过度自信的投资者也会更偏向高风险交易，这也奠定了股价泡沫的基础。第三，从有限理性理论和投资者行为互动理论出发，Lux（1995）提出了交易者投资行为和观点相互传染的行为金融模型，并就典型形式"羊群效应"做出了理论解释，指出资本市场的羊群效应造成了错误的信息反馈，是放大市场风险、加大市场波动的重要因素。羊群效应是一种投资者盲目跟风的投资行为，是一种非线性运行机制，是个体行为解读失误从而造成整体行为效应的传递过程。投资者忽视自身信息处理能力而盲目跟从其他投资者的行为，会造成市场上"跟风追涨"的行为。第四，从心理账户效应理论出发，投资者对于市场消息状况会有过度反应或者反应不足的情况，当市场上面对好消息的时候，投资者出于主观意志容易有过度反应现象，当市场上面对坏消息的时候，投资者容易反感而容易反应不足。第五，从反馈交易理论出发，资本市场上正反馈交易的产生是因为投资者的非理性交易所致，并且著名的"心理群体整体智能低下"定理曾被法国心理学家 Lepang 于 19 世纪提出，就是认为群体的心理所具有的冲动性、服从性以及极端性都会导致其极端非理性还有高度的不稳定状态。这些为正反馈交易理论奠定了心理学基础。

三、制度经济学理论

1. 委托代理理论

委托代理理论（Principal – Agent Theory）属于制度经济学中契约理论的重要内容，其中"公司经营权和所有权分离所导致的效率问题"最早由 Berle 和 Means（1932）提出。这是由于社会大发展"专业化"分工的需要，一些行为主体由于知识、精力或者能力受限不能行使所有权利，从而根据显性或隐性的契约制定或雇用其他具有专业化知识能力的代理人，让他们代为行使权利并获得一定的报酬，前者为委托人，后者为代理人。

然而在委托代理关系中，由于委托人和代理人在行使自己委托和代理权利的过程中都以各自利益最大化为核心，效用函数不同，必然导致二者发生利益冲突。在缺乏有效制度安排的情况下，代理人必然会伤害委托人的利益。同时，在非对称信息下，由于非对称信息发生的时间以及非对称信息的内容获知途径受限①，代理人的行为不能被委托人有效观察，委托代理结果只能被代理人的行动以及其他一些外生随机因素决定。所以委托人面对的问题便是选择适合代理人参与约束和兼容约束的激励合同以使自己利益最大化，而不能够使用"强制合同"（Forcing Contract）来迫使委托人行动，帕累托最优风险分担和帕累托最优努力水平度无法达到。这是狭义的委托代理理论。而在广义的委托代理理论中，从更加广义的范畴来看，仍然包括大股东与中小股东之间的代理冲突（冯根福，2004）。在公司内部管理体制下利益最大化的目标管理下，控股股东和中小股东的选择大体上具有一致性，然而由于各自不同的性质区别，控股股东容易为了自

---

① 从非对称信息发生的时间来看，包括事前非对称信息的模型和事后非对称信息的模型，即：逆向选择模型（Adverse Selection）和道德风险模型（Moral Hazard）两种；从非对称信息的内容来看，包括某些参与人的行为和某些参与人隐藏的信息两种，即隐藏行为模型和隐性信息模型。

己的利益去侵占中小股东利益，发生代理冲突。所以在委托代理关系下，不仅容易出现管理层出于追求待遇和消费上的隐性财富而隐瞒公司坏消息的行为，使股东无法洞悉经营上的问题，也容易出现大股东出于资金利用方面的私利从而攫取公司利益的行为。可见委托代理关系对公司资源配置效率起着重要的作用。

所以委托代理关系中的缺陷要想被解决，必须要寻求激励的影响因素，设置最优的影响机制，进而降低代理成本，形成有效激励。

2. 股东激进主义理论

股东激进主义是指公司外部的股东对公司内部大事进行干预从而影响决策以使公司利益最大化的行为。在传统的公司理论中，公司股份高度集中，只存在经理对公司的控制权，因为股东将公司管理权利委托给经理，二者之间必然存在信息不对称和利益冲突，经理会通过自己对公司的实际经营控制攫取公司利润，股东不易察觉，其主要通过对股票的买卖制约公司行为，逆向选择和道德风险问题明显。

但是自从 19 世纪 80 年代以来，机构投资者的发展使机构股东积极主义热潮兴起，机构投资者开始被视作对公司经理人行为进行监督的外部控制力量，并依照合同进行行事，以这种方式处理股东和代理人之间由于信息不对称问题产生的代理问题。由于公司内部的经营决策向来都是由董事会和管理层直接决定，中小股东没有知情权，这从主观意志上对中小股东形成利益侵害，也存在董事会和管理层因为决策失误而造成的侵害中小股东利益现象。然而机构投资者的兴起可通过对其他中小股东的代理发起临时股东大会，对公司高层的一些重要决策做出变更。所以，股东激进主义是一种缓解代理问题的方法，是一种公司创造价值挖掘价值的过程，在理论上往往会推高股价。虽然沟通得不当会打击高层的积极性，但是随着中国各项法律法规的完善和股东意识的提高，股东激进主义势头不断壮大。

关于股东积极主义存在两种：一种观点认为股东积极主义具有有效监督的作用，因为机构投资者具有更强的动机和能力去监督公司管理，从而提高公司绩效；另一种观点认为对机构股东积极主义持无效论，认为其缺少监督管理动机。

四、信息经济学理论

1. 信息不对称理论

信息不对称理论主要是指发生在市场经济活动中由于各个主体对市场信息反

应的差异，使信息更丰富的市场主体处境相对有利，而信息更缺失的市场主体则处于更加弱势的地位，主要影响逻辑是市场中卖方主体比买方掌握更多的市场信心；因为信息丰富的一方可通过向信息贫乏的一方传递可靠信息获益，信息少的一方努力从另一方获得信息，最早由美国经济学家 G. Akerlof、M. Spence、J. E. Stigjiz 于 20 世纪 70 年代提出。信息不对称理论的提出为股市研究提供了崭新的视角。

如图 3 - 2 所示，在股市中，由于市场上主体因素的信息传递渠道受限以及环境因素制约，市场的不完全性会导致信息不对称，进而造成市场主体进行逆向选择以及面临着道德风险，市场主体之间会由于私利产生冲突，从而造成股市资源配置效率降低，市场环境以及股票市场交易环境进一步的恶化，市场信息传导机制更加不健全，从而形成恶性循环。

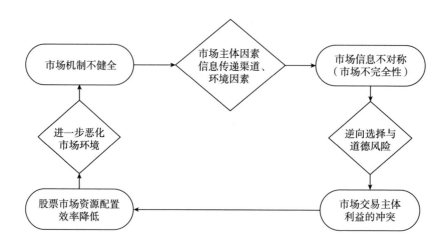

图 3 - 2　信息不对称理论传导

2. 信号传递理论

在资本市场信息处于不对称的情况下，外界获取公司信息的传递方式主要体现为三种：利润宣告、股利宣告和融资宣告。以股利政策为例，在 20 世纪五六十年代，美国经济学家 John Linter 曾通过对 600 家上市公司的财务经理进行调查问卷，并发现公司管理当局会通过对股利支付率的一个调整从而保持其长期收益平稳，认为股利分配政策是不受其他因素影响的。之后 Pettit（1972）则提出股利信息的市场反应问题，并认为在信息披露受限的情况下，股利政策只是一种向市场传递公司收益的隐性手段，开始将股利变化与市场信息传递联系起来，并且在其中起关键作用的是这些信息是否为市场所知。此后，Miller（1980）提出了在股利分配时的信息含量假说，认为股利分配具备向市场传递公司特质信息的能力，如果这些信息属于未被投资者挖掘的，那么股价就会做出进一步的反应，这就是股利在资本市场中的信息含量效应。

所以，上市公司的行为策略会向市场传递出一种信号，通过信号传递机制传递到市场上各个主体，从而引导其行为。

五、博弈论

1. 博傻理论

在资本市场中，人们往往会为了一些东西而愿意出更高的价钱去购买，这是与他们的心理预期相关的，这就是博傻理论（Theory of Great Fool），想要告诉人们的就是傻不可怕，可怕的是做最后一个傻子。尤其在股市的上升阶段行情中更明显，其一般逻辑为在股价抬升的过程中，投资者期待买入股票然后在行情继续上涨后把股票卖出，以获得利润。以傻瓜赢傻瓜，希望高价上面还有高价，游戏规则类似接力棒，只要不做最后一个接盘人。这揭示的是投资者背后的行为动机，他们判断的依据是只要自己不是最后的那个傻瓜，那么自己一定是赢家，就一定有利可图。

在股票市场中，存在一部分群体根本不在乎股票的理论价值和内在价值，他们进行股票投资的原因仅仅是认为还会有更傻的人来接这"烫手山芋"，其理论基础是大众投资主体对未来股价的认知不确定和不同步性。根据博傻行为，可以分为感性博傻和理性博傻，前者在行动时并不明白游戏规则，后者则是在知道市场状况下还会有更多傻瓜投资者进入从而进行资金博弈。

2. 不完美信息博弈理论

不完美信息博弈的定义是在参与者之间的信息不能够被对方获得的情况下，也就是参与者做选择的时候不知道其他参与者的行为。一般来说，当一个人进行决策时，其他参与者的行动则是其所面对的环境，而决策者不明白自己的决策处境时就是信息不完美。与此同时各个决策者一起行动则是一种不完美信息博弈，因为在这个过程中各个决策者的行动是同时进行的，故而各个参与者的行动路径是无法获悉的。即便在行动过程中存在先后顺序关系，只要后行动者无法得知前行动者的行动，该博弈类型也同样属于不完美信息博弈。以上两种情况都属于静态博弈。

如图 3-3 所示是所有决策的信息集。由于原博弈本身不会成为原博弈本身的后续阶段，所以子博弈的开始不包括原博弈。如图 3-3 所示，当股票存在涨跌两种可能的时候，卖方存在卖与不卖两种可能，买方存在买和不买两种可能，其中无论股票上涨还是下跌，在卖方不卖的情况下，策略集合为（0，0），博弈终止。在股票无论上涨还是下跌，卖方都想卖的情况下，即进入第二轮博弈。当股票上涨，卖方要卖，且买方想买的情况下，卖方获得了出售股票及其上涨带来的收益，收益为 2，买方获得股票，收益为 1，故策略集合为（2，1）；当股票上涨，卖方要卖，且买方不想买的情况下，双方没有行动变化，策略集合为（0，0）；当股票下跌，卖方要卖，且买方想买的情况下，卖方获得了出卖股票的收益，收益为 1，买方承担股票亏损风险，收益为 -1，故策略集合为（1，-1）；当股票下跌，卖方要卖，且买方不想买的情况下，卖方承担股票亏损，损失为 -1，买方不采取行动，故策略集合为（-1，0）。

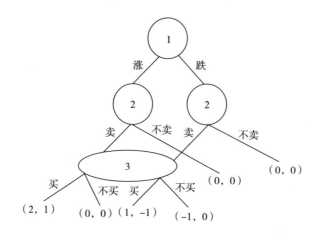

图 3-3 不完美信息博弈

六、政治经济学理论

供求理论

供求理论的衍生基础是供求关系，在社会化大生产的商品经济社会中，必然存在基于商品而产生的消费者和生产者，生产者是决定"供给"的一方，消费者是决定"需求"的一方，二者各自决定供给和需求的大小，但是消费者的

"供"是决定"需"的重要因素，从政治经济学的角度来看价格是商品价值的表现形式，基本逻辑是在供给大于需求的情况下，价格会下降，在供给小于需求的情况下，价格会上升，但是价格会随着商品的价值上下波动。"天下熙熙皆为利来，天下攘攘皆为利往"，所以这就是基于人性而产生的社会商品关系，需求方往往会重视商品的性价比。

在股票市场中，从供需理论出发，当市场中股票除解禁、增发、冻结等情况外，暂时处于稳定状态，当市场上资金流动性较强，供给大于需求的时候，股价则被推升，处于上升状态；当市场上资金流动性差，供给小于需求的情况下，股价则处于下降状态。

七、投资学理论

1. 投资者情绪理论

投资者情绪理论是投资者学中的一种用语，由 Lee、Shleifor 和 Thaler（1990）提出，主要认为封闭式基金的持有者中不乏噪声交易者，而这导致未来收益的预期易受不可预期因素的干扰。当噪声交易者对持有标的抱有积极态度，标的的价格就会上升，实现价格的溢价，当噪声交易者对持有标的抱有消极态度时，标的的价格就会下降，价格出现亏损。所以，封闭式基金存在两方面的风险：一方面是资金自身价格波动带来的风险问题，另一方面是投资者在持有资金期间情绪波动带来的风险，并且投资者持有资金期间的不确定性风险更大。所以，当投资者在资本市场中持有其他投资标的比如股票时也会出现同样的状况，投资者的情绪会对股价产生很大的影响。而市场中大部分投资者缺乏足够的理性，对市场波动的异质性影响较大。

2. 资产组合理论

资产组合理论主要来源于 J 托宾的资产选择理论。从资产组合理论出发，其作为商业银行进行资产管理的一种组合方式理论，主要是指在考虑收益和风险等不同因素的前提下从而决定资产的持有方式进行合理配置。而任何一种证券投资组合都可以被看作是由各种收益组成的集合，主要是为了化解风险，正所谓"不要把所有鸡蛋放在一个篮子里"，每一种收益都与未来的市场状态相对应。在资产定价模型中，存在各种各样的定价理论与模型。

无论是三因素、多因素定价还是 APT，核心思路有一定的相似性。假定资本市场上实现了定价均衡，即对风险资产的供给等于需求。

从供给的角度来看，可以表示为：ωW。其中，ω 表示资本市场各资产的权重，W 表示对应的资本市场价值。

从需求的角度来分析，为了解释不同市场参与者的差异化收益。把参与者划分为按照均值方差理论（Mean – Variance，MV）来决策的普通投资者（用上标 k 来标注），以及按照 TEV［Tracking Error Variance，见 Roll（1992）］来决策的机构投资者（用上标 l 来标注）。那么，风险资产供需平衡要求：

$$\omega W = \sum_k W^k (1 - x_f^k) \, \omega_f + \sum_g \sum_l W_g^l (X_g - X_{gf}^l) \frac{\sum^{-T} \mu}{1 \sum^{-T} \mu} \qquad (3-1)$$

其中，$\sum_k W^k (1 - x_f^k) \, \omega_f$ 表示普通投资者的风险资产需求，$(1 - x_f^k) \, \omega_f$ 表示投资风险资产的量，对应的价值为 W^k。

$\sum_g \sum_l W_g^l (X_g - X_{gf}^l) \dfrac{\sum^{-T} \mu}{1 \sum^{-T} \mu}$ 表示机构投资者的风险资产需求，1 表示 l 构

成的向量，$\dfrac{\sum^{-T} \mu}{1 \sum^{-T} \mu}$ 表示一切投资组合（Tangency Portfolio），$(X_g - X_{gf}^l) \dfrac{\sum^{-T} \mu}{1 \sum^{-T} \mu} W^k$

表示投资风险资产的量，对应的价值为 W_g^l。之所以引入下标 g，是因为可以划分为不同的组别，引入不同的定价因子，这部分实际上是向量表述，本文用 X 表示投资占比的系数向量。

普通投资者的风险资产需求移到公式左侧，得到：

$$\sum_k W^k (1 - x_f^k) \, \omega_f = \omega W - \sum_g \sum_l W_g^l (X_g - X_{gf}^l) \frac{\sum^{-T} \mu}{1 \sum^{-T} \mu} \qquad (3-2)$$

加总得到期望公式：

$$
\begin{aligned}
E(R) - 1r_f &= A \cdot \Big[\sum \omega W - \sum_g W_g \sum X_g \Big] \\
&= A \cdot \Big[\sum \omega W - \beta \cdot \sum \omega \cdot \sum_g W_g + \beta \cdot \sum \omega \cdot \sum_g W_g - \sum_g W_g \sum X_g \Big] \\
&= A \cdot \Big[\sum \omega (W - \beta \cdot \sum_g W_g) + \sum \omega - \sum (\beta \cdot \omega - \sum X_g) \sum_g W_g \Big]
\end{aligned}
\qquad (3-3)
$$

其中，A 本身是一个可以估计出来的量，但是与本书研究没有直接关联，因此不再给出解析式。

仿照 Stutzer（2003）的变换思路，可以导出多因素定价模型，写成标量形式，对第 i 种资产有：

$$E(R_{it}) - r_f = \beta_{0i}[E(R_t) - r_f] + \sum_g \beta_{gi}[E(R_{gt}) - r_f] + \varepsilon_{it} \xlongequal{\text{def}} \beta_{0i} + F_t\beta_i + \varepsilon_{it} \tag{3-4}$$

即，资产或者资产组合的报酬的期望 $E(R_t)$，可以写成各个因素的函数形式：$E(R_t) = f(F_t)$，F 是包含各个影响因素的向量。在后续分析中，我们往往要求：

$$\varepsilon_t \mid F_t \sim N(0, \sum) \tag{3-5}$$

$$E(F_t) = \mu \tag{3-6}$$

$$COV(F_t, \varepsilon_t^T) = 0 \tag{3-7}$$

对于三因素定价模型而言（Fama and French，1995），$E(R_t) = f(RMRF_t, SMB_t, HML_t)$，$RMRF_t$ 表示市场因子；SMB_t 是小规模公司股票相对于大规模公司股票超额收益率，表征规模因子；HML_t 是高市净率的股票相对于低市净率的股票超额收益率，表征价值因子。实证分析中，往往还引入换手率变量来测度资产流动性，剔除资产的流动性溢价。一旦引入状态因素，模型可以写为 $E(R_t) = f(RMRF_t, SMB_t, HML_t, STAT_t)$，这里面的状态变量包括公司层面的股权质押变量、信息透明度变量、市场层面的投资者情绪变量，以及表征着财务经营状况的控制变量。

在度量股市风险时，往往使用了高阶矩信息，例如波动率、偏度和峰度信息。这时候，多因素定价模型可以演变为：

$$E(R_t^m) = f(RMRF_t, SMB_t, HML_t, STAT_t) \tag{3-8}$$

其中，m 表示第 m 阶矩。从实证金融的角度来看，建模过程中往往使用了简化的模型，例如经典的 Fama - French 三因素定价模型使用了线性回归模型。对 k 阶矩模型使用非确定形的 Taylor 展开式，为了简化，可以仅保留一阶展开式，取期望，得到线性回归方程：

$$R_{it} \approx E(R_{it}^m) + \varepsilon_{it} = \beta_{0i} + r_f + \beta_{1i}RMRF_t + \beta_{2i}SMB_t + \beta_{3i}HML_t + \beta_{4i}STAT_t + \varepsilon_{it} \tag{3-9}$$

有时候，对部分项使用二阶 Taylor 展开式效果会很好，因此，本书后文实证分析中使用部分交互项、高阶项的理论依据来源于此。当有多个状态变量时，只需要把 $STAT_t$ 拆分为多个状态变量即可。

第二节　保险公司投资中国股市对市场
风险的影响机制

险资作为保险公司的从业资金，保险公司投资主要是指保险公司在二级市场将资金用于购买上市公司股票的行为。所以险资参股不仅可以直接作用于市场风险，也可通过对其他利益主体的影响进一步作用于市场风险。而保险公司作为重要的机构投资者之一，不仅具有机构投资者的共性，而且具有独特的个性。下面将在前人相关理论的研究基础上，进一步探讨险资参股对市场风险的影响机制。

一、保险公司投资中国股市对市场风险的正向影响机制

首先，保险公司作为重要的机构投资者，其可以通过发挥监督功能提高公司绩效（Fazzari et al.，1988；杨典，2013），并且能有效缓解公司内部冲突，并构建战略同盟（Pound J.，1988），因为其掌握着股权，具有专业的知识能力，有非常大的动机可以通过联合的方式对管理层及企业的投融资行为进行监督管理从而对管理层的机会主义投机行为进行约束（Shleifer and Vishny，1986）。并且机构投资者在持股过程中会降低企业的盈余管理行为（程书强，2006），提高企业的信息透明度（江向才，2004），从而提高企业的决策水平（叶松勤和徐经长，2013）。其次，机构投资者通过"用手投票"的方式积极参与公司治理（李维安和李滨，2008），这有助于提升企业的投资效率（Shleifer and Vishny，1986），并且机构投资者相较于其他职业分析团队来说对企业效率的影响更大（Hansen and Womack，1996）。并且机构投资者的持股比例与公司价值呈正相关关系（石美娟和童卫华，2009），因为机构投资者持股会对会计稳健性起到促进作用，并且在参股比例提高的影响下，效应更明显（李争光等，2015）。所以机构投资者凭借着丰富的金融资源在对企业的大股东以及管理层的监督过程中，不仅可以对中小股东的利益进行诉求，也提高了公司的治理效率（Cornett et al.，2007），机构投资者对企业绩效的正向影响基本得到认同。Cohen 等（2002）研究表明机构投资者具有价值发现的功能，促进市场的真实价值回归，因为其会卖出非业绩上升导致价格上涨的股票，买入因业绩好转而价格上升的股票。尽管在这个过程中会发

生市场的流动性风险，但是也从整体上保证了股市的稳定（Davis，2003）。而国内的学者也得到了相似的结论。如姚颐和刘志远（2007）研究发现保险公司的股票投资可以起到稳定资本市场的作用。祁斌等（2006）从机构投资者持股行为与股市波动性的相关系数进行实证检验，发现二者系数为负，所以机构投资者的投资行为会降低股市的波动性。林忠国和韩立岩（2011）也同样验证了以上观点。而孙英博和戎姝霖（2016）研究发现机构投资者虽然对市场波动有一定的平抑作用，但是这种影响比较薄弱。刘璐等（2019）则发现保险公司主要遵循价值投资的理念，尤其在价格低迷时期能够对市场起到稳定作用。

而保险公司在具体的股权投资过程中，Shleifer 和 Vishny（1986）认为由于其所具备的股权属性，他们有更强大的动力对公司具体的投融资行为展开监督，防止管理层的机会主义投资行为，减少非效率投资。而且保险公司参股有助于公司治理环境的改善和市场的稳定，对企业价值起到正面的提升作用（Cornell et al.，2007），它也可以有效提升股价中的公司特有信息含量，提高市场效率，稳定市场。同时保险公司作为重要的机构投资者，其通常会有一定规模的专业分析团队以及更加全面的信息等优势，他们会买入价格被低估以及抛售溢价的股票，以求得市场平衡，缩减股价波动，降低股价同步性，是重要的制约暴涨暴跌的"制衡器"（Statman，1994）。而且保险公司对经济增长的促进作用在新兴市场中更明显（Zhou et al.，2012；Han et al.，2010），从保险公司对市场整体的风险影响贡献程度看，企业的风险管理会影响到投资者的风险需求（Hitchcox et al.，2011），并且保险公司拥有强大的数据群和客户群，在保险行业自我竞争的过程中也逐渐具备了数据挖掘能力（Bhatnagar et al.，2011）。徐高林和马世兵（2006）通过对保险公司股权投资的数据进行描述性统计，进而得出公司关于个股投资方面的偏好。罗庆忠和杜金燕（2007）以中国保险资金在资本市场股票的投资组合以及风险状况为研究对象，运用 CAPM 模型以及资产组合理论进行检验，发现保险资金股票投资组合整体风险相对稳定特征，而且风险水平相对较低、收益较高。张晓东（2013）从股权结构角度出发对中国保险公司的投资偏好展开分析，发现其投资的安全系数相对较高，流动性充足。王媛媛和葛厚逸（2017）对保险公司持股与上市公司的经营业绩展开分析，发现寿险公司持股可提高公司下一期的经营业绩，而财险公司持股则与经营业绩关系不显著。韩浩等（2017）则研究发现短期内险资举牌对被举牌公司具有相对显著的影响。并且保险公司高比例的独立董事占比有助于公司的风险规避（Brick and

Chidambaran，2008）。

由以上学者研究可见，险资参股对市场风险具有重要的影响，主要会通过对公司内部的经营管理提高公司业绩，进而降低上市公司的价值波动，从而降低市场风险。

二、保险公司投资中国股市对市场风险的负向影响机制

宋渊洋和唐跃军（2009）认为机构投资者参股公司进行治理的短期效应明显，长期来看效应逐渐减弱。这可能是因为机构投资者也会有投机性的需求，长远来看不会参与公司治理，一旦企业的业绩不佳，则会采取"用脚投票"的方式撤离（Ju et al.，2003）。在对资本市场风险的影响方面，Nofsinger 和 Sias（1999）从策略角度出发，发现机构投资者惯用追涨杀跌的策略更容易加剧股市的波动。Dennis 和 Strickland（2002）、Puckett 和 Yan（2008）也支持上述观点。Chang 和 Sen（2005）则以日本 1975～2003 年的股市数据为研究对象，发现当公司有机构投资者持股时，其更容易造成市场的异常波动。刘振彪和何天（2016）以机构投资者整体持股比例和上证综指两者之间的关系为对象展开分析，发现呈正相关关系。

此外，还有部分学者认为机构投资者与市场风险关系不确切。何佳等（2007）从资本市场投资者结构差异的角度出发，发现机构投资者与股市波动的变化有密切关系。宋冬林等（2007）则发现在市场形势不同时，机构投资者的作用也不同，其在熊市可以平抑市场的波动，在牛市则会加大市场波动。曹云波等（2013）则得出了相反的结论，认为机构投资者在牛市能够平抑市场波动，在熊市则无显著影响。薛文忠（2012）的进一步研究表明在市场不同发展阶段机构投资者的市场效应不尽相同。在市场成熟阶段，机构投资者的持股行为以及其持股比例的变化都会对市场造成波动。史永东和王谨乐（2014）则从市场环境的异质性角度出发，发现在市场上升阶段机构投资者会起到加大市场波动的作用，在市场下跌阶段，机构投资者虽然可以熨平市场波动，但却无法防控市场的下行趋势。

然而保险公司作为灰色机构投资者更喜欢进行经验投资，更关注与公司治理一致的机制（De‐La‐Hoz et al.，2018），此外投资者是具有非理性特点的，机构投资者也不例外（Zamri et al.，2017）。保险公司可能视野比较窄，从而会在利益驱使下影响管理者做出只是增加短期利润的短期决策（Pucheta‐Martínez

María Consuelo and López – Zamora Blanca，2018）。保险公司的独立董事比例更高，Daily 等（1993）发现独立性越强的公司经营能力更差。Agrawal 和 Knoeber（1996）也同样认为保险公司外部的董事制度与托宾 Q（公司的收益水平）之间是负效应。此外，信息技术所引致的媒体效应对保险业发展有重要影响（Kaigorodova et al.，2018）。Polonchek and Miller（2005）进一步证实了在保险公司中由信息不对称性引发的传染效应更明显。在这个过程中他们的投资行为势必会通过网络传播以及评论对投资者情绪产生影响。

可见，保险公司也具备机构投资者的非理性特点以及自身的发展不足，保险公司投资中国股市可能不能对市场风险进行有效的控制，反而会反向加大市场风险。

第三节　各利益相关者对市场风险的影响机制

市场上各利益相关主体对市场风险具有重要影响，但是其对市场风险的影响不一样，具体的风险体现形式也不一致。在前人相关研究的基础上，将深入探讨不同利益相关主体对不同市场风险的具体影响机制。

一、控股股东股权质押行为与股价崩盘风险

1. 控股股东行为与股价崩盘风险的正向机制分析

公司股东为了追求高额利润而进行冒险投资的代价倾向被称作是风险承担行为（Lumpkin and Dess，1996），从本质上看，这是一种心理决策倾向问题，体现的是股东在面对市场做出风险和利益的判断（Wright et al.，1996）。控股股东作为公司重要的控股者，对公司和市场具有重要的影响。首先，当公司面临融资难和融资贵的问题时，控股股东可能会在诸多融资渠道中选择最简单易行的方式，此时股权质押备受青睐。然而，谢德仁等（2016）发现股权质押与股价崩盘风险有着密切关系，在股权质押的过程中极易引发股价崩盘风险。此时，控股股东扮演者股权质押中重要的质权人角色，其为了降低公司贷款风险，也为了能够及时对债权人进行资金归还，从而为了保障未来的资金融资权利，以解公司资金短缺的燃眉之急。质权人会加强对公司的内部治理和管理，提高经营业绩（王斌和宋

春霞，2015），这样公司的融资标的质地相对优良。此外，市值管理的加强也会减少公司股东对公司利益的侵占（李旎和郑国坚，2015），经验丰富的股东更是能够通过灵活投资、克服劣势获得更多市场回报（赵袁军等，2017），对市场风险起到正向降低作用，有效降低股价崩盘风险。

2. 控股股东行为与股价崩盘风险的负向机制分析

控股股东也会存在机会主义动机的可能性，他们对公司治理的动机也许只是为了获得短期股权质押融资资格，对其具体的经营管理影响效应时间短，在根本上还是会加大市场的价值风险系数，加大股价崩盘风险。并且对于未进行股权质押的股东，他们降低股价崩盘风险的能动性可能更强，但是对风险降低的效应可能更低。而股权则主要通过最终所有者对经营业绩起激励作用（徐莉萍等，2006；Hao and Liang，2009）。在激励效应中，债权银行利用股权质押降低其代理作用，而控股股东则通过"隧道效应"侵占中小股东权益（Tan and Wu，2013），所以最终控制人的股权质押行为存在明显的弱化激励效应和强化侵占效应（Hao and Liang，2009）。控股股东相对属于大股东，他们比小股东更关注短期利益，使公司发展效率不足（Mansfield，2006）。管理层的机会主义投机动机会对公司经营产生重要影响，影响公司的过度投资以及再融资，加剧股价价格的严重恶化，引发崩盘风险（Bao et al.，2015；Chen et al.，2017）。所以控股股东的股权质押行为可能会加大市场风险，从而加大股价崩盘风险。

二、投资者情绪与股价同步性

"信息不完全性假说"中投资者从市场获得信息的不对称不全面性与"信息窖藏假说"中管理层有意隐藏坏消息，这些会导致负面消息的不断累积和投资者的错误判断，都是股价同步性的导火索。投资者情绪主要是从投资者信念和偏好这两个方面来说，即理性预期和理性偏好。从信念方面来讲，主要是指投资者对未来预期产生的偏差，而从偏好来讲则是指投资者心理上的个人偏好所产生的不同心理预期，其对个股以及对风险的不同偏好。"异质信念假说"（Hong and Stein，2003）认为，投资者的异质信念和卖空限制是会导致股价下行的，投资者的悲观情绪也是有渠道可以释放到市场中。投资者情绪会对股票收益率产生重要影响（尹海员和吴兴颖，2019），情绪的异质性差异也会引起市场的重大波动（李永等，2018）。De Long 等（1990）认为噪声交易者在资本市场中更容易受到投资者情绪的影响，易产生各种市场幻觉，容易形成自己独特的信息，理性程度低。并且当错觉越严重时，心理预期越高，股市上的泡沫越严重。市场中的噪声交易者占主体地位，当面对坏消息时他们兜售股票的可能性大大提高，尤其中国的"羊群效应"非常严重。当投资者情绪高涨时，市场情绪高昂，会削弱公司股东对公司的监管，管理层可以从中攫取更多的利益（刘娥平等，2017）。同时投资者情绪高涨也会将过度自信传染给管理者，管理者在公司中的努力程度会降低，但是却会增加股票增发行为，股权融资更容易也会导致过度投资（黄宏斌和刘志远，2013），这些不仅会导致管理层的滥用钱财，而且可能引起大股东侵占小股东利益（刘力等，2010），造成资本市场动荡。从股民心理账户角度来说，当市场出现好消息时，其会对好消息过度反应，坏消息的时候也同样如此。当这些坏消息积累到一定程度时，上市公司的经营积重难返，市场上的同涨同跌效应更明显，股价的同步性更严重。所以，投资者情绪与市场的股价同步性关系密切。

三、公司信息透明度与投资—股价敏感性

Fama 和 Miller（1972）指出在一个有效的资本市场上股价提供的有效信息对于公司进行投资决策有重要的影响，也就是公司层面的管理层对信息的操控和反馈对投资决策的影响，即"反馈效应"。首先，从价格信息含量展开研究，Chen 等（2007）发现在资本约束条件下，公司经理更倾向于从股价的私人信息中学习公司的基本面，并且将这些信息纳入公司的投资决策过程，发现公司的投资支出与其市场价值之间存在着很强的正相关关系；Edmans 等（2017）研究发现真正的决策不仅取决于价格信息的总量，而且取决于这些信息的来源，当经理包含他没有的信息时，其会从价格中学习。这表明投资实际效率评估需要重新考虑现有的价格效率指标。其次，在公司管理层面以及外部市场环境上，Ovtchinnikov 和 Mcconnell（2009）认为投资股票价格敏感度与公司杠杆率、财务松弛和财务困境概率有关，但与公司低估的代理无关；从信息披露的代理变量来说，经审计的财务报表和支持披露构成投资者和监管机构可获得的公司特定信息集的基础。会计信息的处理程度可以用来衡量公司透明度，利用财务会计信息减少投资者之间的信息不对称（Lee et al.，2017），管理人员也会对投资项目进行资源导向，加强公司治理，提高公司绩效和资源配置程度（Bushma and Smith，2003）。Chu 等（2018）利用企业价值偏差作为信息披露的代理变量，发现减少信息不对称可以降低道德风险，从而更强的信息透明度可以增强投资的确定性，减少预测误差。

从信息披露制度来说，信息披露制度的评价结果对公司绩效有显著影响，投资者也会对评价结果产生兴趣，信息披露水平与公司绩效呈正相关。评级上调的公司往往表现出公司业绩的显著增长（Li，2019）；从信息披露水平的角度来说，信息披露水平对权益资本成本的影响是非常重要的（Botosan et al.，1997），高质量的披露会影响公司的真实决策，信息质量的提高导致资本成本明显下降，则权益成本越多（Lambert et al.，2007；Cheng et al.，2006；Botosan et al.，1997）。增加披露有可能减少信息不对称，降低融资成本，增加分析师跟随者，对投资者是有益的，并且信息披露可以通过信息中介（如分析师跟随者）来实现（Tim et al.，2007）。Healy 和 Palepu（2001）指出信息披露质量越高，有助于提升投资效率。因此，会计信息是否透明对公司是否进行投资以及其投资敏感程度会有非常重要的影响，管理者要关注财务透明度。并且在股价涨势的推动下，透明度必然会释放消息（Lin et al.，2018），从而继续影响股价。所以信息透明度与投资——股价敏感性关系密切。

第四节　本章小结

本章首先介绍了资本市场的基础理论，包括财务困境理论、行为金融理论、委托代理理论、信息不对称理论、有限理性理论、股市博弈论、供求理论、投资者情绪理论、股东激进主义理论、资产定价理论等，这些基础理论为接下来的市场风险分析奠定了坚实的理论基础。同时对保险公司投资中国股市以及各利益相关者与市场风险的影响机制进行分析，发现其内在传导机制，为实证研究奠定了机制分析基础。

第四章　险资举牌的市场风险影响

第一节　引言

中国经济发展正在逐渐进入一个新常态,在这个过程中增速放缓和结构性调整带来了市场信用风险增加、利率复杂化的问题和挑战,在这个市场大环境下,整个资本市场上债务违约现象频发、固定投资收益类产品的市场吸引力不断下降,加剧了资金荒问题,资本市场的稳定性也受到严峻的考验。对于保险公司而言,险资运用的大环境也发生了较大变化,比如在利率下行背景下优质的资产荒现象严重,国家"偿二代"的提出对险资的运用提出了严格监管要求,市场投资者非理性的投资理念以及其对各类保险产品认识和需求意识不足,这些外部环境的变化尤为突出,给保险资金的运用带来了极大的挑战。为了保障资金的流动性和偿债能力充足,各类保险公司不断通过新的方式来弥补资产配置的缺陷问题进而提高资金运用效率,这也导致保险公司投资策略和风格的分化。

险资举牌是保险公司将保险资金投资运作于中国 A 股市场,进而使上市公司的股票被保险公司持有的一种行为,是保险资金运用的方式之一。截至 2018 年底,保险公司的资金运营余额为 16.41 万亿元,相较于年初增长了 9.97%,其中投资于股票和证券投资基金 19219.87 亿元,占比 11.71%[①]。由于保险公司自身独特的经营方式以及监管机构对保险公司的规则限制,保险资金都具有特殊性,

---

① 2018 年保险统计数据报告,2019 年 1 月 29 日,中国银行保险监督委员会。

其在资本市场的投资行为势必和其他投资者产生不一样的影响。因为与其他机构投资者相比较而言，保险公司的资金主要是以保单负债所形成的债务型资金，而非机构自有资金，所以国家对其流动性和安全性问题有更高的门槛限制，保险资金的投资也自然受限。而 2016 年开始的"以风险导向的偿付能力管理制度"（偿二代）则呼吁并要求保险资金要更多地考虑关于风险约束方面的偿付能力限制问题。因此，对险资举牌行为及其背后的投资成效进行深入的研究则有重要的理论意义和实际价值。

险资举牌虽然使得保险公司以举牌上市公司的形式找到了一种新的资产配置方式从而获得现金流收入，从短期内解决了保险公司暂时的资金荒问题，但是对整个市场却带来诸多影响。第一，作为市场上重要的机构投资者，近年来非常态的险资举牌行为会在举牌后引起市场的一系列连锁反应，如安邦系和前海人寿等事件引发市场的关注，市场投资者的目光也纷纷投向被举牌公司，从而使市场上整体发生较大的变化。第二，保险资金是非常重要的金融资本，其投资目的主要是为了长期的投资收益，有助于挖掘市场上被举牌公司的市场潜力和价值。第三，险资举牌如果只是短期的市场炒作，那么一方面会威胁到上市公司的经营稳定性，另一方面也会引起市场上股价的异常波动。

为了更准确地研究保险公司举牌对市场风险的影响，本章运用双重差分法检验险资举牌对股市整体价值稳定性的影响，从而为提高险资运用效率、防范保险业风险、加强资金整体的监督管理提供经验借鉴。

第二节　险资举牌上市公司的概念界定与特征

险资自 2014 年开始踊跃举牌[1]，2015 年 6 月～2016 年，险资举牌事件频发，而其举牌的主要目的一方面是在进行某些业务办理时会得到一定的优先权利，另一方面也是险企在财务报表中对资产进行分类的一种需求，并且宝能系、安邦系等对低估值蓝筹股的偏好更高，国华人寿、阳光保险等对高估值成长股的偏好更高，最终目的都是获得绝对的收益。

---

① 《险资自 2014 年举牌踊跃　普遍看好银行、地产行业》，2016 年 3 月 3 日，《中国证券报》。

2016 年，险资举牌事件高潮迭起，据统计，2016 年全年险资举牌 A 股市场 120 余家上市公司，共举牌 12 次，险资再度成为资本市场的热点。从万科到南玻，再到中国建筑和格力电器，其凶猛的来势再度引起市场和监管层的关注，堪称是"险资举牌年"[①]。

虽然自 2017 年起险资激进的投资风格有所改变，险资热潮有所减退，但是自从 2018 年 10 月监管机构对险资鼓励入市以来，险资举牌达到了 9 次，这是一场由纾困而引发的险资举牌[②]，相比于 2017 年的 7 次举牌呈上升趋势。并且本轮举牌主要集中在大型险企上，并且多是以协议转让以及参与定增的方式实现；与 2015 年相比，其所用资金也均来自于自有资金、保险资金，以及发布纾困产品所募集的资金。那么具体到险资举牌上市公司的特征仍然值得深入分析。

一、险资举牌上市公司的概念界定

1. 险资举牌增持

为了防止大股东操纵信息从而对股价进行垄断造作的情况，进而实现对中小投资者利益的保护，中国证券监管机构在一开始就实行了上市公司在持股信息方面的披露制度。关于"举牌"，主要就是指在二级市场或通过协议转让的方式购入某上市公司所持股票达到特定比例时，按照法律的相关规定要发表声明公告，这种行为在业内被称作"举牌"。同时，按照《中华人民共和国证券法》的相关规定，当投资者在购入某上市公司股票达到其总股份的 5% 时，则必须在 3 天内向证监会、证券交易所以及上市公司发出公告，以此做出通知说明，但如若是对股票做出减持，仍然需要以 5% 为分界线，在分别达到 5% 及 10% 时都需要在 2 天内做出公告，与此同时仍要遵从法律相关规定。而不同国家的比例限制不同，比如在英国则为 3%，在美国和中国均为 5%。同时，根据中国现在的相关规定（如现行的《上市公司收购管理办法》），不仅在第一次达到 5% 警戒线的时候需要进行公告说明，在之后如若需继续对该股票进行增持，每次达到 5%、10% 及 15% 时都要进行相关公告说明。

2. 举牌企业的特征

通过对历年举牌企业的特征分析会发现，举牌企业主要具备如下特性：①位

---

① 《2016 成 A 股"险资举牌年"》，2016 年 12 月 26 日，《经济参考报》。

② 《物是人非新故事：一场由纾困展开的险资举牌潮》，2019 年 8 月 9 日，《世纪经济报道》。

于该行业收入发展增速快的后来居上的公司。比如通过对保险行业保险公司在2015年的业务总收入及增长率还有行业排名可以发现，成立时间较晚、中小型规模、市场影响力小以及风险资本占总资本比例低的保险公司占据了举牌的主体力量。②进行举牌的公司的各项业务的开展相对丰富，负债率水平相对较高，但是资产运营能力相对较强的公司其资产收益率仍然相对较高。

3. 增持时的举牌公告规则

根据《上市公司收购管理办法》，中国证监会规定举牌事件的参与者要依照以下规定：①在举牌事件中，收购方的范围不仅包括投资者，还包括与其一起进行举牌行动的其他参与者。②当收购股票达到上市公司持股比例的5%时，投资者和其共同行动者都要按照规则在3天内向证监会和证交所报告并出具权益变动书。与此同时，也要通知目标上市公司发布公告并且在此时间范围内举牌方不得再对此股票进行买卖。③投资者无论是增持还是减持上市公司的股票，只要达到5%就都需要进行公告通知，在此期间禁止操纵的时间由3天变为2天。当投资者与其共同行动人继续增持该公司股票直至30%时，应该采取全面邀约或部分邀约方式进行之后的股份交易。并且在5%或10%时都要发布披露信息不同的通知公告。

4. 举牌增持方式

作为增加筹码的过程，举牌方式的选择对于整个投资过程至关重要，最终为了收集公司股份。主要有以下几种方式：第一，集合竞价。主要以在交易所集合竞价的方式购入上市公司股票，但这种方式对市场上股票的供求状况影响比较明显，作用于股价的方式更加明显。第二，大宗交易。是一种与集合竞价相对立的增持方式，类似整买，主要是指针对市场上持有大量公司股票的交易者在与买方通过对价格的商讨最终决定以双方认为合理的价格进行交易从而达到增持的目的，其对股价的影响更加快速明显。第三，定向增发。它是指上市公司主要针对某个特定的投资者进行增发，进而达到举牌的警戒线。第四，左右互搏。它进行的前提是公司控制人保持不变的前提下，股票相当于是从左手转到右手，仅仅是股权关系发生变化，这种增持方式对市场的影响比较小。

5. 举牌增持分类

举牌增持的类型主要有以下三种。一是财务投资举牌。这种投资方式的举牌方主要目的并非成为公司绝对控股股东从而影响公司经营决策，而是只注重收益，比如他们会在证券市场上通过股票的低买高卖从而赚取差价获利，或者是坚持价值投资理念，对认同的股票坚持长期持有并获取分红。二是战略投资举牌。这种举牌方更多的是为了公司自身的整体发展。他们会有目的地挑选与公司协同性比较高的公司进行投资，比如同处于产业链的上下端企业，其最终是为了公司的经营范围发展扩大以及产业结构的升级调整，比如中国人寿险公司对医院进行收购等行为。当然，其战略投资也有一定的特征：第一，标的上市公司的未来发展预期良好；第二，标的上市公司暂时处于行业发展的龙头，成长性较高；第三，标的上市公司的市场价值没有出现估值泡沫问题。三是控股收购举牌。这种举牌方式的主要目的是争夺公司的股权，通过对上市公司的经营业务和资产进行控制，进而在现有平台上进行整合。通过对已有案例的研究发现，对于举牌方来说这种举牌方式的风险系数最低，收益稳定性高。

6. 举牌增持目的

举牌方进行增持主要有以下三个目的：

第一，举牌方重视上市公司的股权，通过对企业自身的整体规划布局或者借壳上市。举牌方通过对公司目前的发展状况进行分析进而发现自身发展不足，从而在对未来进行发展规划时会举牌与此相关的优势企业进行互补；同时对相关上市公司的股票进行增持的主要目的是降低经营成本、减小经营风险，从而实现综合竞争力的加强。关于借壳上市，主要是指以增持上市公司股票从而实现对其实际控制权进而获得上市公司优质"壳资源"，并通过资源的重组整合使举牌方将自身资产成功上市。

第二，举牌方以利益为核心，其更追求在证券市场上发现价值被低估的股票从而低买高卖赚取价格差赢取利益，或者是通过坚持持有有投资价值的股票等待获得分红，主要以公司股价和股利为举牌利益核心，对上市公司的控制权并不青睐。比如2015年的险资举牌热潮主要就是因为货币市场和债券市场的利率低迷状态，但是万能险的收益率预期收益较高，所以险资就配置了收益率高的标的。

第三，举牌方存在不良动机，企图通过短线炒作来赢取超额收益。险资一般会通过制造一些假声势来吸引大部分投资者的关注从而将某些股票炒至高位，这些公司的话题性比较充分。比如恒大人寿在对"梅雁吉祥"的假炒作过程中使较多投资者损失惨重，进而引发了监管部门的高度重视。

二、险资持股偏好

1. 行业与资金偏好

通过统计近些年来的险资"举牌"案例发现，从险资举牌的数量分布看，被举牌的公司主要分布在制造业、房地产业以及金融保险业板块。从险资举牌的资金分布看，主要分布在金融保险业、房地产业以及制造业板块。这三类板块的行业估值水平相对较低、资金流动性充足、发展运营相对稳定，与保险公司在股权投资时的要求基本一致。此外，批发和零售贸易、信息技术业、电力、煤气及水的生产和供应业、建筑业也是险资举牌较多以及行业市值占比较大的几类，其所具备特点均为估值水平相对较低、盈利相对稳定。如表4-1和表4-2所示。

表4-1 险资举牌公司数 单位：个

年份	2014	2015	2016	2017	2018
制造业	375	477	554	448	317
房地产业	34	51	57	43	46
金融、保险业	32	58	44	35	31
批发和零售贸易	30	56	59	68	53
信息技术业	18	10	44	27	29
电力、煤气及水的生产和供应业	14	20	21	14	18
建筑业	8	18	38	23	19
社会服务业	36	37	60	51	53
交通运输、仓储业	17	31	35	18	15
传播与文化产业	14	19	25	17	19
采掘业	5	7	19	18	15
综合类	3	3	6	6	3
农林牧渔业	6	18	5	1	2

数据来源：根据 Wind 数据库整理所得。

2. 股权偏好

市值反映的是上市公司整体股本的大小，也就是公司规模。在市场上市值较大的股票价格的市场反应相对充分，股价被操纵的可能性越低；市值越小的股票波动性会相对变大，容易受追捧资金的短期热投。从价值投资的角度看，分红是反映公司业绩的重要指标，分红比较高，则说明股市的经营状况良好、资金流动性充足，同时对股东来说也会是一种收益保障。然而市场机制不完善的中国市场仍然存在公司股票分红以及不分红的种种状况。股权集中度是指公司全体股东由于持股比例不同而体现出来的股权集中抑或分散的指标，反映的是公司股权的分散程度，是衡量公司结构和稳定性的重要指标。股权集中度低，则说明股权相对分散，市场上受单一势力控制的股票相对较少。

表4-2　险资举牌公司行业总市值　　　　　　　　　单位：亿元

证监会 2015 年行业分类准则	2014 年	2015 年	2016 年	2017 年	2018 年
总计	105119.60	113525.30	110181.70	135738.20	97936.99
金融、保险业	91625.05	89871.54	84720.49	107844.60	77237.68
房地产业	4310.61	7573.35	7077.50	9380.85	9026.65
制造业	5446.16	11434.41	11902.84	11604.00	7516.75
批发和零售贸易	675.31	1886.26	1716.05	1765.23	1101.35
社会服务业	2142.44	748.42	2938.16	3591.41	1370.30
电力、煤气及水的生产和供应业	147.14	592.73	606.16	599.12	717.34
交通运输、仓储业	395.61	676.60	438.72	284.98	415.03
采掘业	159.08	149.63	210.30	233.94	281.04
信息技术业	218.18	592.35	571.46	434.03	270.85
建筑业	87.66	508.14	1538.25	589.04	172.57
传播与文化产业	144.27	339.92	374.19	233.57	148.57
综合	6.15	147.60	302.26	196.61	89.00
农林牧渔业	40.42	98.50	41.64	3.01	5.90

数据来源：根据 Wind 数据库整理所得。

从表4-3可以看出，在市值情况上，保险公司比较偏好市值情况在500亿元以下的中大盘股及小盘股，一方面原因是小盘股保险公司容易进行操控，而中等市值上市公司的成长性及稳定性比较好，可以为保险公司提供源源不断的持续收益，而市值太大的公司则会消耗保险公司较多的资金。另一方面原因是市值相对低，公司的股价会存在很大的溢出效应，为进一步满足保险公司的营利性提高要求作保障。从每股税前现金股利上看,现金股利分红在 0~0.5 的公司占了很大的比重,这说明保险公司更看中公司未来的成长性与稳定性。从股权集中度看,被举牌公司的股权集中度多分布在 20%~60%,这说明保险公司更偏好股权集中度相对低的公司,股权相对分散,公司结构相对较好,不容易被单一势力操控。

表4-3 险资举牌公司市值、分红及股权集中度分布

年份	市值情况(单位:亿元)				
	50 以下	50~100	100~500	500~1000	1000 以上
2014	366	18	15	3	9
2015	449	42	37	7	12
2016	554	54	33	9	11
2017	428	42	37	5	14
2018	365	25	24	5	12
年份	每股税前现金股利(单位:元)				
	未分红	0~0.5	0.5~0.1	1 以上	
2014	61	325	23	3	
2015	94	419	27	7	
2016	116	497	36	12	
2017	66	402	44	14	
2018	76	296	38	21	
年份	股权集中度情况				
	10%~20%	20%~40%	40%~60%	60%~80%	80%~100%
2014	61	185	125	39	2
2015	95	255	156	37	4
2016	113	309	197	42	0
2017	71	258	167	30	0
2018	66	218	121	25	1

数据来源:根据 Wind 数据库整理所得。

3. 财务偏好

为了分析险资举牌的财务偏好,选取代表企业偿债能力的现金资产比率以及代表企业盈利水平的每股收益两个指标进行反映。情况如表4-4所示,发现保

险公司更加偏好现金资产比率为 0 ~ 0.5 的股票，这样可能预示着公司在资金利用运营方面的情况较好，利用水平较高；而在每股收益方面，保险公司更加偏好高收益水平的股票，此类股票公司经营业绩相对较好，这可能是因为保险公司更加看重经营业绩好的公司。

表 4 - 4　保险公司现金资产比率及每股收益情况　　　　单位：个

年份	现金资产比率情况	
	0 ~ 0.5	0.5 ~ 1
2014	405	7
2015	535	12
2016	647	14
2017	515	11
2018	424	7

年份	每股收益情况			
	小于 0	0 ~ 0.3	0.3 ~ 0.6	0.6 以上
2014	22	139	98	153
2015	32	175	160	180
2016	34	238	193	196
2017	13	135	154	224
2018	36	114	97	184

数据来源：根据 Wind 数据库整理所得。

三、险资持股数量与持股比例

关于中国保险机构在 A 股市场持股比例主要是指保险机构持有股份的市值占上市公司股票流通总市值的比率。通过对保险机构持股的一些变量进行分析，发现险资举牌的整体运行趋势，进而归纳其持股的具体特征。

表 4 - 5 反映的是 2014 年第一季度至 2018 年第四季度险资持股数量与持股比例。可以看出，无论是股权投资的保险公司还是被举牌的上市公司数量都在呈上升趋势。从持股比例看，整体上持股比例呈逐渐增长的态势，并且持股比例最高可达 50% 多。而在 2015 年股市大跌之后，险资持股公司、被持股公司及持股比例都呈上涨趋势，这说明保险公司在股市大跌之后，即便市场低迷，也会对其

起到市场维稳的作用。但是 2016 ~ 2018 年，险资持股比例又呈上下波动态势，这说明保险公司会根据市场状况进行适当的加减仓行为，尤其在市场反弹后会进行适当的减仓。

表 4 – 5　险资持股数量与持股比例

时间	举牌保险机构数量（个）	被举牌上市公司数量（个）	持股比例（%）			
			中位数	均值	最大值	最小值
2014q1	572	393	1.41	2.54	33.76	0.06
2014q2	598	387	1.45	2.72	50.39	0.11
2014q3	547	381	1.43	2.76	55.12	0.06
2014q4	592	412	1.34	2.67	57.49	0.05
2015q1	667	479	1.33	2.55	57.47	0.07
2015q2	779	559	1.36	2.57	58.59	0.12
2015q3	731	532	1.56	3.08	58.37	0.02
2015q4	805	547	1.42	3.05	56.54	0.07
2016q1	886	600	1.60	3.38	53.42	0.10
2016q2	889	609	1.57	3.19	52.22	0.07
2016q3	984	681	1.40	2.89	53.55	0.01
2016q4	967	661	1.49	2.97	53.91	0.10
2017q1	878	611	1.45	2.30	53.05	0.01
2017q2	914	621	1.50	3.14	54.53	0.01
2017q3	850	579	1.53	3.19	56.76	0.01
2017q4	769	526	1.57	3.22	57.68	0.09
2018q1	681	469	1.49	3.20	58.74	0.02
2018q2	649	436	1.60	3.43	58.83	0.08
2018q3	646	443	1.61	3.38	59.86	0.10
2018q4	620	431	1.55	3.43	59.88	0.07

数据来源：根据 Wind 数据库整理所得。

四、险资交易策略

正反馈交易策略体现的是因为认知偏差、情绪偏差所导致的对资产认知判断的错误反馈，这一过程是"反馈机制"。而根据这个反馈机制制定交易策略就是正反馈交易策略，也就是人们在价格升高时补仓，在价格回落时卖掉仓位，即"追涨杀跌"。然而有效市场假说认为价格对信息的涵盖率比较高，投资者根据过去的信息进行投资决策是缺乏理性的，所以正反馈交易机制认同度不高。

负反馈交易策略是保险公司更擅长的投资策略，保险公司执行负反馈策略的原因：

第一，保险公司选择的股票稳定期长，这是由保险公司的投资特点决定的，当股票价格因噪声因素偏离其正常价值时，采取在股票上升时卖出和下跌时买入的交易策略是保险资金的最优配置选择。

第二，一些保险公司的信息处理能力会相对较强，尤其是一些实力较强的保险机构，比如中国人保和中国人寿，它们一流的信息分析和处理能力使其对股票的市场价值定价有较为准确的估值，从而实现其负反馈交易策略。

第三，从政策方面着手，采取正反馈交易策略容易引起监管高层的关注，从而不利于保险公司的整体发展。

所以，从资金的安全性和政策性考虑，保险公司采取的是负反馈交易制度。

五、险资持股公司与全部上市公司的比较

作为重要的机构投资者，保险公司应该秉承价值投资的理念制订股票投资计划，担当起维护资本市场稳定的责任。并且相关监管机构为了防范保险投资机构的投机行为，明令禁止其短线投机，所以保险公司在股票方面的投资多为长线投资。那么，基本面分析必然成为重要的主导地位。此时，相比较其他市场环境及政策因素而言，上市公司自身的质量问题则显得格外重要。为了综合衡量影响保险公司对上市公司考核时的判断标准，本章将通过财务性指标、估值性指标来综合比较险资举牌公司与全部上市公司的区别。

1. 财务性指标

表4-6通过对险资持股公司与全体上市公司每股收益、每股净资产以及每股净资产收益率进行对比，发现险资持股公司的每股收益、每股净资产以及每股净资产收益率都高于全体上市公司，发现被保险公司物色的上市公司基本上是经营业绩好、盈利能力高的公司，市场竞争力相对较强，这与机构投资者价值投资的理念基本相同。

2. 估值性指标

表 4 - 7 列出了 2014 年第一季度至 2018 年第四季度的市盈率、市净率对比,可以看出险资持股公司市盈率和市净率的均值比整体市场相比都比较低,这说明保险公司在投资时有较低的风险偏好。在具体的投资过程中更倾向于投资被低估的股票,与其价值投资的原则也相对一致。

表 4 - 6　险资持股公司与全体上市公司每股收益、每股净资产以及每股净资产收益率对比

时间	险资持股公司			全体上市公司		
	每股收益（元）	每股净资产（元）	每股净资产收益率（%）	每股收益（元）	每股净资产（元）	每股净资产收益率（%）
2014q1	0.14	5.93	0.03	0.08	4.74	0.02
2014q2	0.30	5.67	0.00	0.17	4.46	-0.01
2014q3	0.41	5.54	0.02	0.26	4.52	0.02
2014q4	0.59	5.60	0.04	0.36	4.73	0.09
2015q1	0.14	5.80	0.04	0.08	4.88	0.02
2015q2	0.28	5.47	0.12	0.18	4.62	0.01
2015q3	0.38	5.34	0.12	0.24	4.54	-0.02
2015q4	0.52	5.67	0.23	0.32	4.75	0.08
2016q1	0.12	5.72	0.04	0.08	4.85	0.04
2016q2	0.26	5.31	0.03	0.17	4.52	0.00
2016q3	0.35	5.34	0.07	0.26	4.70	0.05
2016q4	0.53	5.83	0.13	0.41	5.00	0.11
2017q1	0.14	6.21	0.03	0.10	5.19	0.04
2017q2	0.31	5.94	-0.01	0.22	4.97	0.02
2017q3	0.47	5.98	0.04	0.35	5.09	0.06
2017q4	0.73	6.42	0.09	0.47	5.31	0.06
2018q1	0.18	6.86	0.03	0.11	5.47	-0.01
2018q2	0.38	6.63	0.01	0.24	5.15	-0.06
2018q3	0.59	6.91	0.03	0.35	5.25	-0.05
2018q4	0.70	6.80	0.03	0.36	5.30	-0.06

数据来源：根据 Wind 数据库数据计算整理。

表4-7 保险机构持股公司与全体上市公司的市盈率、市净率对比

时间	险资持股公司		全体上市公司	
	市盈率（％）	市净率（％）	市盈率（％）	市净率（％）
2014q1	49.40	2.70	95.55	4.73
2014q2	58.36	2.73	104.96	3.70
2014q3	72.44	3.34	142.79	5.82
2014q4	66.63	3.45	118.02	5.40
2015q1	171.84	4.97	193.18	6.97
2015q2	213.67	5.54	243.49	8.61
2015q3	98.58	4.24	143.67	5.52
2015q4	99.42	5.41	404.92	7.85
2016q1	89.27	5.51	308.75	6.39
2016q2	153.28	4.19	320.03	6.45
2016q3	116.22	4.07	331.25	18.54
2016q4	85.84	3.96	149.83	5.29
2017q1	76.29	3.55	145.20	5.63
2017q2	65.18	3.28	111.57	4.46
2017q3	71.12	3.36	131.17	4.36
2017q4	53.11	3.11	94.97	3.87
2018q1	52.60	3.01	93.40	3.74
2018q2	42.89	2.58	78.75	3.10
2018q3	41.27	2.25	72.88	2.69
2018q4	30.43	1.92	55.28	2.58

数据来源：根据 Wind 数据库数据计算整理。

第三节　理论分析与研究假设

险资举牌事件主要从 2014 年开始，意味着保险公司在资产配置以及投资风格方面的变换，而当前关于保险公司在股权投资方面的研究文献尚少。

徐高林和马世兵（2006）通过对保险公司股权投资的数据进行描述性统计，

进而得出公司关于个股投资方面的偏好。罗庆忠和杜金燕（2007）以中国保险资金在资本市场股票的投资组合以及风险状况为研究对象，运用 CAPM 模型及资产组合理论进行检验，发现保险资金股票投资组合整体风险相对稳定特征，而且风险水平相对较低、收益较高。王俊和王东（2010）对保险公司的资产组合模型进行线性规划求最优解，从理论层面出发得出最优的投资比例。张晓东（2013）从股权结构角度出发对中国保险公司的投资偏好展开分析，发现其投资的安全系数相对较高，流动性充足。王媛媛和葛厚逸（2017）对保险公司持股与上市公司的经营业绩展开分析，发现寿险公司持股可提高公司下一期的经营业绩，而财险公司持股则与经营业绩关系不显著。韩浩等（2017）则研究发现短期内险资举牌对被举牌公司具有相对显著的影响。可见，关于保险公司的投资，大多数研究认为险资举牌与市场有着重要的关系。

那么关于险资举牌对股市具体产生怎样的影响？大多数研究将保险公司作为机构投资者整体中的一部分，从整体上对其进行把握。

第一，机构投资者的投资行为会降低股票市场的波动性。Cohen 等（2002）研究表明机构投资者具有价值发现的功能，能够促进市场的真实价值回归，因为其会卖出非业绩上升导致价格上涨的股票，买入因业绩好转而价格上升的股票。虽然在这个过程中市场会发生流动性风险，但是也从整体上保证了股市的稳定（Davis，2003）。而国内的学者也得到了相似的结论。如姚颐和刘志远（2007）研究发现保险公司的股票投资可以起到稳定资本市场的作用。祁斌等（2006）从机构投资者持股行为与股市波动性的相关系数进行实证检验，发现二者系数为负，所以机构投资者的投资行为会降低股市的波动性。林忠国和韩立岩（2011）也同样验证了以上观点。而孙英博和戎姝霖（2016）研究发现机构投资者虽然对市场波动有一定的平抑作用，但是这种影响比较薄弱。刘璐等（2019）则发现保险公司主要遵循价值投资的理念，尤其在价格低迷时期能够对市场起到稳定作用。

第二，机构投资者的投资行为会加剧股票市场的波动性。Nofsinger 和 Sias（1999）从策略角度出发，发现机构投资者惯用的追涨杀跌策略更容易加剧股市的波动。Dennis 和 Strickland（2002）、Puckett 和 Yan（2008）也支持上述观点。Chang 和 Sen（2005）则以日本 1975～2003 年的股市数据为研究对象，发现当公司有机构投资者持股时，其更容易造成市场的异常波动。刘振彪和何天（2016）以机构投资者整体持股比例和上证综指二者之间的关系为对象展开分析，发现呈正相关关系。

第三，机构投资者投资行为与股市波动性之间的关系不确定。何佳等（2007）从资本市场投资者结构差异的角度出发，发现机构投资者与股市波动的变化有密切关系。宋冬林等（2007）则发现在市场形势不同时，机构投资者的作用也不同，其在熊市可以平抑市场的波动，在牛市则会加大市场波动。曹云波等（2013）则得出了相反结论，认为机构投资者在牛市能够平抑市场波动，在熊市则无显著影响。薛文忠（2012）的进一步研究表明在市场不同发展阶段机构投资者的市场效应不尽相同。在市场成熟阶段，机构投资者的持股行为以及其持股比例的变化都会对市场造成波动。史永东和王谨乐（2014）则从市场环境的异质性角度出发，发现在市场上升阶段机构投资者会起到加大市场波动的作用，在市场下跌阶段，机构投资者虽然可以熨平市场波动，但却无法防控市场的下行趋势。

而保险公司作为重要的市场主体，其重要业务之一便是信息搜集，并通过控制措施来实现高效率的信息管理和风险管理，将风险成本降至最低（Gui et al.，2013）。而保险公司拥有强大的数据群和客户群，在保险行业自我竞争的过程中也逐渐具备了数据挖掘能力（Bhatnagar et al.，2011）。并且机构投资者具有更积极的行为动机（Mcnulty and Nordberg，2016）。在这些特质性的背景下，保险公司一旦参股，首先会加强对公司的内部治理与监督，并引导公司做出更多准确的研发投资决策，提高股权投资的配置效率，降低资本市场价值波动。

然而机构投资者也同样具备投资者的非理性特点（Zamri et al.，2017）。保险公司可能视野比较狭隘，从而会在利益驱使下影响管理者做出只是增加短期利润的短期决策（Pucheta - Martínez María Consuelo and López - Zamora Blanca，2018）。与管理者利益勾结会使得信息披露的不对称性更加明显，尤其在保险公司中由信息不对称性引发的传染效应更严重（Polonchek and Miller，2005）。不对称信息会直接影响到公司的投资决策，对经营业绩产生直接影响。然而在公司经营业绩差的时候机构投资者倾向于减少研发方面的支出（Bushee，1998）。所以，当保险公司出现与公司管理层利益勾结的行为时，其很有可能会出现信息不对称现象，从而产生过大的负债风险进而影响企业的投资决策，如果此时公司业绩下降，即便公司持股比例高，也很有可能会威胁到公司的发展，进一步作用到股价。那么险资举牌对股市是怎样的一种影响呢？故而提出以下竞争性假设：

H4 -1a：险资举牌会加大市场风险，加大股市的波动。

H4 -1b：险资举牌会降低市场风险，降低股市的波动。

而股票的换手率代表着股票的流通强弱程度，一般认为，换手率越高，股票被追捧的热度越高，股票的流动性也更好。而这时容易有更多的泡沫产生，股票的涨势明显，但是与之伴随的跌势也比较明显。但是如果股票被保险公司进行投资的话，保险公司会通过对上市公司的监督管理进而对其形成一种制约，降低市场上的机会主义投资行为，进而减少市场的异常波动，股价的涨跌也会在一定的范围内。所以提出以下假设：

H4 - 2：相对于换手率低的上市公司，换手率越高的公司，险资举牌降低股市波动的效应更明显。

第四节　研究设计

一、样本选择和数据来源

本章选取 2007 ~ 2018 年沪深两市 A 股市场的上市公司为研究对象，之所以选择 2007 年开始是因为其为新的会计准则实施年度，并作如下处理：首先，剔除当年被标记 ST 或 *ST 的公司；其次，剔除一些数据缺失的公司。此外，为了剔除极端值的影响所有连续变量均在上下 1% 水平进行了 Winsorize 处理，共计13347 个样本，所涉及的财务数据均从国泰安（CSMAR）数据库中下载取得，并进行手工交叉核对。

二、模型设定与变量定义

1. 模型设定

本章将 2014 年的险资举牌政策看作一项自然实验，通过双重差分法来评估险资举牌对资本市场股价波动的影响。通过对其他变量进行基础控制，双重差分法可以对险资举牌前后处理组和控制组对股市波动状况的差异性进行检验。参照 Bertrand 等（2004），设定模型如下：

$$VOL_{i,t} = \beta_0 + \beta_1 DID_{i,t} + \beta_2 Treat_{i,t} + \beta_3 Post_{i,t} + controls + Year + Indu + \varepsilon_{i,t}$$

$$(4-1)$$

其中，$VOL_{i,t}$ 是因变量，用于衡量上市公司的股价波动率，$DID_{i,t}$ 为核心解释变量，$DID_{i,t} = Treat_i \times Post_t$，在样本期内，如果上市公司中险资持有上市公司股票超过5%，则$Treat_i = 1$，否则为0。当$t \geq 2014$时，$Post_t = 1$，否则为0。controls为控制变量，Year表示年度效应，Indu表示行业效应，$\varepsilon_{i,t}$表示误差项。同时本章报告的聚类稳健标准误能够解决潜在的序列相关和异方差问题。本章中的处理组为险资持有上市公司股票超过5%的上市公司，控制组为险资持有上市公司股票不超过5%的上市公司。估计系数β_1是本章重点研究的政策效应，若政策有效，则其显著为负。

2. 变量选取

（1）市场风险。参照祁斌等（2006）、高昊宇等（2017）的研究，本章选取股票的收益波动率来代表市场风险，计算方式为最近250个交易日对数收益率估计出来的波动率。

（2）双重差分项，是实验变量与时间变量的交乘项，其中实验变量Treat将险资持有上市公司股票比例超过5%的上市公司定义为1，否则为0；时间变量Post，2014年以后为1，2014年以前为0。

三、控制变量

根据祁斌等（2006）、高昊宇等（2017）的研究，我们还控制了对股市波动可能造成影响的公司层面的相关变量，具体包括换手率（TOER）、资产负债率（LEV）、公司当年市净率（P/B）、资产报酬率（ROA）、账面市值比（BTM）、上市公司性质（SOE）、资产规模（SIZE）、总资产周转率（TAT）以及年度效应、行业效应。变量释义如表4-8所示。

表4-8 变量释义

变量名称	变量说明
VOL	近250个交易日对数收益率估计出来的波动率，表示市场价值的风险
Treat	如果保险公司持股比例超过5%，则为1，否则为0
Post	是否在险资举牌热潮之前或之后，其中2007~2013年为0，2014~2018年为1
DID	双重差分项，实验变量与时间变量的乘积
TOER	换手率，为某一段时间内的成交量/发行总股数×100%
LEV	资产负债率＝期末负债总额/期末资产总额
P/B	公司当年市净率

续表

变量名称	变量说明
ROA	资产报酬率＝息税前利润/期末总资产
BTM	账面市值比
SOE	上市公司性质，若为国企，则为1，否则为0
SIZE	资产规模，为期末资产总额的自然对数
TAT	总资产周转率＝销售收入/平均总资产
Year	年度哑变量
Indu	行业哑变量

第五节 险资举牌与市场风险的实证结果

一、描述性统计

通过表4-9描述性统计结果可以看出，股市波动率的最大值为0.826，最小值为0，标准误为0.142，这说明股市个股波动的异质性差异相对较大。双重差分项DID的均值为0.043，标准误为0.203，说明其变化差异相对较大。TOER的最大值为4.053，最小值为-0.774，这说明个股的换手率差异比较大，且在市场上受投资者青睐的股票受追捧程度不一。其他各项指标与已有研究基本一致。

表4-9 描述性统计

Variable	Mean	Std. Dev.	Min	Max
VOL	0.520	0.142	0	0.826
DID	0.043	0.203	0	1
Treat	0.166	0.373	0	1
Post	0.377	0.485	0	1
TOER	0.126	0.815	-0.774	4.053
LEV	0.486	0.226	0.059	1.282
P/B	4.001	4.416	0	33.122

续表

Variable	Mean	Std. Dev.	Min	Max
ROA	0.053	0.068	-0.0231	0.264
BTM	0.901	0.850	0	4.618
SOE	0.493	0.500	0	1
SIZE	22.001	1.303	18.835	25.810
TAT	0.657	0.474	0.045	2.630

二、处理组和对照组在政策前是否具有平行趋势

通过图4-1股市波动率可以看出处理组和控制组在2007~2014年基本保持着一致的趋势，但是在2014年以后开始出现明显差异，且处理组的状况好于对照组。通过图4-2股市波动率的残差可以看出处理组和控制组在2007~2014年大体保持着一致的运行趋势，但是处理组的波动程度比控制组相对大一些，2014年之后处理组和控制组趋势依然一致，但是处理组的波动幅度明显小于控制组，进一步说明了险资举牌后可以起到维稳市场的作用。原因有可能是2014年险资举牌热潮后，保险公司注重加强对上市公司的监督管理，使得其经营管理能力提高，公司业绩良好，从而股价在市场上的波动幅度有所降低，市场风险小。

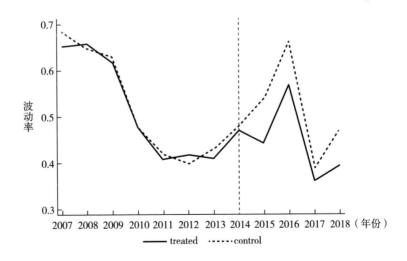

图4-1 平行趋势事前检验（VOL）

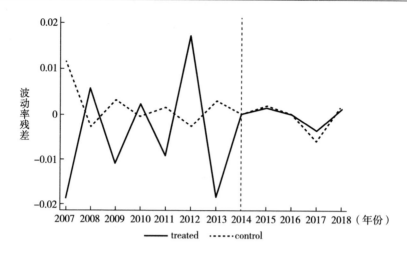

图 4-2　残差均值平行趋势检验（VOL）

三、实证结果分析

1. 基准回归结果

这部分估计了险资举牌对资本市场个股收益波动率的影响，以检验假设1。对式（4-1）进行估计，回归结果如表4-10所示，其中列（1）只对核心变量 Treat 和 Post 以及它们的交互项进行了回归，列（2）、列（3）则在加入控制变量的基础上并依次控制了年度效应和行业效应，列（4）则在加入控制变量的基础上对年度和行业效应进行了控制。研究结果表明险资举牌会降低市场的股价波动率，二者之间是负相关关系，列（1）和列（2）中 DID 的系数分别为 -0.0614、-0.0471 且均在1%的显著性水平上显著，列（3）和列（4）中 DID 的系数分别为 -0.0109、-0.0107 且均在10%的显著性水平上显著。这说明险资举牌会降低股市的个股波动率。无论是否加入控制变量，结果依然保持一致。这可能是因为险资在举牌之前，会对上市公司进行比较详细的尽职调查，包括公司的资产负债等财务情况以及其经营绩效等问题，这样其投资标的品质优良，股价的风险也会降低，个股波动的异质性差异会减少。所以基准回归结果表明险资举牌会降低个股波动率，假设 H4-1b 得到验证。

2. 异质性分析

由于股票的换手率代表着股票的流通强弱程度，一般认为，换手率越高，股

表 4 - 10 险资举牌与个股波动率的回归结果

	VOL			
	（1）	（2）	（3）	（4）
Treat	0.0464 ***	0.0274 ***	- 0.0126 ***	- 0.0131 ***
	(0.0039)	(0.0047)	(0.0036)	(0.0035)
Post	0.0497 ***	0.0445 ***	- 0.1994 ***	- 0.2089 ***
	(0.0027)	(0.0028)	(0.0561)	(0.0549)
DID	- 0.0614 ***	- 0.0471 ***	- 0.0109 *	- 0.0107 *
	(0.0073)	(0.0078)	(0.0061)	(0.0060)
TOER		0.0298 ***	0.0183 ***	0.0171 ***
		(0.0018)	(0.0021)	(0.0021)
LEV		0.0294 ***	- 0.0015	- 0.0107
		(0.0101)	(0.0097)	(0.0101)
PB		0.0021 ***	0.0022 ***	0.0022 ***
		(0.0004)	(0.0004)	(0.0004)
ROA		- 0.1424 ***	- 0.1562 ***	- 0.1260 ***
		(0.0256)	(0.0235)	(0.0235)
BTM		- 0.0062 ***	- 0.0029	- 0.0038 *
		(0.0023)	(0.0021)	(0.0020)
SOE		0.0226 ***	0.0004	0.0033
		(0.0026)	(0.0024)	(0.0024)
SIZE		- 0.0139 ***	- 0.0076 ***	- 0.0077 ***
		(0.0017)	(0.0016)	(0.0016)
TAT		0.0001	0.0033	0.0016
		(0.0029)	(0.0027)	(0.0031)
_cons	0.4958 ***	0.7818 ***	0.8468 ***	0.8525 ***
	(0.0017)	(0.0343)	(0.0374)	(0.0365)
Year		YES		YES
Indu			YES	YES
N	13347	13314	13314	13314
R²	0.0284	0.0987	0.5895	0.6108

注： * 、 ** 、 *** 分别代表在 10% 、 5% 和 1% 的水平上显著。

票被追捧的热度越高，股票的流动性也就越好，但是不同股票的市场反应差异巨大。所以有必要对基准回归结果展开异质性分析。本章将根据换手率的高低分组进行考察。表4－11是异质性分析结果，其中列（1）、列（2）是高换手率的组，列（3）、列（4）是低换手率的组，可以看出，列（1）～列（4）中DID的系数分别为－0.0490、－0.0484、－0.0453、－0.0449且均在1%的显著性水平上显著。这说明险资举牌对换手率高低的股票产生的异质性影响并不显著。这可能是因为影响换手率的因素比较复杂，除了保险公司以外还存在其他更多的噪声。鉴于市场中影响股价的因素纷繁复杂，所以在投资时关于上市公司的换手率要进行多因素分析。假设H4－2没有得到验证。

表4－11　异质性分析结果

	VOL			
	高换手率		低换手率	
	（1）	（2）	（3）	（4）
Treat	0.0317***	0.0311***	0.0297***	0.0287***
	（－0.0073）	（－0.0072）	（－0.0053）	（－0.0052）
Post	0.0168***	0.0191***	0.0629***	0.0659***
	（－0.0047）	（－0.0048）	（－0.0033）	（－0.0034）
DID	－0.0490***	－0.0484***	－0.0453***	－0.0449***
	（－0.0125）	（－0.0124）	（－0.0090）	（－0.0091）
TOER		－0.0026		0.2129***
		（－0.0027）		（－0.0074）
LEV		0.1205***		－0.0131
		（－0.0124）		（－0.0109）
PB		0.0010*		0.0013**
		（－0.0005）		（－0.0005）
ROA		－0.0264		－0.1309***
		（－0.0333）		（－0.0296）
BTM		－0.0306***		0.0110***
		（－0.0038）		（－0.0026）
SOE		0.0172***		0.0257***
		（－0.0043）		（－0.0030）

续表

	VOL			
	高换手率		低换手率	
	（1）	（2）	（3）	（4）
SIZE		−0.0130 ***		−0.0191 ***
		（−0.0025）		（−0.0018）
TAT		−0.0032		0.0021
		（−0.0054）		（−0.0037）
_cons	0.7641 ***	0.7934 ***	0.9043 ***	0.9448 ***
	（−0.0518）	（−0.0522）	（−0.0354）	（−0.0362）
Year		YES		YES
Indu		YES		YES
N	4452	4452	8862	8862
R²	0.0855	0.1346	0.1737	0.1916

注：*、**、***分别代表在10%、5%和1%的水平上显著。

3. 识别假定检验

通过前文的研究结果发现，险资举牌有助于降低个股的收益率波动。但是无法排除结论不受遗漏变量偏差影响的可能性。所以为了保证DID识别政策的可靠性，展开如下识别检验。

（1）平行趋势检验。

参考Jacobson等（1993）、Li等（2016），为了进一步检验事前的平行趋势和政策是否存在时滞效应，运用事件研究法研究险资举牌的动态效应。具体而言，将式（4-1）中的DID换成表示险资举牌前后若干年的哑变量，因变量保持不变，如式（4-2）所示：

$$VOL_{i,t} = \beta_0 + \prod_{s \geq -5}^{4} \beta_s D_s + \beta_4 control_{i,t} + \delta_i + \gamma_t + \varepsilon_{i,t} \tag{4-2}$$

其中，D_0是险资举牌热潮当年的哑变量，S取负数表示险资举牌热潮前S年，正数则表示险资举牌热潮后S年。图4-3报告了估计参数 $\{\beta_{-5}, \beta_{-4}, \beta_{-3}, \cdots, \beta_3, \beta_4\}$ 的大小及对应的置信区间，并且对平行趋势假设做了进一步的判断。其中，系数和最大置信区间的系数曲线基本全部在0以下，只有最大置信区间的一部分系数大于0，满足了DID模型的平行假定。

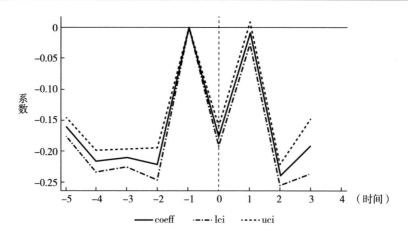

图 4 – 3　险资举牌的动态影响

（2）安慰剂检验。

参照 Ferrara 等（2012）、Li 等（2016），为了排除其他因素或者是未观测到的遗漏变量对文章基本结论的干扰，本章通过在全样本中随机抽取 10 个样本作为处理组来进行间接检验，并以表 4 – 10 中的第（4）列回归结果作为基准结果。根据估计式（4 –1），$DID_{i,t}$ 系数估计值 β_1 的表达式如式（4 –3）所示：

$$\hat{\beta}_1 = \beta_1 + \mu \, \frac{\text{cov}(\,DID_{ct}, \ \varepsilon_{ct} \mid \text{control}\,)}{\text{var}(\,DID_{ct} \mid \text{control}\,)} \tag{4 – 3}$$

其中，control 包含了所有控制变量（不可以被观测到的控制变量也包含在内），如果要实现 β_1 估计具备无偏性，μ 必须保证为 0。但是无法得知 μ 是否为 0，也无法得知非观测因素是否会影响到检验结果。参照相关经济理论，本章运用计算机模拟的方式使得 $DID_{i,t}$ 对被解释变量产生无效影响，此时如果还能估计出 $\beta_1 = 0$，则可反推出 μ 为 0。为了提高安慰剂检验的可识别性，本章对随机过程重复了 1500 次，图 4 –4 报告了估计系数的概率密度分布图。从中可以发现，随机分配的估计值均集中分布在 0 附近，故而可以反推出 μ 为 0，所以证明了基本结论不受其他随机因素的影响。也就是说，随机建立的险资举牌热潮对个股收益波动率没有产生事件效应，从而反推出 2014 年的险资举牌热潮对处理组的显著降低效应是存在的。综上所述，险资举牌热潮对处理组个股收益波动率的负向影响并未受到其他非观测到因素的干扰。

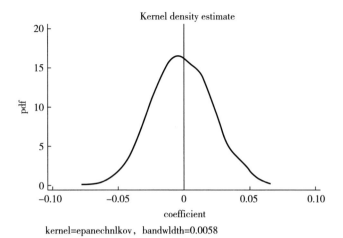

kernel=epanechnlkov，bandwldth=0.0058

图 4 - 4　安慰剂检验结果

外生事件的发生可能不具有唯一性，"险资举牌热潮"对个股收益波动率的影响或许是一个"假事实"，即并不存在特殊时间点会导致个股收益的波动降低。参照 Chen 等（2015）的研究成果，我们将险资举牌热潮时间分别设定为 2015 年和 2016 年，即将 2015 ~ 2018 年及 2016 ~ 2018 年认定为险资举牌热潮后的年份，赋值为 1，其余年份为 0，重新进行检验，检验结果如表 4 - 12 所示，其中列（1）和列（2）是政策实施点换为 2015 年的回归结果，列（3）和列（4）是政策实施点换为 2016 年的回归结果，发现：双重差分项（Treat × Post）DID2 和 DID3 均不显著，从而说明外生冲击是准确的，结论是可靠的。

表 4 - 12　政策实施点转换

	VOL			
	（1）	（2）	（3）	（4）
Treat	0. 0326 ***	- 0. 0144 ***	0. 0202 ***	- 0. 0139 ***
	(0. 0036)	(0. 0032)	(0. 0033)	(0. 0031)
Post2	0. 0459 ***	- 0. 2106 ***		
	(0. 0032)	(0. 0549)		
DID2	- 0. 0479	0. 0221		
	(0. 0830)	(0. 0660)		

续表

	VOL			
	（1）	（2）	（3）	（4）
Post3			－ 0. 1462 ***	－ 0. 2130 ***
			（0. 0044）	（0. 0550）
DID3			0. 0151	0. 0393
			（0. 0107）	（0. 0920）
TOER		0. 0170 ***		0. 0169 ***
		（0. 0021）		（0. 0021）
LEV		－ 0. 0104		－ 0. 0104
		（0. 0101）		（0. 0101）
PB		0. 0022 ***		0. 0022 ***
		（0. 0004）		（0. 0004）
ROA		－ 0. 1263 ***		－ 0. 1265 ***
		（0. 0234）		（0. 0234）
BTM		－ 0. 0039 **		－ 0. 0040 **
		（0. 0020）		（0. 0020）
SOE		0. 0032		0. 0032
		（0. 0024）		（0. 0024）
SIZE		－ 0. 0078 ***		－ 0. 0076 ***
		（0. 0016）		（0. 0016）
TAT		0. 0016		0. 0016
		（0. 0031）		（0. 0031）
_cons	0. 5053 ***	0. 8540 ***	0. 5297 ***	0. 8510 ***
	（0. 0015）	（0. 0365）	（0. 0013）	（0. 0365）
Year		YES		YES
Indu		YES		YES
N	13347	13314	13347	13314
R^2	0. 0420	0. 6112	0. 1122	0. 6116

注：*、**、***分别代表在10%、5%和1%的水平上显著。

（3）稳健性检验。

为了保证上述回归结果的稳健性，本章运用 PSM － DID 方法进一步分析险资举牌热潮的政策效果。第一，为了便于比较，通过前文的控制变量预测险资持股上市公司股份超过 5% 的概率（Logit 回归），再分别采用半径匹配、核匹配、近邻匹配方法为险资持有上市公司股份超过 5% 的样本（处理组）匹配对照组，使得处理组和对照组在险资举牌热潮政策冲击前尽可能没有显著差异，以减少险资是否持股上市公司股份超过 5% 的自选择偏误所带来的内生性问题。第二，在此基础上，通过 DID 方法识别出险资举牌热潮对个股收益率波动的净影响效应。由于倾向得分匹配方法能够在最大限度上解决可观测协变量的偏差问题，而双重差分法能够消除随时间不变以及变化等未观测到的变量影响，因此这两种方法的结合能够对政策效应进行更好的识别。其中，无论是哪种匹配方式，匹配前后样本的差异较小（见表 4 - 14、表 4 - 15、表 4 - 16、表 4 - 17、图 4 - 5、图 4 - 6。其中表 4 - 14、表 4 - 15、表 4 - 16 分别报告了半径匹配、核匹配、近邻匹配的平衡性假设检验结果，通过 t 值检验发现处理组和控制组之间的差异并不显著。表 4 - 17 是匹配样本的比较结果，发现无论是半径匹配、核匹配、近邻匹配，各匹配结果中配比结果差异都小，对数据进行了较好的平衡。图 4 - 5 表明匹配前后样本的变量差异较小，图 4 - 6 表明匹配前后样本的倾向得分值基本是一种平衡状况）。回归结果如表 4 - 13 所示：其中列（1）~列（3）依次是半径匹配、核匹配、近邻匹配的回归估计结果。从方法上看，任何匹配方法的估计结果不会有太大差异（Vandenberghe and Robin, 2004）。通过表 4 - 13 三种匹配方式的估计结果，列（1）~列（3）中 DID 的系数分别为 - 0.0106、- 0.0107、- 0.0103 且分别在 10% 的显著性水平上显著，所以不同匹配方法的估计系数和符号以及显著性水平与表 4 - 10 基准回归的结果基本一致。所以本章估计的险资举牌对个股收益率波动的影响是稳健的。

表 4 - 13　稳健性检验结果

	VOL		
	半径匹配	核匹配	近邻匹配
	（1）	（2）	（3）
Treat	- 0.0130 ***	- 0.0131 ***	- 0.0133 ***
	（0.0034）	（0.0035）	（0.0037）
Post	- 0.2088 ***	- 0.2089 ***	- 0.2092 ***
	（0.0547）	（0.0549）	（0.0551）

续表

	VOL		
	半径匹配	核匹配	近邻匹配
	（1）	（2）	（3）
DID	- 0. 0106 *	- 0. 0107 *	- 0. 0103 *
	(0. 0050)	(0. 0060)	(0. 0040)
TOER	0. 0170 ***	0. 0171 ***	0. 0171 ***
	(0. 0020)	(0. 0021)	(0. 0021)
LEV	- 0. 0107	- 0. 0107	- 0. 0107
	(0. 0101)	(0. 0101)	(0. 0101)
PB	0. 0022 ***	0. 0021 ***	0. 0022 ***
	(0. 0004)	(0. 0003)	(0. 0004)
ROA	- 0. 1260 ***	- 0. 1260 ***	- 0. 1260 ***
	(0. 0235)	(0. 0235)	(0. 0235)
BTM	- 0. 0037 *	- 0. 0038 *	- 0. 0038 *
	(0. 0010)	(0. 0020)	(0. 0020)
SOE	0. 0033	0. 0033	0. 0033
	(0. 0024)	(0. 0024)	(0. 0024)
SIZE	- 0. 0077 ***	- 0. 0076 ***	- 0. 0077 ***
	(0. 0016)	(0. 0015)	(0. 0016)
TAT	0. 0016	0. 0016	0. 0016
	(0. 0031)	(0. 0031)	(0. 0031)
_cons	0. 8525 ***	0. 8523 ***	0. 8525 ***
	(0. 0365)	(0. 0362)	(0. 0365)
Year	YES	YES	YES
Indu	YES	YES	YES
N	13314	13314	13314
R^2	0. 6107	0. 6108	0. 6110

注：*、**、***分别代表在10%、5%和1%的水平上显著。

表4－14 半径匹配样本平衡性假设检验结果

| Variable Matched | Unmatched | | Mean | | % reduct | t－test | | V（T）/ |
		Treated	Control	% bias	bias	t	p＞t	V（C）
TOER	U	0.092	0.134	－5.100	－2.210	0.027	1.070	
	M	0.090	0.061	3.500	30.500	1.210	0.227	1.200*
LEV	U	0.514	0.480	13.600	6.350	0.000	1.64*	
	M	0.512	0.510	1.000	92.600	0.300	0.761	1.020
P/B	U	4.276	3.947	6.700	3.210	0.001	1.86*	
	M	4.283	4.588	－6.200	7.300	－1.810	0.070	1.020
ROA	U	0.033	0.057	－32.500	－15.110	0.000	1.57*	
	M	0.034	0.033	0.300	99.100	0.090	0.930	0.870*
BTM	U	0.849	0.913	－7.800	－3.240	0.001	0.83*	
	M	0.850	0.850	0.100	99.000	0.030	0.979	0.720*
SOE	U	0.437	0.505	－13.600	－5.810	0.000	0.000	
	M	0.438	0.433	1.100	91.900	0.360	0.715	0.000
SIZE	U	21.198	22.169	－80.300	－33.470	0.000	0.830*	
	M	21.203	21.189	1.100	98.600	0.370	0.709	0.890*
TAT	U	0.612	0.666	－11.500	－4.890	0.000	0.930	
	M	0.612	0.611	0.400	96.900	0.120	0.903	1.040

注：＊if variance ratio outside ［0.92；1.09］ for U and ［0.92；1.09］ for M.

表4－15 核匹配样本平衡性假设检验结果

| Variable Matched | Unmatched | | Mean | | % reduct | t－test | | V（T）/ |
		Treated	Control	% bias	bias	t	p＞t	V（C）
TOER	U	0.092	0.134	－5.100	－2.210	0.027	1.070	
	M	0.092	0.081	1.300	75.400	0.420	0.672	1.160*
LEV	U	0.514	0.480	13.600	6.350	0.000	1.64*	
	M	0.514	0.510	1.600	88.200	0.480	0.633	1.000
P/B	U	4.276	3.947	6.700	3.210	0.001	1.860*	
	M	4.276	4.500	－4.600	31.900	－1.340	0.181	1.040
ROA	U	0.033	0.057	－32.500	－15.110	0.000	1.57*	
	M	0.033	0.033	0.200	99.400	0.060	0.953	0.900*

续表

Variable Matched		Unmatched		Mean	% reduct	t – test		V (T) /
		Treated	Control	% bias	bias	t	p > t	V (C)
BTM	U	0.849	0.913	−7.800	−3.240	0.001	0.830*	
	M	0.849	0.853	−0.400	94.900	−0.130	0.899	0.740*
SOE	U	0.437	0.505	−13.600	−5.810	0.000	0.000	
	M	0.437	0.433	0.800	93.900	0.280	0.783	0.000
SIZE	U	21.198	22.169	−80.300	−33.470	0.000	0.830*	
	M	21.198	21.217	−1.600	98.100	−0.530	0.598	0.900*
TAT	U	0.612	0.666	−11.500	−4.890	0.000	0.930	
	M	0.612	0.612	−0.100	99.000	−0.040	0.967	1.060

注：* if variance ratio outside ［0.92；1.09］ for U and ［0.92；1.09］ for M.

表 4 – 16　近邻匹配样本平衡性假设检验结果

Variable Matched		Unmatched		Mean	% reduct	t – test		V (T) /
		Treated	Control	% bias	bias	t	p > t	V (C)
TOER	U	0.092	0.134	−5.100	−2.210	0.027	1.070	
	M	0.092	0.060	3.900	24.100	1.320	0.187	1.210*
LEV	U	0.514	0.480	13.600	6.350	0.000	1.640*	
	M	0.514	0.511	1.000	92.700	0.300	0.766	1.020
P/B	U	4.276	3.947	6.700	3.210	0.001	1.860*	
	M	4.276	4.580	−6.200	7.300	−1.810	0.070	1.020
ROA	U	0.033	0.057	−32.500	−15.110	0.000	1.570*	
	M	0.033	0.033	0.300	99.100	0.090	0.931	0.870*
BTM	U	0.849	0.913	−7.800	−3.240	0.001	0.830*	
	M	0.849	0.848	0.100	98.300	0.040	0.967	0.720*
SOE	U	0.437	0.505	−13.600	−5.810	0.000	0.000	
	M	0.437	0.432	1.100	92.000	0.360	0.716	0.000
SIZE	U	21.198	22.169	−80.300	−33.470	0.000	0.830*	
	M	21.198	21.185	1.100	98.600	0.370	0.709	0.890*
TAT	U	0.612	0.666	−11.500	−4.890	0.000	0.930	
	M	0.612	0.610	0.400	96.600	0.130	0.895	1.040

注：* if variance ratio outside ［0.92；1.09］ for U and ［0.92；1.09］ for M.

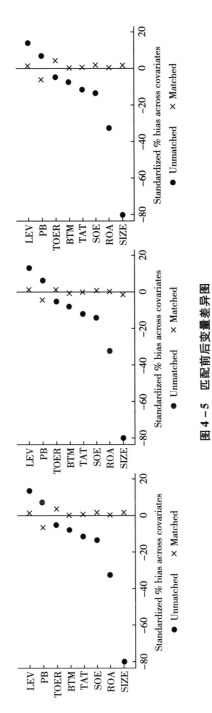

图 4 - 5 匹配前后变量差异图

注：从左到右依次为半径匹配、核匹配以及近邻匹配。

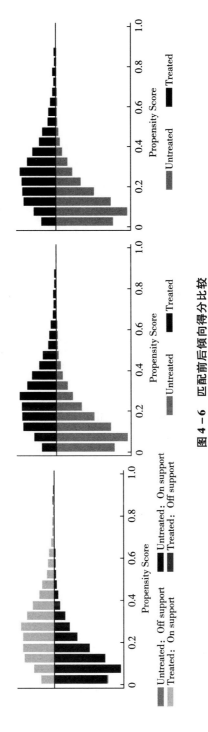

图 4 - 6 匹配前后倾向得分比较

注：从左到右依次为半径匹配、核匹配以及近邻匹配。

保险公司投资中国股市的风险影响研究

表 4 - 17　匹配样本的比较结果

Sample	Ps	R²	LR	chi2	p > chi2	MeanBias	MedBias	B	R	% Var
半径匹配										
Unmatched	0.137	1641.900	0.000	21.400	12.5	96.800*	0.970	71		
Matched	0.001	6.170	0.628	1.700	1.1	7.500	0.990	57		
核匹配										
Unmatched	0.137	1641.900	0.000	21.400	12.5	96.800*	0.970	71		
Matched	0.001	3.730	0.881	1.300	1	5.800	1.040	57		
近邻匹配										
Unmatched	0.137	1641.900	0.000	21.400	12.5	96.800*	0.970	71		
Matched	0.001	6.460	0.595	1.800	1	7.700	1.010	57		

注：* if B > 25%，R outside [0.5；2]．

第六节　本章小结

保险公司作为资本市场中的重要主体，对于促进资本市场的繁荣与稳定起着重要的作用，可在整体上起到市场维稳的作用。险资举牌的原因和类别多种多样。

（1）从险资持股特征看，险资所青睐的投资行业类型主要分布在金融保险业、房地产业以及制造业板块，其一般特征是估值水平相对较低、盈利相对稳定；在股权偏好方面，险资更青睐中等市值、现金股利分红相对较高以及股权相对分散的股票，主要因为中等市值上市公司的成长性及稳定性比较好，可以为保险公司提供源源不断的持续收益，现金股利分红相对较高说明保险公司更看中公司未来的成长性与稳定性，股权相对分散的公司其在市场上受单一势力控制的可能性更小；在财务偏好方面，保险公司更加偏好现金资产比率为0~0.5的股票，这可能预示着公司在资金利用运营方面的情况较好，利用水平较高；而在每股收益方面，保险公司更加偏好高收益水平的股票，此类股票公司经营业绩相对较好，这可能是因为保险公司更加看重经营业绩好的公司。

（2）从险资持股数量和持股比例看，无论是股权投资的保险公司还是被举牌的上市公司数量都在呈上升趋势。从持股比例看，整体上持股比例呈逐渐增长的态势，并且持股比例最高可达50%多。而在2015年股市大跌之后，险资持股公司、被持股公司以及持股比例都呈上涨趋势，这说明保险公司在股市大跌之后，即便市场低迷，也会对其起到市场维稳的作用。但是在2016～2018年，险资持股比例又呈上下波动态势，这说明保险公司会根据市场状况进行适当的加减仓行为，尤其在市场反弹后会进行适当的减仓。

（3）从险资交易策略看，考虑到股票的稳定期以及保险公司自身的信息处理能力以及外部宏观政策的影响，负反馈交易策略是保险公司更擅长的投资策略。

（4）从险资持股与全部上市公司的比较，从财务性指标看，险资持股公司的每股收益、每股净资产以及每股净资产收益率都高于全体上市公司，发现被保险公司物色的上市公司基本上是经营业绩好、盈利能力高的公司，市场竞争力相对较强；从估值性指标看，险资持股公司市盈率和市净率的均值比整体市场相比都比较低，这说明保险公司在投资时有较低的风险偏好。在具体的投资过程中更倾向于投资被低估的股票，与其价值投资的原则也相对一致。

进一步，本章以2014年险资举牌热潮这一事件作为自然实验，采用双重差分法识别了该事件对股市中个股收益波动率的影响。研究结果表明：首先，"险资举牌"能够降低个股收益率的波动幅度，这表明而保险公司作为重要的市场主体，其重要业务之一便是信息收集，并通过控制措施来实现高效率的信息管理和风险管理，可以将风险成本降至最低，并且其拥有强大的数据群和客户群，在保险行业自我竞争的过程中也逐渐具备了数据挖掘能力，再加上具有更积极的行为动机。在这些特质性的背景下，保险公司参股后，不仅会加强对公司的内部治理与监督，并引导公司做出更多准确的研发投资决策，提高股权投资的配置效率，降低资本市场价值波动。其次，进一步的分析表明虽然换手率是体现股票流通强弱的重要指标，一般认为换手率越高的上市公司在险资介入后个股收益的波动率更小，但是通过异质性分析没有发现显著差异。

第五章　保险公司投资中国股市对股价崩盘风险的影响

第一节　引言

2018年10月25日，《关于保险资产管理公司设立专项产品有关事项的通知》[①]发布，允许保险资产管理公司设立专项产品，进而发挥保险资金在长期稳健投资方面的优势。允许其以股权和债权等灵活多样的投资方式，向有前景、有市场、有技术优势但受到资本市场波动或股权质押影响暂时出现流动性困难的优质上市公司及其股东提供融资支持。这一政策的出炉是为上市公司股权质押提供了一面金刚罩，还是说仍然是潜在的地雷呢？

本章尝试从险资参股角度出发去研究股权质押的深层次原因机制，结合险资参股、股权质押以及股价崩盘风险进行分析，研究结果显示：股权质押下公司的股价崩盘风险低，这主要是因为公司为了能够获得股权质押资格以及高的杠杆率，会加强内部治理和盈余管理，公司市值管理提升、业绩上升，投资者认可度提高会大量购买股票，同时由于股权质押的股票在市场上暂时处于冻结状态，所以市场上可流通股本相应减少，股价上升；进一步研究发现险资参股可以进一步降低股权质押带来的股价崩盘风险，这是因为：险资参股首先能够加强公司治理

[①]　中国银保监会发布《关于保险资产管理公司设立专项产品有关事项的通知》，2018年10月25日，银保监会网站。

监督，防止股价下行；同时能够增强市场信心，在公司股权质押流动性不足时提供资金保障，一旦触及平仓线出现爆仓风险时提供资金支持，起着一种中介效应，尤其是对于私企和大股东持股比例高的公司，降低股价崩盘风险的效应更明显。并且通过边际效用分析，发现当核心变量都取较大组或者都取较小组时，股权质押的组相对于无股权质押的组，险资参股可以使股价崩盘风险降低 0.009，有险资参股的组相对于无险资参股的组，险资参股可以使股价崩盘风险降低 0.059，有股权质押和险资参股的组相对于无股权质押和险资参股的组，股价崩盘风险降低 0.837。

相较于以往的研究，本章的研究贡献主要体现在以下几方面：第一，已有关于股权质押和股价崩盘风险方面的研究结果不尽相同，所以本章丰富了关于股权质押与股价崩盘风险之间的内在传导机制；第二，鲜有研究从险资参股角度切入，本章引入险资参股和股权质押这一特定情境，来分析其对股价崩盘风险的影响，有利于深刻挖掘股权质押和股价崩盘风险的原因和传导机制，丰富了保险参股方面的研究，对于现有研究来说是个突破，为公司未来长久发展尤其是资金方面提供参考。

第二节　理论分析与研究假设

以往关于股价崩盘风险的研究主要是基于委托代理理论，与经理人寻求私利的动机和能力相关，在这个过程中他们会私藏坏消息，从而使公司的利益相关者不能在项目早期发现其投资净现值，一旦投资净现值发生亏损并且当其不断堆积达到一定程度时，资产价格就会发生下降风险（Liu and B. X.，2007）。因为公司在对坏消息的承受方面存在一个临界点，一旦在临界点范围之外，公司则无法有效处理坏消息，市场上的负面情绪全部释放，公司股价下行风险加大，容易形成崩盘（Jin and Myers，2004）。Kim 等（2011a）认为，在经理人隐藏坏消息以及寻租过程中，税收规避提供了一定的便利，所以税收规避行为与股价崩盘风险呈正相关关系。从公司内部治理看，财务报告的透明程度与股价下行风险呈负相关关系（Hutton et al.，2009），及时高效的内部信息披露（Kim and Zhang，2014）、会计稳健性则能有助于防止坏消息的堆积，降低股价崩盘风险；从公司内部管理者角度出发，Kim 等（2011b）比较了 CEO 与 CFO 的股权激励与股价崩盘风险的关系，发现高管会以自身股权价值最大化为核心进而采取短期牟利行为，比如隐藏公司的坏消息进而加大股价崩盘风险，然而董事们的责任保险意识程度高则可以降低股价崩盘风险（Yuan et al.，2016）；从外部环境因素来说，在中国政治事件窗口时期（比如党代会、省级层面的领导升迁及腐败等），这些都会导致上市公司隐藏坏消息的行为（Piotroski et al.，2010）。而股权质押也是影响股价崩盘风险的重要因素。

从股权质押方面的回顾来讲，早期的研究主要集中在股权质押与公司价值方面的影响，重点分析代理冲突导致的控股股东对小股东利益的侵占（Tan and Wu，2013）。后期的研究则主要从股权质押与公司各方面行为展开研究，股权质押公司的收益平滑度高于其他公司（Huang and Xue，2016），降低的代理成本使股东有更强的意愿去质押（Wang and Chou，2018）。而本章则侧重于从险资参股出发研究其对公司股权质押与崩盘风险的影响。

股权质押作为权利质押的一种，是股东拿公司股份去抵押的具有杠杆性的金融行为，是股价崩盘风险的潜在地雷。从融资困境理论出发，企业的融资约束会促使其选择更为便利的股权质押进行融资。为了缓解财务困境以及防范金融风险，公司会主动加强内部治理，提高公司业绩，由此突破股权质押的门槛限制，获得更高的杠杆率，减少融资成本。而公司绩效作为反映公司层面信息的重要部分，主要是通过盈余管理反映出来（Bhattacharya et al.，2003；Leuz et al.，2002；Healy and Wahlen，2008），盈余管理会影响质权人对公司融资的态度，所以上市公司的盈余管理很重要，并且盈余管理水平可以提高上市公司信息的准确度和透明度，将好资源引向盈余管理水平比较高的公司，降低企业的融资成本，避免不必要的损失，提高资本市场的配置效率（Suda and Shuto，2005）。公司层面信息越丰富，资本市场资源配置越有效率。所以当公司为了解决生存危机，一定会加强公司盈余管理，在对公司进行有效管理时，势必会发现公司一系列体制管理漏洞以及财务问题，会加强对公司的整改，从而使其整体绩效提升，公司盈余管理水平高，对公司是一个正面反馈，提升口碑，并且公司内部的市值管理也可以为公司外部营造一个相对有利的融资氛围，进而降低股东层面的公司利益挖掘，以及控股股东通过"隧道效应"对中小股东的压榨（Tan and Wu，2013）。投资者也会加强对公司的认可，加大对公司股票购买，股价收益率上升，崩盘风险降低。

从行为金融理论和信号传递理论出发,股权质押过程中一旦出现担保不足时,控股股东就可能会出现无法再追加担保从而面临控制权转移的风险,这会严重影响公司治理水平以及控股股东的治理态度,公司为了避免平仓及爆仓风险一定会加强公司盈余管理。然而股权质押下的控股股东出于私利并不会付诸实质性的措施,这种公司管理仅仅是暂时的机会主义策略,并不利于公司的创新,也并未真正地在加强公司内部治理,只是在做面子工程。高质量的盈余管理只会使信息更不透明,隐藏更多坏消息(Wurgler, 2001),损害了会计信息所能起到的债务约束作用,不对称信息也会降低对投资者的保护(Leuz et al., 2002)。尤其Morck等(1999)发现在新兴资本市场中公司层面信息的含量很低,股价无法有效传递公司盈余管理信息,再加上中国作为一个新兴资本市场,市场上"噪声"交易者占据主导地位,面临的问题更严重。所以公司制造虚假财务报表以营造盈余管理假象,内部控股股东的代理冲突会加剧。在市场信息透明度有限的情况下,市场上投资者情绪更加恐慌,股价下跌风险加大(夏常源和贾凡胜,2019)。而且高质押公司更有可能回购,尤其是在股价大幅下跌之后,当质押股票的市场价值跌破质权人要求,借款人需要满足追加保证金的要求。否则,贷款人可以出售股票,如果控股股东的动机是为了维持空壳资源或获得再融资资格,那么他们在接下来的一年的业绩会因为随后的掏空而下降(Ying and Wang, 2013),可见,股权质押进一步加剧了上市公司的融资约束(唐玮等,2019)。公司里的政治关系也会降低公司的治理效用(Tan and Wu, 2013),管理层借用政治便利的机会主义投机动机只会加大公司经营的困难,造成股价的波动,是崩盘风险的导火索(Bao et al., 2018)。此外,从财务困境理论出发,当市场上投资者看到股东进行股权融资时会传递出其融资困难信号,会认为公司运行不佳,如同一个坏消息。再加上中国是一个政策市,好坏消息影响非常明显,坏消息更容易驱动投资者因心理预期不佳大量兜售股票,致使股价下跌。而股票崩盘具有极强的传染性,会继续加剧股价崩盘的负面影响(徐飞等,2019)。荆涛等(2019)从宏观市场的货币政策角度出发,也同样发现股权质押会加大股价崩盘风险。因此认为当公司存在股权质押行为时,股价下行风险加大。因此,提出以下竞争性假设:

H5-1a:其他条件不变的情况下,股权质押和股价崩盘风险是负相关关系。

H5-1b:其他条件不变的情况下,股权质押和股价崩盘风险是正相关关系。

保险公司作为重要的机构投资者,由于其所具备的股权属性,他们有更强大的动力对公司具体的投融资行为展开监督(Shleifer and Vishny, 1986),防止管理层的机会主义投资行为,减少非效率投资。并且机构监控限制了管理者对公司现金流的提取,从而降低了管理者所吸收的公司特有风险(An and Zhang, 2011),帮助公司提高业绩。此外,机构投资者拥有更丰富的金融资源,可以对公司的大股东和管理层形成有效监督,这与中小股东的利益契合,提升了公司治理效率,有效提高企业的市场价值(Cornett et al.,2007)。所以机构投资者作为一种外部治理机制相对有效,对股价下行风险起到有效抑制作用。同时保险公司作为稳定型的机构投资者,有更大的意愿参与公司治理,因为他们更注重长远盈利能力考虑,可以在公司投资动力不足时提供经济支撑。此外,机构投资者进行参股的信息也会通过市场传递到外部的债权人(Chidambaran et al.,2000)。而保险公司在信息挖掘方面具有强大的潜力,所以险资参股使得市场上的交易信息更加丰富,更有助于加强信息的普及与传播,信息流动性加强,各个金融机构对企业的信心更高,会加大对公司的投融资行为。因此险资参股有利于控股股东进行股权质押,并吸引更多的投资。同时,保险参股可以在公司一旦遇到担保不足面临控制权转移以及平仓和爆仓风险增加时,能及时为公司提供资金支持防止股价下行,并且参股比例越大,作用越大。所以险资参股意味着公司经营稳健,可以改善公司的风险管理能力,股东融资的市场认可度提高,市场信息倍增,股价下行风险降低。

但是机构投资者是有不同类型的,短期机构投资者目光短浅,会更加注重短期利益,不利于公司资金配置效率的提高(Bushee, 1998)。根据金融理论,风险承担随着收益预期的增加而增加,随着风险预期的降低而减少(Merkle and Weber,2014)。机构投资者的"超常规发展"并没有使市场更为理性,反而是加大了市场风险。因为他们对公司的投资也许只是出于短期的投机需求,对公司治理不会投入太大的精力,一旦公司经营出现问题,他们会迅速采取"用脚投票"的方式从公司治理中撤离(Ju et al.,2003)。并且机构持股比例越高,会加剧信息不对称程度,灰色的财务报告也使得机构投资者对未来市场股价风险的预期加大,这些因素都使得股价下行风险加大(Hutton et al.,2009;Jeong – Bon and Zhang,2012)。保险公司作为重要的机构投资者,基于信息与心理行为之间的互动关系,在投资时与上市公司为利益共同体,会为了自己利益私藏坏消息,忽视公司不透明的财务报告,且公司会计稳健性程度低,股价未来崩盘风险加大。具体的中介机制作用如图5 –1所示。

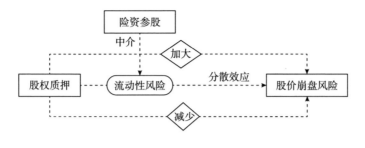

图 5-1　中介机制作用

由此提出竞争性假设：

H5-2a：险资参股有助于分散股权质押的流动性风险，并且参股比例越大，股价崩盘风险越小。

H5-2b：险资参股无益于分散股权质押的流动性风险，并且参股比例越大，股价崩盘风险越大。

接下来对不同产权性质的公司进行分析，中国政府通过所有权控制着很大一部分上市公司。中国国有上市公司可以获得政府的财政支持和商业合同，这使它们更少地依赖于资本市场提供的外部资金（Chen et al.，2011）。作为回报，这些公司可能以促进政府的社会政治目标实现为方向，这可能迫使它们偏离追求资本市场的价值增值（Allen et al.，2005）。此外，它们的管理任命也受到政府的影响（Hassard et al.，1999），降低了管理者对外部投资者的责任。国有企业的这种性质增大了控股股东违背少数股东利益行为的保护效应。而且国企进行股权质押审批时，质押前后受制度约束比较多，运行风险相对较小。而私企获得融资的渠道有限，对资金的需求更渴望。股权质押作为获得融资比较简单快捷的途径，极大地激发了私企的热情。私企之所以融资比较困难，是因为在股权融资上，其若想通过上市来获取资金在证监会获准的概率相较于国有企业而言比较低，而且通过配股进行融资通过的概率也比较低（Kothari et al.，2009）；在债务融资上，与国有企业相比其获得融资的规模也比较小、期限更短、成本更高（Brandt and Li，2003）。此外，国企和私企在制度安排上也存在显著差异。与私企相比较，国有企业大股东股权质押的限制条件更多、运行难度更大，不仅要面对《中华人民共和国公司法》《中华人民共和国担保法》等一系列的法律约束，还有严格的公司内部控制和责任追责。然而国有资产是宝贵的，虽然受各个利益相关方的监管和股权质押过程中各个环节的严格规定，但是国有企业有先天政治优势，预算约束软、融资方式多，能够相对便捷地进行融资，而且在股权质押后如果遇到股价崩盘之类的状况追加保证金和还款的压力也比较小，且国有控股上市公司股东与公司存在着利益协同效应，在创造利润的基础之外，会兼顾各方利益进行宏观调控，解决各种利益冲突（Holmstrom and Milgrom，1991），股价崩盘风险也比较小。而对于私企来说，融资途径受限，应对市场风险能力差，担保不足时股价更容易下跌，险资的举牌则在关键时刻为其提供了资金支持，这样无论是为其增加担保还是投资股票都提供了方便，有助于抑制股价下行趋势，降低崩盘风险。故提出以下假设：

H5-3：与国有企业相比，私企的股价崩盘风险更大，在险资参股情况下，私企的股价崩盘风险降低效应更明显。

基于委托代理理论，大股东和小股东作为理性的经济人，都会从自己利益出发去制定公司发展目标。由于控制权和现金流权分离，在股权集中化趋势下，分散的中小股东仅仅存在一些现金流权，持有强大股份的大股东又可以以绝对数量控制的现金流权来对中小股东形成压倒之势，对其利益进行排挤掏空。尤其在股权质押后，其控制权仍然不变，但是现金流权却变少，两权分离程度更大，代理冲突更明显。机构投资者不会与大股东发生冲突，反之，他们会与大股东勾结，尽管他们的利益可能与其他少数可交易股东的利益相一致（Zeng et al.，2011）。但是这样大股东会成为公司的绝对控制人，只会以利润为导向，通过信息操纵盈余管理来遮盖自己的寻租行为，扩大自己的利益，但是经营不善为公司发展风险埋下祸根，一旦坏消息揭露，股价将面临下行风险。所以在财务约束下的大股东股权质押加剧了其两权分离程度和代理冲突，其有更强烈的动机和能力对上市公司实施掏空，这样股价崩盘风险加大。而股价下行使大股东面对着增加担保的需要，如果没有足够的资金来支持股价，那么将面临更大的风险，但是险资参股至少在资金上为公司和股东提供了支持，可以有效化解股价崩盘风险。

H5-4：与小股东持股的公司相比，大股东持股高的公司崩盘风险更大，在险资参股情况下，大股东持股高的公司在降低股价崩盘风险方面的效应更明显。

第三节　研究设计

一、样本选择和数据来源

本章选取 2014～2018 年沪深两市 A 股市场的上市公司为研究对象，并作如下处理：①剔除了金融类上市公司；②剔除当年被标记 ST 或 *ST 的公司；③剔除数据缺失的公司；④剔除每年交易周数小于 30 的样本以有效估计股价崩盘风险。同时为了剔除极端值的影响，所有连续变量均在上下 5% 水平进行了 Winsorize 处理，共计 7363 个样本，研究中所需要的财务数据均从国泰安（CSMAR）数据库和锐思（RESSET）金融数据库获得，并进行交叉核对。

二、模型构建与变量定义

参照温忠麟等(2005)，本章拟构建以下模型来检验以上假设，模型(5-1)、模型(5-4)主要检验股权质押与股价崩盘风险之间的关系；模型(5-2)、模型(5-3)、模型(5-5)、模型(5-6)主要检验险资参股对股权质押与股价崩盘风险的影响。这六个模型都控制了年度和行业变量。

$$NCSKEW_{t+1} = \beta_0 + \beta_1\,IFPLEDGE_t + controls + Year + Indu + \varepsilon \qquad (5-1)$$

$$NCSKEW_{t+1} = \beta_0 + \beta_1\,IFPLEDGE_t + \beta_2 IP_t + \beta_3 IFPLEDGE_t \times IP_t + controls +$$
$$Year + Indu + \varepsilon \qquad (5-2)$$

$$NCSKEW_{t+1} = \beta_0 + \beta_1\,IFPLEDGE_t + \beta_2 SP_t + \beta_3\,IFPLEDGE_t \times SP_t + controls +$$
$$Year + Indu + \varepsilon \qquad (5-3)$$

$$DUVOL_{t+1} = \beta_0 + \beta_1\,IFPLEDGE_t + controls + Year + Indu + \varepsilon \qquad (5-4)$$

$$DUVOL_{t+1} = \beta_0 + \beta_1\,IFPLEDGE_t + \beta_2 IP_t + \beta_3 IFPLEDGE_t \times IP_t + controls +$$
$$Year + Indu + \varepsilon \qquad (5-5)$$

$$DUVOL_{t+1} = \beta_0 + \beta_1\,IFPLEDGE_t + \beta_2 SP_t + \beta_3\,IFPLEDGE_t \times SP_t + controls +$$
$$Year + Indu + \varepsilon \qquad (5-6)$$

其中，$NCSKEW_{t+1}$ 和 $DUVOL_{t+1}$ 代表股价崩盘风险；$IFPLEDGE_t$ 代表股东是否进行股权质押；IP_t 代表保险公司是否参股；SP_t 代表险资参股比例。

1. 股价崩盘风险的衡量方法

根据 Hutton 等（2009）和 Kim 等（2011a，2011b）的研究，扩展市场模型回归的残差回报为：

$$r_{jt} = \partial_j + \beta_{1j} r_{m(t-2)} + \beta_{2j} r_{m(t-1)} + \beta_{3j} r_{mt} + \beta_{4j} r_{m(t+1)} + \beta_{5j} r_{m(t+2)} + \varepsilon_{jt} \qquad (5-7)$$

其中，r_{jt} 是股票 j 在 t 周的回报；r_{mt} 是市场指数 m 在 t 周的回报，为了允许非同步交易，使用了市场指数的领先项和滞后项，j 公司 t 周的公司周回报是 $W_{jt} = \ln(1 + \varepsilon_{jt})$。

根据 Chen 等（2001）的研究，崩盘概率通过负条件回报的偏度来衡量，以 NCSKEW 表示，对于 t 年的 j 公司来说，其 NCSKEW 为：

$$NCSKEW_{jt} = -[n(n-1)^{\frac{3}{2}} \sum w_{jt}^3] / [(n-1)(n-2)(\sum w_{jt}^2)^{\frac{3}{2}}] \qquad (5-8)$$

其中，n 代表的是一年中股票的交易周数，该值越大，股票的崩盘风险越高。

DUVOL 代表股票收益率上下波动值，计算方法如下：

$$DUVOL_{jt} = \log\{[(n_u - 1) \sum_{Down} w_{jt}^2] / [(n_d - 1) \sum_{Up} w_{jt}^2]\} \qquad (5-9)$$

其中，n_u 表示股票 j 的周持有收益 W_{jt} 与年平均收益 W_j 的周数相比较大的周数；n_d 表示股票 j 的周持有收益 W_{jt} 与年平均收益 W_j 相比较小的周数。该变量主要反映了股票收益分布左偏的程度，股票收益左偏程度越大，股价下行崩盘的风险越大。

2. 股权质押

本章衡量股权质押情况主要用两个指标，其中 IFPLEDGE 代表年度内控股股东是否发生股权质押行为，若有，则为 1，否则为 0；PRATIO 代表控股股东在年度内的累计质押率，计算方式为：控股股东累计质押股份数/控股股东持有股份总数。

3. 险资参股

IP 表示险资是否参股，若参股，则为 1，否则为 0；SP 表示险资参股比例。

4. 控制变量

根据 Chen 等（2016）、Yin 和 Tian（2016）、荆涛等（2019）的研究，本章加入了以下控制变量：第一大股东持股比例 TOPHLD、产权性质 SOE、公司账面市值比 BTM、资产负债率 DTA、资产收益率 ROA、资产规模 SIZE、总资产周转率 TAT 以及年度和行业效应，变量释义如表 5 - 1 所示。

表 5 - 1　变量释义

变量名称	变量说明
NCSKEW	负收益偏态系数，表示股价崩盘风险发生的可能性，该值越大，股价崩盘风险发生的可能性越大
DUVOL	年收益上下波动比率，表示股价崩盘风险发生的可能性，该值越大，股价崩盘风险发生的可能性越大
IP	险资是否参股，若参股，则为 1，否则为 0
SP	险资参股比例
IFPLEDGE	哑变量，如果控股股东在年度内发生股权质押行为，则计为 1，否则为 0
PRATIO	股权质押率 = 大股东质押股份数/实际持有股份数
TOPHLD	第一大股东持股比例
SOE	第一大股东股权性质，国有股权赋值为 1，否则为 0
BTM	账面市值比 = 期末总资产/（股权市值 + 净债务市值）
DTA	资产负债率 = 期末负债总额/期末资产总额
ROA	资产报酬率 = 息税前利润/期末总资产
SIZE	资产规模，为期末资产总额的自然对数
TAT	总资产周转率 = 销售收入/平均总资产
Year	年度哑变量
Indu	行业哑变量

第四节　实证结果分析

一、描述性统计

表 5 - 2 是主要变量的描述性统计结果。从表中可以看出 NCSKEW、DUVOL 作为股价崩盘风险的代理变量，标准差分别为 0.647 和 0.212，差别较大，表明股市上个股崩盘风险差异较大。控股股东是否质押 IFPLEDGE 的平均值为 0.241，标准误为 0.428，控股股东股权质押率 PRATIO 的平均值为 0.127，标准误为 0.250，这表明市场上控股股东是否质押以及股权质押率的差异相对较大。SP 的标准差为 0.004，最大值和最小值分别为 0.590 和 0.000，这说明保险参股比例

异质性较大。

表 5 - 2　描述性统计

Variable	Mean	Std. Dev.	Min	Max
NCSKEW	- 0. 237	0. 647	- 1. 403	0. 924
DUVOL	- 0. 235	0. 212	- 0. 633	0. 129
IFPLEDGE	0. 241	0. 428	0. 000	1. 000
PRATIO	0. 127	0. 25	0. 000	0. 741
IP	0. 077	0. 266	0. 000	1. 000
SP	0. 001	0. 004	0. 000	0. 59
TOPHLD	0. 344	0. 140	0. 137	0. 632
DTA	0. 421	0. 204	0. 103	0. 826
SOE	0. 34	0. 474	0. 000	1. 000
TAT	0. 568	0. 340	0. 144	1. 521
BTM	0. 716	0. 652	0. 145	2. 720
ROA	0. 057	0. 046	- 0. 044	0. 162
SIZE	22. 071	1. 167	19. 969	24. 317

二、主要假设验证

表 5 - 3 报告了模型（5 - 1）、模型（5 - 4）的回归检验结果。首先对股权质押与股价崩盘风险之间的关系做检验，其中列（1）～列（3）先后采用混合 OLS、固定效应和随机效应的回归方法进行分析检验和比较。在确定混合 OLS 和固定效应回归的模型选择问题时，通过对 F 检验的 P 值比较，发现其为 0. 946，不显著，混合效应回归结果优于固定 OLS 回归。在确定固定效应和随机效应的模型选择问题时，通过对列（3）豪斯曼报告检验结果，发现 P 值为 0，在 1% 的显著性水平上显著，所以固定效应结果优于随机效应结果，故而应该采用混合效应模型进行回归。列（4）～列（6）分别采用混合 OLS、固定效应和随机效应的回归方法进行检验和比较。在确定混合 OLS 和固定效应回归的选择问题时，发现 F 检验的 P 值为 0. 083，不显著，故而混合 OLS 回归结果优于固定效应回归结果。在固定效应和随机效应模型的选择问题时，通过对列（3）豪斯曼检验的报告结果，发现 P 值为 0. 002，在 1% 的显著性水平上显著，故而应该采用固定效应模型进行回归，因此最终应该选择混合 OLS 进行回归。在列（1）混合效应模

型中，检验结果中 IFPLEDGE$_t$ 的回归系数为 - 0.001，为负且在 10% 的显著性水平上显著，列（4）混合效应模型中，检验结果中 IFPLEDGE$_t$ 的回归系数为 - 0.001，为负且在 10% 的显著性水平上显著，这说明崩盘风险与股权质押是显著的负相关关系，验证了假设 H5 - 1a。首先，这主要是因为在股权质押情况下，公司会从内部加强治理管理、致力于业绩提升；其次，在股权质押的情况下，二级市场上流通股票数量会降低，即可流通的交易股本变少；最后，从市场的资金面方向，股权质押情况下，市场上资金与供给的股票相比，处于供大于求的状态，市场上投资者热情高涨，此时，股价下行的可能性更小，所以当股东进行股权质押时，股价崩盘风险的可能性降低。

表 5 - 3　股权质押与股价崩盘风险关系的检验结果

	NCSCKEW$_{t+1}$			DUVOL$_{t+1}$		
	（1）Mixed OLS	（2）Fixed Effect	（3）Random Effect	（4）Mixed OLS	（5）Fixed Effect	（6）Random Effect
IFPLEDGE$_t$	- 0.001 *	- 0.033 *	- 0.001	- 0.001 *	- 0.003 *	- 0.001 *
	（0.074）	（0.026）	（0.974）	（0.086）	（0.056）	（0.052）
TOPHLD$_t$	0.041	- 0.095	0.041	0.009	0.031	0.009
	（0.460）	（0.690）	（0.460）	（0.634）	（0.679）	（0.624）
DTA$_t$	0.211 ***	0.351 ***	0.211 ***	0.016	0.138 ***	0.017
	（0.0001）	（0.009）	（0.0001）	（0.354）	（0.002）	（0.337）
SOE$_t$	0.018	- 0.035	0.018	- 0.001	- 0.015	- 0.001
	（0.309）	（0.774）	（0.309）	（0.910）	（0.695）	（0.896）
TAT$_t$	- 0.037	0.035	- 0.037	- 0.0001	- 0.014	- 0.0002
	（0.142）	（0.670）	（0.142）	（0.988）	（0.587）	（0.982）
BTM$_t$	- 0.147 ***	- 0.478 ***	- 0.147 ***	- 0.013 **	- 0.038 ***	- 0.014 **
	（0.000）	（0.000）	（0.000）	（0.032）	（0.004）	（0.030）
ROA$_t$	0.616 ***	0.425	0.616 ***	0.150 **	- 0.123	0.146 **
	（0.002）	（0.227）	（0.002）	（0.019）	（0.277）	（0.023）
SIZE$_t$	0.028 ***	0.248 ***	0.028 ***	0.001	- 0.005	0.001
	（0.006）	（0.000）	（0.006）	（0.744）	（0.655）	（0.733）
_cons	- 0.725 ***		- 0.725 ***	- 0.263 ***		- 0.264 ***
	（0.001）		（0.001）	（0.0003）		（0.0003）

	NCSCKEW$_{t+1}$			DUVOL$_{t+1}$		
	(1) Mixed OLS	(2) Fixed Effect	(3) Random Effect	(4) Mixed OLS	(5) Fixed Effect	(6) Random Effect
Indu	YES	YES	YES	YES	YES	YES
Year	YES	YES	YES	YES	YES	YES
N	7363	7363	7363	7363	7363	7363
R^2	0.030	−0.404	0.030	0.036	−0.428	0.035
F test/ Hausman test		0.945	146.040		1.0494	49.812
P 值		(0.946)	(0.000)		(0.083)	(0.002)

注：*、**、***分别代表在10%、5%和1%的水平上显著。

表5-4报告了模型（5-2）、模型（5-3）、模型（5-5）、模型（5-6）的回归检验结果。列（1）和列（4）的回归结果显示 IFPLEDGE$_t$ 的系数分别为 −0.0027、−0.0009、−0.0007、−0.0011，均为负且在10%的显著性水平上显著；IP$_t$ 的系数分别为 −0.0397 和 −0.0138，均在5%的显著性水平上显著；SP$_t$ 的系数分别为 −2.6223 和 −1.1057，均在5%的显著性水平上显著；IFPLEDGE$_t$ 和 IP$_t$ 的交互项 IFPLEDGE$_t$_IP$_t$，以及 IFPLEDGE$_t$ 和 SP$_t$ 的交互项 IFPLEDGE$_t$_SP$_t$ 的系数分别为 −0.0375、−0.002、−0.9938、−0.2951，均为负且均在10%的显著性水平上显著，这验证了假设 H5-2a。这说明险资参股通过股权质押有助于进一步降低股价崩盘风险，这是因为：险资参股后不仅对公司的监督加强了公司内部管理，降低了公司进行股权质押的违约风险；同时可以为公司在股权质押万一遇到流动性紧缺风险时为公司提供资金支持，防止股价面临下行趋势，稳定投资者情绪减少"羊群效应"，降低股价崩盘风险。所以假设 H5-2a 得到验证。

表5-4　险资参股、股权质押与股价崩盘风险之间关系的检验结果

	NCSKEW$_{t+1}$		DUVOL$_{t+1}$	
	(1)	(2)	(3)	(4)
IFPLEDGE$_t$	−0.0027*	−0.0009*	−0.0007*	−0.0011*
	(0.002)	(0.001)	(0.004)	(0.001)

	NCSKEW$_{t+1}$		DUVOL$_{t+1}$	
	(1)	(2)	(3)	(4)
IP$_t$	-0.0397**		-0.0138**	
	(0.019)		(0.0067)	
IFPLEDGE$_t$_IP$_t$	-0.0375*		-0.002*	
	(0.022)		(0.001)	
SP$_t$		-2.6223**		-1.1057**
		(1.285)		(0.5420)
IFPLEDGE$_t$_SP$_t$		-0.9938*		-0.2951*
		(0.595)		(0.1767)
TOPHLD$_t$	0.0433	0.0446	0.0096	0.0103
	(0.0536)	(0.0537)	(0.0181)	(0.0181)
DTA$_t$	0.2133***	0.2125***	0.0171	0.0169
	(0.0498)	(0.0498)	(0.0176)	(0.0176)
SOE$_t$	0.0169	0.0172	-0.0012	-0.0011
	(0.0171)	(0.0171)	(0.0060)	(0.0060)
TAT$_t$	-0.0381*	-0.0378*	-0.0006	-0.0006
	(0.0227)	(0.0227)	(0.0081)	(0.0081)
BTM$_t$	-0.1460***	-0.1459***	-0.0127**	-0.0126**
	(0.0182)	(0.0182)	(0.0062)	(0.0062)
ROA$_t$	0.6067***	0.6059***	0.1463**	0.1455**
	(0.1852)	(0.1852)	(0.0637)	(0.0637)
SIZE$_t$	0.0263***	0.0264***	0.0003	0.0002
	(0.0100)	(0.0100)	(0.0033)	(0.0033)
_cons	-0.6791***	-0.6811***	-0.2763***	-0.2743***
	(0.2046)	(0.2041)	(0.0676)	(0.0674)
Indu	YES	YES	YES	YES
Year	YES	YES	YES	YES
N	7363	7363	7363	7363
R^2	0.0335	0.0334	0.0395	0.0397

注：*、**、***分别代表在10%、5%和1%的水平上显著。

三、进一步检验

表 5-5 报告了模型（5-1）~模型（5-6）国企私企分样本回归结果。列（1）~列（12）的回归结果显示，私企样本中 $IFPLEDGE_t$ 的系数分别为 -0.03、-0.01、-0.01、-0.01、-0.01、-0.01，均为负且基本在 10% 的显著性水平上显著；IP_t 的系数分别为 -0.02 和 -0.01，均为负且均在 5% 的显著性水平上显著；SP_t 的系数分别为 -1.52 和 -0.53，均为负且均在 5% 的显著性水平上显著；$IFPLEDGE_t$ 和 IP_t 的交互项 $IFPLEDGE_t\_IP_t$，以及 $IFPLEDGE_t$ 和 SP_t 的交互项 $IFPLEDGE\_SP_t$ 的系数分别为 -0.02、-0.04、-0.08、-2.55，均为负且均在 5% 的显著性水平上显著。国企样本中的系数都不太显著，这说明险资参股通过股权质押进一步降低股价崩盘风险的效应在私企样本中更明显，这是因为，由于产权性质差别，国企受政府保护程度高，股价波动更平缓。而私企首先在融资上约束较多，所以其股权质押比例会高，警戒线和平仓线也会提高，一旦遇到平仓或爆仓风险股价崩盘风险会迅速加大，而险资参股首先加强了对私企的监督，提升其治理质量，其次增强了市场信心，投资者看好公司发展前景，加大股票购买，股价崩盘风险可以有效降低。验证了假设 H5-3。

表 5-6 报告了模型（5-1）~模型（5-6）大小股东分样本的回归检验结果。列（1）~列（12）的回归结果显示，大股东样本中 $IFPLEDGE_t$ 的系数分别为 -0.01、-0.01、-0.01、-0.01、-0.01、-0.01，均为负且基本在 10% 的显著性水平上显著；IP_t 的系数分别为 -0.05 和 -0.02，均为负且分别在 5% 和 10% 的显著性水平上显著；SP_t 的系数分别为 -2.29 和 -1.77，均为负且分别在 5% 和 10% 的显著性水平上显著；$IFPLEDGE_t$ 和 IP_t 的交互项 $IFPLEDGE_t\_IP_t$ 以及 $IFPLEDGE_t$ 和 SP_t 的交互项 $IFPLEDGE\_SP_t$ 的系数分别为 -0.02、-0.01、-0.46、-0.20，均为负且均在 5% 的显著性水平上显著。小股东样本中的系数不太显著，这说明险资参股通过股权质押进一步降低股价崩盘风险的效应在大股东样本中更明显，这是因为，首先，大股东出于机会主义投机行为更容易对公司产生掏空利益行为，而险资参股可以有效监督，防止投机行为的发生；其次，大股东在股权质押时更容易加杠杆进行融资，容易造成公司控制权的转移，而险资参股则有助于在公司面临担保不足触及平仓及爆仓警戒线时为公司提供支持，防止股价下行，降低股价崩盘风险。验证了假设 H5-4。

表5-5　国企、私企分样本回归结果

| | 国企 | | | | | | 私企 | | | | | |
| | NCSKEW_{t+1} | | | DUVOL_{t+1} | | | NCSKEW_{t+1} | | | DUVOL_{t+1} | | |
	(1)	(2)	(3)	(4)	(5)	(6)	(7)	(8)	(9)	(10)	(11)	(12)
$IFPLEDGE_t$	-0.01 (0.04)	0.01 (0.04)	0.01 (0.04)	0.02 (0.01)	0.03* (0.01)	0.02* (0.01)	-0.03* (0.01)	-0.01* (0.00)	-0.01* (0.00)	-0.01* (0.00)	-0.01* (0.00)	-0.01* (0.00)
IP_t		0.05 (0.04)			0.03** (0.01)			-0.02** (0.01)			-0.01** (0.00)	
$IFPLEDGE_t\_IP_t$		-0.08 (0.18)			-0.10** (0.04)			-0.02** (0.01)			-0.04** (0.01)	
SP_t			3.43 (2.87)			2.16** (0.95)			-1.52** (0.67)			-0.53** (0.20)
$IFPLEDGE_t\_SP_t$			-3.65 (16.14)			-5.87 (4.16)			-0.08** (0.03)			-2.55** (0.96)
$TOPHLD_t$	0.08 (0.08)	0.08 (0.08)	0.08 (0.08)	0.03 (0.03)	0.04 (0.03)	0.04 (0.03)	-0.01 (0.07)	-0.01 (0.07)	-0.01 (0.07)	-0.01 (0.02)	-0.01 (0.02)	-0.01 (0.02)
DTA_t	0.31*** (0.08)	0.32*** (0.08)	0.32*** (0.08)	-0.00 (0.03)	0.01 (0.03)	0.01 (0.03)	0.15** (0.07)	0.15** (0.07)	0.15** (0.07)	0.03 (0.02)	0.03 (0.02)	0.03 (0.02)
TAT_t	-0.02 (0.03)	-0.03 (0.03)	-0.03 (0.03)	-0.02 (0.01)	-0.02 (0.01)	-0.02 (0.01)	-0.06* (0.03)	-0.06* (0.03)	-0.06* (0.03)	0.01 (0.01)	0.01 (0.01)	0.01 (0.01)

续表

| | 国企 | | | | | | 私企 | | | | | |
| | NCSKEW$_{t+1}$ | | | DUVOL$_{t+1}$ | | | NCSKEW$_{t+1}$ | | | DUVOL$_{t+1}$ | | |
	(1)	(2)	(3)	(4)	(5)	(6)	(7)	(8)	(9)	(10)	(11)	(12)
BTM$_t$	-0.16***	-0.16***	-0.16***	-0.01	-0.01	-0.01	-0.16***	-0.16***	-0.16***	-0.01	-0.01	-0.01
	(0.02)	(0.02)	(0.02)	(0.01)	(0.01)	(0.01)	(0.03)	(0.03)	(0.03)	(0.01)	(0.01)	(0.01)
ROA$_t$	0.21	0.19	0.19	0.12	0.11	0.11	0.86***	0.85***	0.85***	0.17**	0.17**	0.17**
	(0.30)	(0.30)	(0.30)	(0.10)	(0.10)	(0.10)	(0.24)	(0.24)	(0.24)	(0.08)	(0.08)	(0.08)
SIZE$_t$	0.05***	0.04***	0.04***	0.01	-0.01	-0.01	0.02	0.02	0.02	0.01	0.01	0.01
	(0.02)	(0.02)	(0.02)	(0.01)	(0.01)	(0.01)	(0.01)	(0.01)	(0.01)	(0.01)	(0.04)	(0.04)
_cons	-1.10***	-1.04***	-1.05***	-0.26**	-0.23**	-0.23**	-0.55**	-0.53*	-0.53*	-0.29***	-0.29***	-0.28***
	(0.32)	(0.32)	(0.32)	(0.11)	(0.11)	(0.11)	(0.27)	(0.28)	(0.28)	(0.09)	(0.09)	(0.09)
Indu	YES	YES	YES	YES	YES	YES	YES	YES	YES	YES	YES	YES
Year	YES	YES	YES	YES	YES	YES	YES	YES	YES	YES	YES	YES
N	3277	3277	3277	3277	3277	3277	4086	4086	4086	4086	4086	4086
R²	0.0587	0.0592	0.0591	0.0488	0.0511	0.0507	0.0228	0.0228	0.0228	0.0372	0.0376	0.0377

注：*、**、*** 分别代表在10%、5%和1%的水平上显著。

表5-6　大小股东分样本回归结果

| | 大股东样本 | | | | | | 小股东样本 | | | | | |
| | NCSKEW$_{t+1}$ | | | DUVOL$_{t+1}$ | | | NCSKEW$_{t+1}$ | | | DUVOL$_{t+1}$ | | |
	(1)	(2)	(3)	(4)	(5)	(6)	(7)	(8)	(9)	(10)	(11)	(12)
IFPLEDGE$_t$	-0.01*	-0.01*	-0.01*	-0.01	-0.01*	-0.01*	0.01	0.01	0.01	0.005	0.004	0.003
	(0.00)	(0.00)	(0.00)	(0.40)	(0.00)	(0.00)	(0.02)	(0.03)	(0.03)	(0.01)	(0.01)	(0.01)
IP$_t$		-0.05**			-0.02*			0.03			0.00	
		(0.03)			(0.01)			(0.04)			(0.01)	
IFPLEDGE$_t$_IP$_t$		-0.02**			-0.01**			-0.05			0.01	
		(0.01)			(0.00)			(0.10)			(0.03)	
SP$_t$			-2.29**			-1.77*			2.80			0.37
			(1.15)			(1.02)			(3.11)			(0.97)
IFPLEDGE$_t$_SP$_t$			-0.46**			-0.20**			-2.34			0.79
			(0.23)			(0.10)			(7.49)			(2.31)
TOPHLD$_t$	0.03	0.04	0.04	0.02	0.02	0.03	0.08	0.08	0.08	0.03	0.03	0.03
	(0.12)	(0.12)	(0.12)	(0.04)	(0.04)	(0.04)	(0.15)	(0.15)	(0.15)	(0.05)	(0.05)	(0.05)
DTA$_t$	0.27***	0.27***	0.27***	0.00	0.00	0.00	0.18***	0.18***	0.18***	0.03	0.03	0.03
	(0.08)	(0.08)	(0.08)	(0.03)	(0.03)	(0.03)	(0.07)	(0.07)	(0.07)	(0.02)	(0.02)	(0.02)
SOE$_t$	0.03	0.02	0.03	0.02*	0.01	0.01	0.01	0.01	0.01	-0.01*	-0.01*	-0.02*
	(0.03)	(0.03)	(0.03)	(0.01)	(0.01)	(0.01)	(0.02)	(0.02)	(0.02)	(0.01)	(0.01)	(0.01)
TAT$_t$	-0.02	-0.02	-0.02	0.01	0.01	0.01	-0.06*	-0.06*	-0.06*	-0.01	-0.01	-0.01
	(0.03)	(0.03)	(0.03)	(0.01)	(0.01)	(0.01)	(0.03)	(0.03)	(0.03)	(0.01)	(0.01)	(0.01)

续表

| | 大股东样本 | | | | | | 小股东样本 | | | | | |
| | NCSKEW$_{t+1}$ | | | DUVOL$_{t+1}$ | | | NCSKEW$_{t+1}$ | | | DUVOL$_{t+1}$ | | |
	(1)	(2)	(3)	(4)	(5)	(6)	(7)	(8)	(9)	(10)	(11)	(12)
BTM$_t$	-0.16***	-0.16***	-0.16***	-0.01	-0.01	-0.01	-0.14***	-0.14***	-0.14***	-0.02*	-0.02*	-0.02*
	(0.02)	(0.02)	(0.02)	(0.01)	(0.01)	(0.01)	(0.03)	(0.03)	(0.03)	(0.01)	(0.01)	(0.01)
ROA$_t$	0.35	0.33	0.33	0.1548*	0.15	0.15	0.91***	0.91***	0.91***	0.15*	0.15*	0.15*
	(0.26)	(0.26)	(0.26)	(0.09)	(0.09)	(0.09)	(0.27)	(0.27)	(0.27)	(0.09)	(0.09)	(0.09)
SIZE$_t$	0.03**	0.03*	0.03*	0.00	0.00	0.00	0.02	0.02	0.02	0.00	0.00	0.00
	(0.01)	(0.01)	(0.01)	(0.01)	(0.01)	(0.01)	(0.01)	(0.01)	(0.01)	(0.00)	(0.00)	(0.00)
_cons	-0.74**	-0.68**	-0.70**	-0.25**	-0.23**	-0.23**	-0.61**	-0.59**	-0.57**	-0.33***	-0.32***	-0.32***
	(0.30)	(0.30)	(0.30)	(0.10)	(0.10)	(0.10)	(0.29)	(0.29)	(0.29)	(0.09)	(0.09)	(0.09)
Indu	YES	YES	YES	YES	YES	YES	YES	YES	YES	YES	YES	YES
Year	YES	YES	YES	YES	YES	YES	YES	YES	YES	YES	YES	YES
N	3393	3393	3393	3393	3393	3393	3970	3970	3970	3970	3970	3970
R^2	0.0437	0.0441	0.044	0.0518	0.0527	0.0528	0.0292	0.0294	0.0295	0.038	0.0381	0.0381

注：*、**、***分别代表在10%、5%和1%的水平上显著。

四、内生性检验

反向因果（又称联立性偏误）、遗漏变量和衡量偏误（Fazzari et al.，1988）是内生性的主要来源。就反向因果而言，由于本章采取的是被解释变量的一阶滞后项进行回归，所以在一定程度上弱化了可能存在的内生性问题；就遗漏变量而言，我们可能遗漏了某些不可观测的变量，如风险偏好、个人金融知识以及风险防范能力等，这些变量可能间接影响崩盘风险。衡量偏误在社会调查数据中总是存在，考虑到本章使用的调查数据对于数据质量有严谨的质量控制，本章认为对内生性影响有限。

本章实际分析时选择工具变量估计，选取 t 年行业平均的质押水平（IND_PLDt）和 t 年省份平均的质押水平（PRO_PLD$_t$）作为是否有控股股东股权质押的工具变量。

此外，本章稳健性分析部分也进行了 PSM 分析来解决样本选择偏差带来的问题，进一步弱化内生性问题。

表 5 - 7 报告了 IV 回归估计结果。列（1）~ 列（4）中股权质押（IF-PLEDGE$_t$）的系数分别为 -0.1514、-0.1432、-0.2959、-0.2849，均为负且均在 5% 的显著性水平上显著；IP$_t$ 的系数分别为 -0.0696 和 -0.0704，均为负且分别在 10% 和 1% 的显著性水平上显著；SP$_t$ 的系数分别为 -4.7717 和 -5.0800，均为负且分别在 10% 和 1% 的显著性水平上显著；IFPLEDGE$_t$ 和 IP$_t$ 的交互项 IFPLEDGE$_t$_IP$_t$，以及 IFPLEDGE$_t$ 和 SP$_t$ 的交互项 IFPLEDGE$_t$_SP$_t$ 的系数分别为 -0.1670、-0.2590、-9.8582、-17.3355，均为负且分别在 10% 和 5% 的显著性水平上显著。假设 H5 - 2a 得到进一步的验证。

表 5 - 7　IV 回归结果分析

	NCSKEW$_{t+1}$		DUVOL$_{t+1}$	
	（1）	（2）	（3）	（4）
IFPLEDGE$_t$	-0.1514**	-0.1432**	-0.2959**	-0.2849**
	(0.0596)	(0.0564)	(0.1165)	(0.1126)
IP$_t$	-0.0696*		-0.0704***	
	(0.0394)		(0.0240)	

续表

	NCSKEW$_{t+1}$		DUVOL$_{t+1}$	
	(1)	(2)	(3)	(4)
IFPLEDGE$_t$_IP$_t$	− 0.1670 *		− 0.2590 **	
	(0.0945)		(0.1025)	
SP$_t$		− 4.7717 *		− 5.0800 ***
		(2.7005)		(1.6985)
IFPLEDGE$_t$_SP$_t$		− 9.8582 *		− 17.3355 **
		(5.5791)		(7.0793)
TOPHLD$_t$	0.0242	0.0277	− 0.0392	− 0.0351
	(0.0798)	(0.0773)	(0.0284)	(0.0274)
DTA$_t$	0.2156 ***	0.2153 ***	− 0.0307	− 0.0301
	(0.0731)	(0.0726)	(0.0261)	(0.0258)
SOE$_t$	0.0594	0.0579	0.0794 **	0.0767 **
	(0.0967)	(0.0941)	(0.0334)	(0.0324)
TAT$_t$	− 0.0449	− 0.0451	0.0175 *	0.0169 *
	(0.0285)	(0.0281)	(0.0099)	(0.0098)
BTM$_t$	− 0.1342 ***	− 0.1342 ***	− 0.0053	− 0.0054
	(0.0207)	(0.0207)	(0.0076)	(0.0075)
ROA$_t$	0.6426 ***	0.6388 ***	0.1769 **	0.1708 **
	(0.2045)	(0.2027)	(0.0767)	(0.0755)
SIZE$_t$	0.0203	0.0205	− 0.0070	− 0.0068
	(0.0130)	(0.0129)	(0.0046)	(0.0045)
_cons	− 0.5929 **	− 0.5966 ***	− 0.1837 **	− 0.1862 **
	(0.2331)	(0.2311)	(0.0833)	(0.0821)
Indu	YES	YES	YES	YES
Year	YES	YES	YES	YES
N	7363	7363	7363	7363
R^2	0.0227	0.0233	0.0034	0.0024

注: * 、** 、*** 分别代表在 10% 、5% 和 1% 的水平上显著。

五、稳健性检验

首先，由于股价崩盘风险的影响可能具有时滞性，所以本章通过对因变量进行滞后两期和三期处理，重新进行检验。结果如表5－8和表5－9所示。

表5－8　稳健性检验结果1

	NCSKEW$_{t+2}$			DUVOL$_{t+2}$		
	(1)	(2)	(3)	(4)	(5)	(6)
IFPLEDGE$_t$	-0.0048*	-0.0023**	-0.0008	-0.0107**	-0.0105	-0.0105**
	(0.0029)	(0.0012)	(0.0246)	(0.0054)	(0.0084)	(0.0053)
IP$_t$		-0.0069			-0.0021*	
		(0.0379)			(0.0013)	
IFPLEDGE$_t$_IP$_t$		-0.1063**			-0.0022	
		(0.0537)			(0.0274)	
SP$_t$			-1.0185			-0.6278**
			(2.7860)			(0.3171)
IFPLEDGE$_t$_SP$_t$			-6.0806**			-0.0616
			(3.0710)			(2.0825)
TOPHLD$_t$	0.0847	0.0840	0.0855	0.0129	0.0130	0.0136
	(0.0687)	(0.0688)	(0.0688)	(0.0226)	(0.0227)	(0.0227)
DTA$_t$	0.1922***	0.1923***	0.1939***	-0.0311	-0.0309	-0.0306
	(0.0636)	(0.0636)	(0.0635)	(0.0213)	(0.0213)	(0.0213)
SOE$_t$	-0.0004	-0.0004	-0.0012	-0.0094	-0.0095	-0.0096
	(0.0220)	(0.0221)	(0.0221)	(0.0074)	(0.0074)	(0.0074)
TAT$_t$	-0.0460*	-0.0455	-0.0462*	0.0079	0.0078	0.0077
	(0.0277)	(0.0277)	(0.0277)	(0.0102)	(0.0102)	(0.0102)
BTM$_t$	-0.0730***	-0.0742***	-0.0731***	0.0065	0.0066	0.0069
	(0.0233)	(0.0234)	(0.0233)	(0.0076)	(0.0076)	(0.0076)
ROA$_t$	0.7832***	0.7961***	0.7847***	0.1045	0.1038	0.1011
	(0.2392)	(0.2396)	(0.2395)	(0.0795)	(0.0796)	(0.0796)
SIZE$_t$	-0.0127	-0.0115	-0.0129	0.0012	0.0011	0.0007
	(0.0127)	(0.0128)	(0.0128)	(0.0042)	(0.0042)	(0.0042)
_cons	-0.1123	-0.1371	-0.1091	-0.3049***	-0.3027***	-0.2953***
	(0.2593)	(0.2619)	(0.2615)	(0.0862)	(0.0866)	(0.0866)
Indu	YES	YES	YES	YES	YES	YES
Year	YES	YES	YES	YES	YES	YES

续表

	NCSKEW$_{t+2}$			DUVOL$_{t+2}$		
	(1)	(2)	(3)	(4)	(5)	(6)
N	4968	4968	4968	4968	4968	4968
R^2	0.0137	0.0141	0.0139	0.0368	0.0368	0.0369

注：*、**、***分别代表在10%、5%和1%的水平上显著。

表5-9　稳健性检验结果2

	NCSKEW$_{t+3}$			DUVOL$_{t+3}$		
	(1)	(2)	(3)	(4)	(5)	(6)
IFPLEDGE$_t$	-0.0280**	-0.0267*	-0.0246*	-0.0220**	-0.0209*	-0.0218**
	(0.0141)	(0.0142)	(0.0013)	(0.0107)	(0.0111)	(0.0110)
IP$_t$		-0.0818**			-0.0216*	
		(0.0413)			(0.0011)	
IFPLEDGE$_t$_IP$_t$		-0.0443*			-0.0253**	
		(0.0024)			(0.0128)	
SP$_t$			-6.2100*			-1.7143**
			(0.3299)			(0.8658)
IFPLEDGE$_t$_SP$_t$			-7.3779**			-0.9184*
			(3.7262)			(0.0488)
TOPHLD$_t$	-0.0378	-0.0348	-0.0328	-0.0330	-0.0325	-0.0314
	(0.0890)	(0.0890)	(0.0890)	(0.0287)	(0.0287)	(0.0287)
DTA$_t$	0.1797**	0.1878**	0.1872**	-0.0689**	-0.0668**	-0.0669**
	(0.0905)	(0.0905)	(0.0905)	(0.0290)	(0.0290)	(0.0290)
SOE$_t$	0.0289	0.0262	0.0268	0.0091	0.0083	0.0084
	(0.0288)	(0.0287)	(0.0287)	(0.0095)	(0.0094)	(0.0095)
TAT$_t$	-0.0438	-0.0450	-0.0448	0.0040	0.0037	0.0037
	(0.0378)	(0.0378)	(0.0378)	(0.0125)	(0.0125)	(0.0125)
BTM$_t$	-0.0351	-0.0327	-0.0323	0.0048	0.0055	0.0056
	(0.0299)	(0.0300)	(0.0300)	(0.0097)	(0.0097)	(0.0097)
ROA$_t$	0.9931***	0.9436***	0.9451***	0.3330***	0.3182***	0.3210***
	(0.3123)	(0.3127)	(0.3125)	(0.0980)	(0.0985)	(0.0984)
SIZE$_t$	-0.0246	-0.0288	-0.0286	0.0141***	0.0130**	0.0130**
	(0.0175)	(0.0177)	(0.0177)	(0.0054)	(0.0054)	(0.0054)

续表

	NCSKEW$_{t+3}$			DUVOL$_{t+3}$		
	(1)	(2)	(3)	(4)	(5)	(6)
_cons	0.1667	0.2510	0.2470	−0.5210***	−0.4984***	−0.4994***
	(0.3585)	(0.3626)	(0.3617)	(0.1102)	(0.1105)	(0.1106)
Indu	YES	YES	YES	YES	YES	YES
Year	YES	YES	YES	YES	YES	YES
N	2874	2874	2874	2874	2874	2874
R^2	0.0117	0.0129	0.0132	0.0264	0.0275	0.0274

注：*、**、***分别代表在10%、5%和1%的水平上显著。

表5-8报告了因变量进行滞后两期的稳健性检验结果，结果显示：IF-PLEDGE$_t$的系数均为负且分别在5%和10%的显著性水平上显著；IP$_t$的系数均为负且在10%的显著性水平上显著；SP$_t$的系数均为负且在5%的显著性水平上显著；IFPLEDGE$_t$和IP$_t$的交互项IFPLEDGE$_t$_IP$_t$，以及IFPLEDGE$_t$和SP$_t$的交互项IFPLEDGE$_t$_SP$_t$的系数均为负且部分在5%的显著性水平上显著。

表5-9报告了因变量进行滞后三期的稳健性检验结果，结果显示：IF-PLEDGE$_t$的系数均为负且分别在5%和10%的显著性水平上显著；IP$_t$的系数均为负且在5%和10%的显著性水平上显著；SP$_t$的系数均为负且在10%和5%的显著性水平上显著；IFPLEDGE$_t$和IP$_t$的交互项IFPLEDGE$_t$_IP$_t$，以及IFPLEDGE$_t$和SP$_t$的交互项IFPLEDGE$_t$_SP$_t$的系数均为负且分别在5%和10%的显著性水平上显著。

假设H5-1和假设H5-2a得到进一步的支撑。

其次，为了防止质押公司和非质押公司的系统性区别导致的内生性问题，本章采用PSM方法通过配比倾向性得分（Propensity Score，PS）为股权质押的公司选择配对样本，对"险资参股、股权质押与股价崩盘风险"之间的关系进行检验，选择第一大股东持股比例TOPHLD、产权性质SOE、公司账面市值比BTM、资产负债率DTA、资产收益率ROA、资产规模SIZE、总资产周转率TAT七个公司特征变量来建立股权质押的倾向性模型，运用Logit模型估计每家公司质押股权的倾向性得分值（PS值），为每一家股权质押的公司选择同年中没有股权质押且PS值最接近的公司作为配对样本，并检验两组样本之间因变量的差异。

表5-10、表5-11和表5-12报告了PSM半径匹配、核匹配、近邻匹配样

本的稳健性检验结果，无论是哪种匹配方式，匹配前后样本的 t 值检验不显著，差异较小（见表 5 – 13、表 5 – 14、表 5 – 15、表 5 – 16、图 5 – 2、图 5 – 3。其中表 5 – 13、表 5 – 14、表 5 – 15 分别报告了半径匹配、核匹配、近邻匹配的平衡性假设检验结果，通过 t 值检验发现处理组和控制组之间的差异并不显著。表 5 – 16 是匹配样本的比较结果，发现无论是半径匹配、核匹配、近邻匹配，各匹配结果中配比结果差异都小，对数据进行了较好的平衡。图 5 – 2 表明匹配前后样本的变量差异较小，图 5 – 3 表明匹配前后样本的倾向得分值基本是一种平衡状况）。表 5 – 10、表 5 – 11、表 5 – 12 的报告结果发现不同匹配方法的估计系数和符号以及显著性水平与表 5 – 3 和表 5 – 4 基准回归的结果基本一致。

表 5 – 10　PSM 半径匹配检验结果

	NCSKEW$_{t+1}$			DUVOL$_{t+1}$		
	（1）	（2）	（3）	（4）	（5）	（6）
IFPLEDGE$_t$	– 0.0006 *	– 0.0029 **	– 0.0010 *	– 0.0007 **	– 0.0003 *	– 0.0007 *
	(0.0003)	(0.0015)	(0.0006)	(0.0004)	(0.0002)	(0.0004)
IP$_t$		– 0.0417 *			– 0.0145 **	
		(0.0233)			(0.0077)	
IFPLEDGE$_t$_IP$_t$		– 0.0392 **			– 0.0028 **	
		(0.0194)			(0.0014)	
SP$_t$			– 2.7273 *			– 1.1296 *
			(1.5236)			(0.6311)
IFPLEDGE$_t$_SP$_t$			– 1.0791 **			– 0.2689 *
			(0.5396)			(0.1502)
TOPHLD$_t$	0.0471	0.0491	0.0505	0.0077	0.0086	0.0093
	(0.0538)	(0.0537)	(0.0538)	(0.0182)	(0.0182)	(0.0182)
DTA$_t$	0.2063 ***	0.2094 ***	0.2084 ***	0.0162	0.0173	0.0171
	(0.0501)	(0.0502)	(0.0501)	(0.0177)	(0.0177)	(0.0176)
SOE$_t$	0.0166	0.0151	0.0153	0.0002	– 0.0003	– 0.0003
	(0.0171)	(0.0172)	(0.0172)	(0.0061)	(0.0061)	(0.0061)
TAT$_t$	– 0.0396 *	– 0.0411 *	– 0.0408 *	0.0012	0.0007	0.0007
	(0.0230)	(0.0230)	(0.0230)	(0.0082)	(0.0082)	(0.0082)
BTM$_t$	– 0.1481 ***	– 0.1467 ***	– 0.1466 ***	– 0.0130 **	– 0.0124 **	– 0.0123 **
	(0.0182)	(0.0182)	(0.0182)	(0.0062)	(0.0062)	(0.0062)

续表

	NCSKEW$_{t+1}$			DUVOL$_{t+1}$		
	(1)	(2)	(3)	(4)	(5)	(6)
ROA$_t$	0.5844***	0.5752***	0.5745***	0.1546**	0.1507**	0.1500**
	(0.1867)	(0.1869)	(0.1869)	(0.0639)	(0.0640)	(0.0640)
SIZE$_t$	0.0294***	0.0273***	0.0274***	0.0006	-0.0002	-0.0003
	(0.0099)	(0.0100)	(0.0100)	(0.0033)	(0.0033)	(0.0033)
_cons	-0.7378***	-0.6950***	-0.6976***	-0.2844***	-0.2672***	-0.2657***
	(0.2024)	(0.2054)	(0.2049)	(0.0675)	(0.0681)	(0.0679)
Indu	YES	YES	YES	YES	YES	YES
Year	YES	YES	YES	YES	YES	YES
N	7330	7330	7330	7330	7330	7330
R^2	0.0332	0.0335	0.0335	0.0400	0.0403	0.0404

注：*、**、***分别代表在10%、5%和1%的水平上显著。

表5-11　PSM核匹配检验结果

	NCSKEW$_{t+1}$			DUVOL$_{t+1}$		
	(1)	(2)	(3)	(4)	(5)	(6)
IFPLEDGE$_t$	-0.0005*	-0.0028**	-0.0010*	-0.0007**	-0.0003*	-0.0007*
	(0.0003)	(0.0015)	(0.0006)	(0.0004)	(0.0002)	(0.0004)
IP$_t$		-0.0416*			-0.0143**	
		(0.0233)			(0.0077)	
IFPLEDGE$_t$_IP$_t$		-0.0391**			-0.0027**	
		(0.0194)			(0.0014)	
SP$_t$			-2.7271*			-1.1295*
			(1.5236)			(0.6311)
IFPLEDGE$_t$_SP$_t$			-1.0791**			-0.2688*
			(0.5396)			(0.1502)
TOPHLD$_t$	0.0471	0.0491	0.0505	0.0077	0.0086	0.0093
	(0.0538)	(0.0537)	(0.0538)	(0.0182)	(0.0182)	(0.0182)
DTA$_t$	0.2063***	0.2093***	0.2084***	0.0162	0.0173	0.0171
	(0.0501)	(0.0502)	(0.0501)	(0.0177)	(0.0177)	(0.0176)
SOE$_t$	0.0166	0.0151	0.0153	0.0002	-0.0003	-0.0003
	(0.0171)	(0.0172)	(0.0172)	(0.0061)	(0.0061)	(0.0061)

续表

	$NCSKEW_{t+1}$			$DUVOL_{t+1}$		
	(1)	(2)	(3)	(4)	(5)	(6)
TAT_t	−0.0396*	−0.0411*	−0.0407*	0.0012	0.0007	0.0007
	(0.0230)	(0.0230)	(0.0230)	(0.0082)	(0.0082)	(0.0082)
BTM_t	−0.1481***	−0.1467***	−0.1466***	−0.0130**	−0.0124**	−0.0123**
	(0.0182)	(0.0182)	(0.0182)	(0.0062)	(0.0062)	(0.0062)
ROA_t	0.5844***	0.5751***	0.5745***	0.1545**	0.1507**	0.1500**
	(0.1867)	(0.1869)	(0.1869)	(0.0639)	(0.0640)	(0.0640)
$SIZE_t$	0.0294***	0.0273***	0.0274***	0.0006	−0.0002	−0.0003
	(0.0099)	(0.0100)	(0.0100)	(0.0033)	(0.0033)	(0.0033)
_cons	−0.7378***	−0.6950***	−0.6976***	−0.2843***	−0.2672***	−0.2657***
	(0.2024)	(0.2054)	(0.2049)	(0.0675)	(0.0681)	(0.0679)
Indu	YES	YES	YES	YES	YES	YES
Year	YES	YES	YES	YES	YES	YES
N	7330	7330	7330	7330	7330	7330
R^2	0.0332	0.0335	0.0335	0.0400	0.0403	0.0404

注: * 、* * 、* * * 分别代表在 10% 、5% 和 1% 的水平上显著。

表 5 - 12　PSM 近邻匹配检验结果

	$NCSKEW_{t+1}$			$DUVOL_{t+1}$		
	(1)	(2)	(3)	(4)	(5)	(6)
$IFPLEDGE_t$	−0.0006*	−0.0028**	−0.0010*	−0.0007**	−0.0003*	−0.0007*
	(0.0003)	(0.0015)	(0.0006)	(0.0004)	(0.0002)	(0.0004)
IP_t		−0.0416*			−0.0143**	
		(0.0233)			(0.0077)	
$IFPLEDGE_t\_IP_t$		−0.0395**			−0.0029**	
		(0.0194)			(0.0014)	
SP_t			−2.7275*			−1.1298*
			(1.5236)			(0.6311)
$IFPLEDGE_t\_SP_t$			−1.0793**			−0.2686*
			(0.5396)			(0.1502)
$TOPHLD_t$	0.0471	0.0491	0.0506	0.0077	0.0085	0.0093
	(0.0538)	(0.0537)	(0.0538)	(0.0182)	(0.0182)	(0.0182)

续表

	NCSKEW$_{t+1}$			DUVOL$_{t+1}$		
	（1）	（2）	（3）	（4）	（5）	（6）
DTA$_t$	0.2063 ***	0.2094 ***	0.2083 ***	0.0162	0.0178	0.0173
	（0.0501）	（0.0502）	（0.0501）	（0.0177）	（0.0177）	（0.0176）
SOE$_t$	0.0168	0.0151	0.0153	0.0002	−0.0003	−0.0003
	（0.0171）	（0.0172）	（0.0172）	（0.0061）	（0.0061）	（0.0061）
TAT$_t$	−0.0395 *	−0.0411 *	−0.0408 *	0.0012	0.0006	0.0007
	（0.0230）	（0.0230）	（0.0230）	（0.0082）	（0.0082）	（0.0082）
BTM$_t$	−0.1481 ***	−0.1467 ***	−0.1466 ***	−0.0130 **	−0.0124 **	−0.0123 **
	（0.0182）	（0.0182）	（0.0182）	（0.0062）	（0.0062）	（0.0062）
ROA$_t$	0.5844 ***	0.5752 ***	0.5745 ***	0.1546 **	0.1507 **	0.1500 **
	（0.1867）	（0.1869）	（0.1869）	（0.0639）	（0.0640）	（0.0640）
SIZE$_t$	0.0294 ***	0.0273 ***	0.0274 ***	0.0008	−0.0002	−0.0003
	（0.0099）	（0.0100）	（0.0100）	（0.0033）	（0.0033）	（0.0033）
_cons	−0.7378 ***	−0.6950 ***	−0.6976 ***	−0.2844 ***	−0.2672 ***	−0.2657 ***
	（0.2024）	（0.2054）	（0.2049）	（0.0675）	（0.0681）	（0.0679）
Indu	YES	YES	YES	YES	YES	YES
Year	YES	YES	YES	YES	YES	YES
N	7330	7330	7330	7330	7330	7330
R^2	0.0332	0.0335	0.0335	0.0400	0.0403	0.0404

注：*、**、***分别代表在10%、5%和1%的水平上显著。

表5－13　半径匹配样本平衡性假设检验结果

		Unmatched	Mean	% reduct	t − test		V（T）/
Variable	Matched	Treated	Control	% bias	bias	t	p > t	V（C）
TOPHLD	U	0.342	0.358	−11.600	−3.900	0.000	0.80 *	
	M	0.342	0.335	5	57.000	1.390	0.166	0.81 *
DTA	U	0.453	0.449	1.8	0.640	0.524	0.950	
	M	0.453	0.457	−1.900	−4.600	−0.540	0.589	1.010
SOE	U	0.143	0.524	−88.400	−28.020	0.000	0.000	
	M	0.143	0.143	0	100.000	0.000	1.000	0.000

续表

| Variable Matched | | Unmatched | | Mean | % reduct | t – test | | V (T) / |
		Treated	Control	% bias	bias	t	p > t	V (C)
TAT	U	0.556	0.601	– 13.100	– 4.450	0.000	0.87 *	
	M	0.556	0.558	– 0.600	95.300	– 0.180	0.860	1.080
BTM	U	0.777	0.852	– 11.000	– 3.750	0.000	0.86 *	
	M	0.777	0.778	– 0.100	99.200	– 0.030	0.979	1.000
ROA	U	0.056	0.055	2.3	0.770	0.439	0.88 *	
	M	0.056	0.056	0.3	86.000	0.090	0.930	0.90 *
SIZE	U	22.357	22.400	– 3.900	– 1.320	0.188	0.76 *	
	M	22.357	22.358	– 0.100	98.700	– 0.010	0.988	0.85 *

注：* if variance ratio outside [0.90; 1.11] for U and [0.90; 1.11] for M.

表 5 – 14 核匹配样本平衡性假设检验结果

| Variable Matched | | Unmatched | | Mean | % reduct | t – test | | V (T) / |
		Treated	Control	% bias	bias	t	p > t	V (C)
TOPHLD	U	0.342	0.358	– 11.800	– 3.970	0.000	0.80 *	
	M	0.342	0.336	3.8	67.700	1.060	0.291	0.81 *
DTA	U	0.453	0.450	1.4	0.480	0.630	0.950	
	M	0.453	0.447	3.1	– 119.200	0.860	0.388	1.050
SOE	U	0.143	0.521	– 87.800	– 27.820	0.000	0.000	
	M	0.143	0.143	– 0.200	99.800	– 0.050	0.956	0.000
TAT	U	0.556	0.597	– 11.800	– 4.050	0.000	0.90 *	
	M	0.556	0.565	– 2.500	78.500	– 0.730	0.466	1.050
BTM	U	0.777	0.855	– 11.400	– 3.890	0.000	0.86 *	
	M	0.777	0.745	4.7	59.200	1.380	0.169	1.11 *
ROA	U	0.056	0.055	2.3	0.800	0.425	0.89 *	
	M	0.056	0.056	0.2	92.300	0.050	0.960	0.89 *
SIZE	U	22.357	22.409	– 4.800	– 1.600	0.109	0.76 *	
	M	22.357	22.312	4.2	12.900	1.180	0.236	0.85 *

注：* if variance ratio outside [0.90; 1.11] for U and [0.90; 1.11] for M.

表5－15　近邻匹配样本平衡性假设检验结果

Variable Matched		Unmatched	Mean		% reduct	t－test		V（T）/
		Treated	Control	% bias	bias	t	p > t	V（C）
TOPHLD	U	0.342	0.358	－11.800	－3.970	0.000	0.80*	
	M	0.342	0.337	3.5	70.000	0.980	0.326	0.81*
DTA	U	0.453	0.450	1.4	0.480	0.630	0.950	
	M	0.453	0.453	－0.300	78.500	－0.080	0.933	1.030
SOE	U	0.143	0.521	－87.800	－27.820	0.000	0.000	
	M	0.143	0.143	0	100.000	0.000	1.000	0.000
TAT	U	0.556	0.597	－11.800	－4.050	0.000	0.90*	
	M	0.556	0.554	0.5	95.500	0.150	0.878	1.090
BTM	U	0.777	0.855	－11.400	－3.890	0.000	0.86*	
	M	0.777	0.783	－0.900	92.400	－0.250	0.802	1.020
ROA	U	0.056	0.055	2.3	0.800	0.425	0.89*	
	M	0.056	0.057	－1.800	20.900	－0.510	0.609	0.90*
SIZE	U	22.357	22.409	－4.800	－1.600	0.109	0.76*	
	M	22.357	22.375	－1.600	66.300	－0.460	0.647	0.84*

注：* if variance ratio outside ［0.90；1.11］ for U and ［0.90；1.11］ for M.

表5－16　匹配样本的比较结果

Sample	Ps	R²	LR	chi2	p > chi2	MeanBias	MedBias	B	R	% Var
半径匹配										
Unmatched	0.12	901.95	0	18.9	11	93.9*	0.58	83		
Matched	0.001	2.58	0.921	1.1	0.3	5.8	0.77	50		
核匹配										
Unmatched	0.119	889.56	0	18.8	11.4	93.2*	0.59	83		
Matched	0.001	3.95	0.786	2.7	3.1	7.2	1.1	67		
近邻匹配										
Unmatched	0.119	889.56	0	18.8	11.4	93.2*	0.59	83		
Matched	0	1.81	0.97	1.2	0.9	4.9	0.91	50		

注：* if B > 25%，R outside ［0.5；2］.

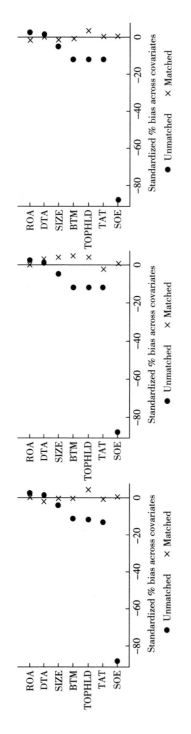

图 5 - 2 匹配前后变量差异图

注：从左到右依次为半径匹配、核匹配以及近邻匹配。

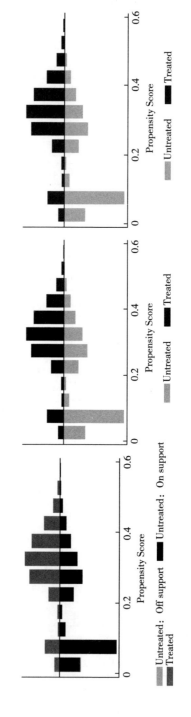

图 5 - 3 匹配前后倾向得分比较

注：从左到右依次为半径匹配、核匹配以及近邻匹配。

本章通过边际效应分析，对其他条件不变下有无股权质押与股价崩盘风险（高低）进行比较。为了更直观地比较股权质押的边际效应，本章在计算时把 TOPHLD、DTA、TAT、BTM、ROA、SIZE 按照初始做样本均值进行重新编码（大于等于均值部分为一组，小于均值部分为一组），重新对因变量 NCSKEW 和 DUVOL 进行回归，得到倾向性得分（概率），进行倾向性得分匹配，按照最近邻 1-1 匹配，得到配对样本；同时重新建立回归方程，计算各个关键变量的边际效应（Average Marginal Effect，AME），并比较不同水平下的边际效应，这里使用配对样本进行分析，TOPHLD、DTA、TAT、BTM、ROA、SIZE 等变量按照因子来比较其边际效应，结果如表 5-17 所示。

表 5-17　PSM 样本下的边际效应分析

NCSKEW						
	Margin	Std. Err.	t	P > t	[95% Conf.	Interval]
IFPLEDGE1						
0	-0.231	0.008	-29	0	-0.255	-0.223
1	-0.239	0.015	-15.12	0	-0.261	-0.201
IP						
0	-0.195	0.007	-32.7	0	-0.256	-0.227
1	-0.241	0.025	-7.88	0	-0.244	-0.146
IFPLEDGE1#IP						
0 0	-0.244	0.009	-27.79	0	-0.261	-0.227
0 1	-0.189	0.027	-6.98	0	-0.242	-0.136
1 0	-0.233	0.015	-15.05	0	-0.264	-0.203
1 1	-0.215	0.061	-3.55	0	-0.333	-0.096
TOPHLD2						
0	-0.244	0.01	-24.59	0	-0.264	-0.225
1	-0.228	0.01	-22.4	0	-0.248	-0.208
DTA2						
0	-0.256	0.011	-22.97	0	-0.278	-0.234
1	-0.218	0.011	-20.71	0	-0.239	-0.198
TAT2						
0	-0.237	0.009	-25.65	0	-0.255	-0.219
1	-0.237	0.012	-20.29	0	-0.26	-0.214

续表

BTM2

	Margin	Std. Err.	t	P > t	〔95% Conf.	Interval〕
0	− 0. 206	0. 01	− 20. 81	0	− 0. 225	− 0. 186
1	− 0. 289	0. 014	− 20. 98	0	− 0. 316	− 0. 262

ROA2

0	− 0. 261	0. 011	− 22. 71	0	− 0. 283	− 0. 238
1	− 0. 22	0. 01	− 22. 92	0	− 0. 239	− 0. 202

SIZE2

0	− 0. 218	0. 014	− 15. 63	0	− 0. 245	− 0. 19
1	− 0. 246	0. 009	− 27. 15	0	− 0. 264	− 0. 228

DUVOL

	Margin	Std. Err.	t	P > t	〔95% Conf.	Interval〕

IFPLEDGE1

0	− 0. 235	0. 003	− 83. 29	0	− 0. 241	− 0. 23
1	− 0. 236	0. 005	− 44. 65	0	− 0. 245	− 0. 225

IP

0	− 0. 223	0. 003	− 92. 02	0	− 0. 241	− 0. 231
1	− 0. 236	0. 008	− 26. 86	0	− 0. 239	− 0. 206

IFPLEDGE1#IP

0 0	− 0. 236	0. 003	− 79. 29	0	− 0. 242	− 0. 23
0 1	− 0. 223	0. 009	− 24. 95	0	− 0. 241	− 0. 205
1 0	− 0. 236	0. 005	− 43. 83	0	− 0. 247	− 0. 226
1 1	− 0. 221	0. 02	− 11. 24	0	− 0. 259	− 0. 182

TOPHLD2

0	− 0. 236	0. 003	− 70. 31	0	− 0. 243	− 0. 23
1	− 0. 234	0. 004	− 63. 83	0	− 0. 241	− 0. 226

DTA2

0	− 0. 238	0. 004	− 64. 16	0	− 0. 245	− 0. 23
1	− 0. 232	0. 004	− 61. 32	0	− 0. 24	− 0. 225

TAT2

0	− 0. 237	0. 003	− 73. 35	0	− 0. 243	− 0. 231
1	− 0. 232	0. 004	− 56. 3	0	− 0. 24	− 0. 224

续表

BTM2						
	Margin	Std. Err.	t	P > t	[95% Conf.	Interval]
0	−0.231	0.003	−66.87	0	−0.238	−0.224
1	−0.242	0.005	−50.6	0	−0.251	−0.233
ROA2						
0	−0.242	0.004	−61.84	0	−0.249	−0.234
1	−0.23	0.003	−67.89	0	−0.237	−0.224
SIZE2						
0	−0.231	0.005	−49.14	0	−0.24	−0.221
1	−0.237	0.003	−75.1	0	−0.243	−0.231

从表 5 - 17 中可知，当 TOPHLD、DTA、SOE、TAT、BTM、ROA、SIZE 都取较大组或者都取较小组时，即核心变量都取较大组或者都取较小组时，股权质押的组（IFPLEDGE = 1）相对于无股权质押的组（IFPLEDGE = 0），险资参股可以使股价崩盘风险降低 0.009[1]，有险资参股的组（IP = 1）相对于无险资参股的组（IP = 0），险资参股可以使股价崩盘风险降低 0.059[2]，有股权质押和险资参股的组（IFPLEDGE = 1，IP = 1）相对于无股权质押和险资参股的组（IFPLEDGE = 0，IP = 0），股价崩盘风险降低 0.837[3]。

第五节　本章小结

近年来，股权质押在中国成为上市公司盛行的融资方式，深得公司股东青睐，主要缘于其融资成本低、时间快、效率高，但是其存在的风险隐患也是很大的。首先，经理人和股东之间的冲突会使公司进行股权质押后因公司治理不善面临控制权转移风险，成为企业"套现"手段，转手"卖"给银行等质权人。其

---

① 计算方式为：−0.239 + 0.231 − 0.236 + 0.235 = −0.009。
② 计算方式为：−0.241 + 0.195 − 0.236 + 0.223 = −0.059。
③ 计算方式为：−0.215 − 0.233 − 0.189 + 0.244 − 0.223 − 0.236 − 0.221 + 0.236 = 0.837。

次，容易产生"多米诺骨牌效应"，由于受无涨跌幅限制和主板市场萧条联动效应的联合夹击，公司股价容易如过山车般波动，尤其当质押股票的股价触及市值警戒线时，则必须追加质押物或保证金，此时公司面临流动性缺失风险，出现资金链断裂，融资渠道受阻，容易转到债市，增加公司经营的风险。所以股权质押对公司发展具有潜在风险。

为此，本章从险资参股视角出发研究股权质押对股价崩盘风险的影响，进一步分析险资参股对股权质押与股价崩盘风险之间的中介效应，研究发现：

（1）股权质押下企业的股价崩盘风险低，这主要是因为企业为了能够获得股权质押资格以及高的杠杆率，加强内部治理和盈余管理，公司市值管理提升、业绩上升，投资者认可度提高会大量购买股票，同时由于股权质押的股票在市场上暂时处于冻结状态，所以市场上可流通股本相应减少，股价上升。

（2）进一步研究发现险资参股可以进一步降低股权质押带来的股价崩盘风险，这是因为险资参股首先能够加强公司治理监督，防止股价下行；其次能够增强市场信心，在公司股权质押流动性不足时提供资金保障，一旦触及平仓线出现爆仓风险时提供资金支持，起着一种中介效应。

（3）这种降低股价崩盘风险的效应对于私企和大股东持股比例高的公司样本更明显，主要是因为对于融资途径受限的私企来说，其应对市场风险能力差，担保不足时股价更容易下跌，险资参股则在关键时刻为其提供了资金支持。在财务约束下的大股东股权质押加剧了公司两权分离程度和代理冲突，其有更强烈的动机和能力对上市公司实施掏空，这样股价崩盘风险加大。但是险资的举牌至少在资金上为公司和股东提供了支持，可以有效化解股价崩盘风险。

（4）当核心变量都取较大组或者都取较小组时，股权质押的组相对于无股权质押的组，险资参股可以使股价崩盘风险降低 0.009；有险资参股的组相对于无险资参股的组，险资参股可以使股价崩盘风险降低 0.059；有股权质押和险资参股的组相对于无股权质押和险资参股的组，股价崩盘风险降低 0.837。

第六章 保险公司投资中国股市对股价同步性的影响

第一节 引言

中国作为新兴资本市场，股市发展较晚、市场成熟度低、各项规章制度不完善，容易出现"追涨杀跌""盲目跟风""过度投资"等情绪化的非理性投资行为，进而导致股价与其正常价值发生偏离的金融异象，市场"同涨同跌"现象严重（Jin and Myers，2004），对整个资本市场的稳定繁荣发展有着不利的影响，需要追本溯源，加强监管。

本章尝试从险资参股角度出发去研究投资者情绪的深层次原因机制，结合险资参股、投资者情绪及股价同步性进行分析，研究结果显示：股吧论坛的投资者情绪短期内会加大股价同步性，二者呈正相关关系；险资参股有效降低了投资者情绪带给股价同步性的冲击，起了一定的中介效应，并且险资持股比例越高，效应越明显；这种降低股价同步性的效应在国企样本中更明显，因为国有企业中严重的代理冲突使投资者情绪高涨抑或低落时股价的同涨同跌效应更严重；通过边际效用分析，当核心变量都取较大组或者都取较小组时，投资者情绪高的组相对于投资者情绪低的组，险资参股可以使股价同步性降低 0.139，有险资参股的组相对于无险资参股的组，险资参股可以使股价同步性降低 0.212，投资者情绪高和险资参股的组相对于投资者情绪低和无险资参股的组，股价同步性降低 4.031。

本章的贡献主要为：第一，在研究视角上，目前已有文献关于险资和股价同步性的研究仍然比较少，本章以一种崭新的视角来研究，将险资参股、投资者情绪与股价同步性置于一个特定的情境内，有利于深刻挖掘险资参股后投资者情绪和股价同步性之间的传导机制，并为保险公司这个机构投资者的投资行为提供建议。第二，在研究内容上，本章丰富了互联网金融背景下股吧论坛里的投资者情绪对股价同步性的影响研究，以期做出边际学术贡献，同时可以为中国这样一个新兴资本市场对网络风险管理提供一定的经验支撑。

第二节　理论分析与研究假设

股价同步性多被认为是指公司股价变动与市场整体变动的关系。与发展成熟的资本市场相比，新兴资本市场的"股价同步性"更值得关注，因为其"同涨同跌"现象更加明显。Morck 等（1999）通过对 40 多个国家的数据样本研究发现，中国资本市场的股价同步性位列世界第二。Jin 和 Myers（2004）研究发现，中国的股价同步性在世界处于首位。因此，中国资本市场存在很严重的股价同步性问题，仍然值得研究。

然而，决定股价的因素纷繁复杂，尽管有众多的资产定价模型但是仍然不能很好地解释资本市场股价异象，股价同步性的研究由此而生。多数研究认为股价同步性与资本市场信息效率密切相关，并且会对公司财务行为、公司决策及资源配置产生重要影响，并成为理论界和实务界越来越重要的关注焦点。学者们分别从"信息效率"角度和"非理性"角度来解释股价同步性。一种观点是从"信息效率"角度出发，认为股价所反映的公司特质信息越高，股价同步性就越低。Morck 等（1999）以 40 多个国家的数据样本发现具有较完善的产权保护制度有助于市场上信息的交换、增加股价的特质信息含量，股价的同步性较低。Durnev 等（2003）发现股价同步性与股价信息含量负相关。Li 等（2004）以新兴市场国家数据研究表明资本市场的发展水平均与股价同步性负相关，进一步支持了上述观点。而证券分析师的分析使股价同步性上升，因为证券分析师提供的更多是市场信息（Chan and Hameed，2006），并且会计信息质量与股价同步性呈负相关关系（Jin，Z.，2010），公司会计披露政策越及时，信息越透明（Song，L.，2015），年度报告的可读性越强（Xuelian et al.，2018），公司完善治理情况下信息环境越优越，股价同步性会降低。而交叉持股作为衡量中国股市价格信息量的指标，促进了股价同步性（Wen et al.，2019）。另一种观点则从"非理性因素"角度来解释股价同步性。West（1988）认为股价同步性衡量的是市场噪声以及投资者情绪的大小，并且 Greenwood 和 Sosner（2007）进一步验证了投资者情绪和市场摩擦都会影响股价同步性的高低。在公司治理中，Wang 等（2011）从有限套利角度出发，发现现金股利作为主导支持者的利益挖掘途径增加了套利者的持有成本，影响了股票价格的同步性，导致市场效率低下。Kelly（2014）通过对公司进行分析发现，股价同步性越低的公司，机构投资者持股和分析师分析更少，股票流动性低，交易成本高。由此可见，非理性因素对股价同步性的影响很重要，本章则试图从这一角度出发对股价同步性进行解释。

在资本市场中，投资者的关注是非常重要的市场资源（Egeth and Kahneman，1975），因为其时间和精力的有限性会使其只对自己能够察觉到的市场信息进行分析判断，从而造成价值判断偏差，造成股价波动。从行为金融学理论出发，在影响股价波动的因素中投资者情绪是非常重要的因素（De Long et al.，1990），这主要体现在投资者信念和偏好这两个方面，即理性预期和理性偏好。从信念方面来讲，主要是指投资者对未来预期产生的偏差，而从偏好来讲则是指投资者心理上的个人偏好所产生的不同心理预期，其对个股以及对风险的不同偏好。而且"异质信念假说"（Hong and Stein，2003）认为，投资者的异质信念和悲观情绪也是通过中介途径释放到市场中的。

2012 年以来，随着网络金融的发展，学者们开始从股吧论坛里选取投资者情绪的代理变量进行研究。Das 和 Chen（2007）通过股吧论坛里发帖者的各种观点建立了基于 Morgan Stanley 高科技股票指数的情绪指数，最终发现：股票情绪指数和市场的活跃性有很大的关联。互联网金融论坛中的帖子会反映投资者意见，因为帖子会包含一些信息，这会影响股票回报和价格（Tumarkin and Whitelaw，2001）。Antweiler 和 Frank（2004）通过研究雅虎上的邮件发现，股票消息有助于预测市场波动，并认为互联网股票留言板可以推动市场，帖子数与股价同期波动呈正相关关系。特别是进入 21 世纪以来，互联网已成为收集公司相关信息的一个越来越重要的来源，并且互联网上的信息处理与投资者了解公司的程度密切相关（Amir and Eran，2010）。社交媒体也成为个人分享他们自己的金融证券分析结果的热门场所。留言板情绪是与交易相关的活动的重要预测指标（Sabherwal et al.，2011），因为文章和评论中表达的观点预测了未来的股票收益和盈利意外（Chen et al.，2014），而投资者互联网股票留言板上发布的信息是存在投资偏见的（Huang et al.，2016），这个偏见就形成了投资者情绪。并且投资者们会通过对目标公司的洞察力来决定对整个市场的操作（Ackert et al.，2016）。互联网充分利用信息不对称的优势，使在线传播信息越来越受欢迎，并且互联网股票留言板在信息扩散的过程中逐步传达公司特定信息，而信息是可以纳入股价的（Li et al.，2018；Bowden et al.，2017）。Barberis 等（1998）针对互联网信息传播的快速便捷性建立了情绪理论模型，发现投资者存在的"锚定"心理会使其对股价信息反应时不够充分。而论坛信息的易得性又可能会造成投资者对信息的反应过度问题。因此，投资者的关注和情绪问题与投资行为的不同阶段有重要关系。从认知心理学理论角度出发，投资者在进行投资选择时，其实相当于在进行信息数据处理，包含了市场信息感觉的输入、判断、转换、加工、存储，以及具体的投资决策全过程。并且在这个过程中的每一个步骤和阶段都存在因认知处理失误所造成的股票价格非常态运行。此外，关注度高的股票并不一定意味着投资者关于股票的涨跌想法一致，所以对于论坛帖子文本情绪的挖掘是非常重要的。论坛帖子数可以用来表示投资者对股票关注度的代理变量，帖子内容用来表示关注的具体信息含量。随着帖子的数量增多，该股票被关注的可能性更大，大家会有更多的参与度，而在每个帖子所反映出来的看涨看跌观点会形成情绪一致性指数，这会引导投资者行动的一致性，短期内股价同步性更严重。反之，关于股票的帖子数减少，股票处于无人问津的状态，投资者的情绪一致性指数降低，股市的同涨同跌效应减弱，股价的同步性降低。Barber 和 Odean（2008）认为，多数个体投资者没有足够的精力观察到所有信息然后再做决策，所以只会从对其有重要吸引力的市场信息中进行选择，这样会对被关注的股票产生短期向上冲击，之后发生反转。且这种反转与有限关注的过度关注弱势假设相一致（Seasholes and Wu，2007），所以本章从短期视角来考虑。中国个体投资者没有经过专业的培训，所以非理性行为会比较多，更容易追涨杀跌，而且投资者情绪越一致，短期内股票的同涨同跌现象越明显，故提出以下假设：

H6 - 1：在其他条件不变的情况下，股票股吧论坛帖子数越多，情绪一致性指数越高，短期内股价同步性越高。

资本市场的发展与机构投资者的参与有重要关系，保险公司也扮演着举足轻重的作用。专业的机构投资者因为股权拥有的大体量及长期性从而有更强的督查动机，这种监管可以有效地抑制管理者对公司现金流量的攫取，进而降低管理者对公司特定风险的吸收，从而导致股价风险降低（An and Zhang，2011），所以保险公司参股有助于公司治理环境的改善和市场的稳定，对企业价值起到正面的提升作用（Cornell et al.，2007），它也可以有效提升股价中的公司特有信息含量，提高市场效率，稳定市场。同时保险公司作为重要的机构投资者，其通常会有一定规模的专业分析团队和更加全面的信息等优势，他们会买入价格被低估及抛售溢价的股票，以求得市场平衡，缩减股价波动，降低股价同步性，是重要的制约暴涨暴跌的"制衡器"（Statman，1994）。而且保险公司对经济增长的促进作用在新兴市场中更明显（Zhou et al.，2012；Han et al.，2010），从保险公司对市场整体的风险影响贡献程度看，企业的风险管理会影响到投资者的风险需求（Hitchcox et al.，2011），如果市场运行状况良好，投资者必然会考虑到风险情况谨慎投资，投资者情绪较平稳，在这个时候股票市场的同涨同跌的群体效应就会减弱，资本市场定价效率提高，股价的同步运行效应也会降低。

　　然而资本市场的国际化导致对稀缺股权资本的竞争加剧，在与股东和金融市场其他参与者的竞争中通过增加自有股票的需求，从而提升股票价格，这是投资者关系的基本理念（Hausele，1998）。保险公司作为灰色机构投资者更喜欢进行经验投资，更关注与公司治理一致的机制（De－La－Hoz et al.，2018），然而投资者是具有非理性特点的，而机构投资者也不例外（Zamri et al.，2017）。保险公司可能视野比较窄，从而会在利益驱使下影响管理者做出只是增加短期利润的短期决策（Pucheta－Martínez María Consuelo and López－Zamora Blanca，2018）。而信息技术所引致的媒体效应对保险业发展有重要影响（Kaigorodova et al.，2018）。Polonchek 和 Miller（2005）进一步证实了在保险公司中由信息不对称性引发的传染效应更明显。在这个过程中，他们的投资行为势必会通过网络传播以及评论对投资者情绪产生影响。如果是利好消息，在情绪高涨时期，乐观投资者的情绪会对股价起到推波助澜的作用，将股票的真实价值推高偏离其正常价值，同涨效应严重；如果是利空消息，悲观投资者的情绪低落势必会使股价进一步地偏离正常价值，进而产生助跌效应（Gao，2012；Zou and Sun，2012），通过对投资者情绪的影响势必会形成价值误断（Duan and Shou，2006）。

　　从认知失调理论来说，个体为了消除紧张会采用增加认知、改变认知，从而达到一种新的平衡状态。那么险资参股到底与股价同步性是什么关系？又在投资者情绪与股价同步性之间起着什么作用？中介机制作用如图 6-1 所示。由此提出竞争性假设：

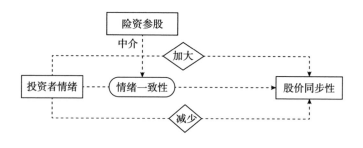

图 6 - 1　中介机制作用

H6 - 2a：险资参股降低了股价同步性，并且在投资者情绪与股价同步性之间起着降低股价同步性的中介效应。

H6 - 2b：险资参股增加了股价同步性，并且在投资者情绪与股价同步性之间起着增加股价同步性的中介效应。

与国外成熟市场比较，中国上市公司最根本的特征是大部分企业的国有企业背景。独特的国有企业产权性质使其具备不一样的角色定位。大多数国有企业的决策及行动目的并不是纯粹的经济利益，而是本着国家利益最大化、维持经济发展以及社会稳定的目的。国有股东作为最大的股东会对其他股东形成一定的利益冲突与威胁，这会产生一定的信息不对称问题及代理冲突，大股东为了自己的利益进行关联交易、占用资金，势必会伤害中小股东利益，从而发生代理冲突，资源优化配置也无法更优。国企中的代理问题相较于私企更为突出，管理者的机会主义行为会对投资者情绪产生更大影响。投资者情绪高涨时，更容易引起公司进行股票增发或是过度投资行为，这产生了新一轮的扩融，出于投机动机，场内高昂的情绪使投资者认为未来股价的收益会高于其危险程度，股吧论坛的热论势必吸引更多场外投资者及资金的进入，帖子数的增加和投资者情绪一致化指数的加强，股票的同涨效应严重，同时在这个过程中公司的坏消息管理者出于迎合市场情绪会故意隐瞒，负面消息积累到一定程度时，股吧论坛上超额帖子数的热论及悲观情绪使股价下行（Tetlock，2007；Ben - Rephael et al.，2012），投资者羊群效应导致股价同跌效应严重。所以提出以下假设：

H6 - 3：相对于私企样本而言，险资参股对投资者情绪及股价同步性的中介效应在国企中更明显。

第三节　研究设计

一、样本选择和数据来源

本章以 2014～2018 年沪深两市 A 股市场的上市公司为研究对象，并作如下处理：①剔除金融类上市公司；②剔除当年被标记 ST 或 *ST 的公司；③剔除一些数据缺失的公司。为了剔除极端值对研究结果的影响，所有连续变量均在上下 5% 水平进行了 Winsorize 处理，共计 3373 个样本，研究中所涉及的财务数据均从国泰安（CSMAR）数据库中下载取得，并进行了交叉配对。

二、模型构建与变量定义

1. 变量定义

（1）股价同步性。

根据 Morck 等（1999）、Piotroski 和 Roulstone（2004）、Gul 等（2010），以及 Xu 等（2013）的研究，本章计划按如下过程计算股价同步性。

对股票 i 的周收益率进行回归：

$$R_{i,w,t} = \beta_0 + \beta_1 R_{M,w,t} + \beta_2 R_{M,w-1,t} + \beta_3 R_{I,w,t} + \beta_4 R_{I,w-1,t} + \varepsilon_{i,w,t} \tag{6-1}$$

式中，$R_{i,w,t}$ 代表股票 i 在第 t 年第 w 周的考虑现金红利再投资的收益率；$R_{M,w,t}$ 代表 A 股全部公司第 t 年第 w 周流通市值加权平均收益率；$R_{I,w,t}$ 代表股票 i 第 t 年第 w 周所在行业剔除股票 i 后其他股票流通市值加权平均收益率，其中行业分类以证监会 2012 年行业分类标准为依据，并回归得到 R^2，其中 R^2 代表股价能够被市场波动解释的部分，$1-R^2$ 代表公司价格波动的特质风险，但由于 R^2 取值范围为 0～1，给实际估计带来了风险，所以对 R^2 进行对数处理，得到股票 i 在第 t 年的股价同步性指标：

$$SYNCH_{i,t} = \ln\left[R_{i,t}^2 / (1 - R_{i,t}^2) \right] \tag{6-2}$$

SYNCH 越大，表明股价同步性越高，公司个股信息效率越低。

（2）投资者情绪指标构建。

参照段江娇等（2017）的研究，本章以东方财富网吧和新浪网吧论坛作为研究对象，看涨或看跌通过帖子内容的语气来判断。TOPST 为一年内该上市公司贴吧内帖子的总数量，代表投资关注度，为了方便计算，进行了自然对数处理；SNCFMI 为情绪一致性指数，等于 1 - ［1 - （看涨与看跌帖子数量之差/总帖子数）^2］^0.5。

（3）险资参股变量。

IP 表示是否有险资参股，若有为 1，否则为 0；SP 表示险资参股比例。

（4）控制变量。

根据 Chen 等（2001）、Zou 和 Sun（2012）的相关研究，本章加入了以下控制变量：股票当年周特有收益率均值 RET、股票当年周特有收益率标准差 SRET、年超额换手率 ETURN、第一大股东持股比例 TOPHLD、公司产权性质 SOE（若为国有，定义为 1，否则为 0）、公司当年市净率 PB、资产负债率 LEV、公司资产规模 SIZE。同时，本章还对行业及年度变量进行了控制，具体释义如表 6 - 1 所示。

表 6 - 1　变量释义

变量名称	变量说明
SYNCH	股价同步性指标，具体计算过程见文中释义
IP	险资是否参股，若参股，则为 1，否则为 0
SP	险资参股比例
SOE	险资参股性质，若参股企业为国有，则为 1，否则为 0
TOPST	帖子总数量的自然对数，代表投资者关注度
SNCFMI	情绪一致性指数，具体计算过程见文中释义
RET	股票当年周特有收益均值
SRET	股票当年周特有收益标准差
ETURN	个股年超额换手率 =（当年换手率 - 去年换手率）/去年换手率×100%
TOPHLD	第一大股东持股比例
PB	公司当年市净率
LEV	资产负债率 = 期末负债总额/期末资产总额
SIZE	资产规模，为期末资产总额的自然对数
Year	年度哑变量
Indu	行业哑变量

2. 研究模型

参照 Gul 等（2010）、温忠麟等（2005）的研究，本章拟构建如下模型进行检验，因变量为 $SYNCH_{t+1}$（股价同步性），解释变量分别为 $TOPST_t$、$SNCFMI_t$、IP_t 和 SP_t。

$$SYNCH_{t+1} = \beta_0 + \beta_1 TOPST_t + controls + Year + Indu + \varepsilon \qquad (6-3)$$

$$SYNCH_{t+1} = \beta_0 + \beta_1 SNCFMI_t + controls + Year + Indu + \varepsilon \qquad (6-4)$$

$$SYNCH_{t+1} = \beta_0 + \beta_1 TOPST_t + \beta_2 IP_t + \beta_3 IP_t \times TOPST_t + controls + Year + Indu + \varepsilon$$
$$(6-5)$$

$$SYNCH_{t+1} = \beta_0 + \beta_1 TOPST_t + \beta_2 SP_t + \beta_3 SP_t \times TOPST_t + controls + Year + Indu + \varepsilon$$
$$(6-6)$$

$$SYNCH_{t+1} = \beta_0 + \beta_1 SNCFMI_t + \beta_2 IP_t + \beta_3 IP_t \times SNCFMI_t + controls + Year + Indu + \varepsilon$$
$$(6-7)$$

$$SYNCH_{t+1} = \beta_0 + \beta_1 SNCFMI_t + \beta_2 SP_t + \beta_3 SP_t \times SNCFMI_t + controls + Year + Indu + \varepsilon$$
$$(6-8)$$

第四节　实证结果分析

一、描述性统计

表 6-2 是各变量的描述性统计。股价同步性（SYNCH）的均值和标准差分别为 -0.892 和 0.909，帖子数指标（TOPST）和情绪一致性指数（SNCFMI）的均值分别为 0.157 和 0.333，标准差分别为 0.358 和 0.470，相差不是很大，这说明从不同维度来衡量的投资者情绪指标相对一致。险资是否参股（IP）的标准差为 0.252，险资参股比例（SP）的最大值为 0.590，这说明险资在是否参股方面的差异还是比较大的。其他变量的描述性统计基本在合理的范围之内。

表6-2　描述性统计

Variable	Mean	Std. Dev.	Min	Max
SYNCH	-0.892	0.909	-2.853	1.051
TOPST	0.157	0.358	0	1.099

续表

Variable	Mean	Std. Dev.	Min	Max
SNCFMI	0.333	0.470	0.000	1.000
IP	0.068	0.252	0.000	1.000
SP	0.001	0.003	0.000	0.590
TOPHLD	0.362	0.144	0.153	0.655
ETURN	0.094	0.503	-0.567	1.666
LEV	0.370	0.174	0.089	0.687
PB	4.080	2.315	0.000	9.216
SIZE	21.985	0.966	20.326	24.019
SOE	0.184	0.388	0.000	1.000
RET	0.004	0.010	-0.015	0.024
SRET	0.063	0.037	0.000	0.136

二、主要假设验证

表 6-3 是假设 H6-1 和假设 H6-2 的回归检验结果，实证结果都控制了年度与行业变量，因变量是股价同步性"$SYNCH_{t+1}$"。列（1）和列（2）检验的是帖子数和情绪一致化指数为代表的投资者情绪指标对股价同步性的影响。其中，$TOPST_t$ 和 $SNCFMI_t$ 的系数分别为 0.0965 和 0.038，均为正且分别在 5% 和 10% 的显著性水平上显著，这说明投资者情绪与股价同步性是正相关关系，投资者情绪波动越大，股价同步性就越大。主要是因为：当市场上出现好消息的时候，股吧论坛里帖子数量增加、情绪一致化指数越高，投资者情绪越高涨，市场情绪助长了投资者的心理预期，促使其行为上的"羊群效应"，其会积极主动地买进股票，股价呈上涨趋势，同时也对市场上其他投资者传递出一个信号，他们出于投机动机会认为股价会持续上涨，从而进场大量购入股票，这时股票的"同涨效应"非常严重，而当股价上涨到一定程度时价值被高估，就会产生泡沫，股价开始呈下行趋势，尤其当市场上出现坏消息的时候，市场比较萧条，投资者为了避免股价继续下跌造成资金贬值从而急于抛售手中股票，股价下行风险大，投资者的相互效仿行为更是使市场上的消极情绪加大，最终当投资者纷纷认为手中股票如烫手山芋不敢持有时，股价的"同跌效应"严重。所以股吧论坛的投资者情绪加大了股价同步性，验证了假设 H6-1。

表 6-3 中列（3）~列（6）检验的是险资参股、投资者情绪和股价同步性之间的关系检验结果。其中，$TOPST_t$ 的系数为 0.1097 和 0.1071，均为正且均在 5% 的显著性水平上显著，$SNCFMI_t$ 的系数分别为 0.0433 和 0.0407，均为正且均在 10% 的显著性水平上显著，IP_t 和 SP_t 的系数分别为 -0.1424、-0.1308、-11.8357、-10.0926，均为负且在 5% 和 10% 的显著性水平上显著，$TOPST_t\_IP$（$TOPST_t$ 与 IP_t 的交互项）和 $TOPST_t\_SP_t$（$TOPST_t$ 与 SP_t 的交互项）的系数分别为 -0.2187、-17.2668，均为负且均在 10% 的显著性水平上显著，$SNCFMI_t\_IP$（$SNCFMI_t$ 与 IP_t 的交互项）的系数为 -0.0707，$SNCFMI_t\_SP_t$（$SNCFMI_t$ 与 SP_t 的交互项）的系数为 -2.8312，均为负且在 10% 和 5% 的显著性水平上显著。这说明投资者情绪虽然加大了股价同步性，但险资参股有效降低了投资者情绪带给股价同步性的冲击，起了一定的中介效应。这可能是因为险资参股通过对投资者情绪的调节起到了降低股价同步性的作用，因为当保险公司参股时对市场传递出的是一个积极信号，投资者心理安全程度较高，帖子数越多，表明市场上该股票属于网络热门话题，说明该股票暂时有投资商机，认为市场将有大量资金涌入，是一个利好，对股价未来预期良好，情绪一致性指数更高，从而坚定持有股票，市场局面平稳。并且险资持股比例越高，投资者情绪会越平稳，会觉得这是资本市场的一个利好消息，不会急于离场，会进行价值判断，投资者的羊群效应较弱，股票的同涨同跌效应比较弱，股价同步性降低，验证了假设 H6-2a。

表 6-3　假设 H6-1 和假设 H6-2 的回归检验结果

	SYNCH$_{t+1}$					
	(1)	(2)	(3)	(4)	(5)	(6)
$TOPST_t$	0.0965 **		0.1097 **	0.1071 **		
	(0.0444)		(0.0454)	(0.0454)		
$SNCFMI_t$		0.0380 *			0.0433 *	0.0407 *
		(0.0230)			(0.0262)	(0.0247)
IP_t			-0.1424 **		-0.1308 *	
			(0.0644)		(0.0684)	
SP_t				-11.8357 **		-10.0926 *
				(5.9123)		(6.1249)

| | \multicolumn{6}{c}{$SYNCH_{t+1}$} |
	(1)	(2)	(3)	(4)	(5)	(6)
$TOPST_t\_IP_t$			− 0. 2187 *			
			(0. 1325)			
$TOPST_t\_SP_t$				− 17. 2668 *		
				(10. 4647)		
$SNCFMI_t\_IP_t$					− 0. 0707 *	
					(0. 0428)	
$SNCFMI_t\_SP_t$						− 2. 8312 **
						(1. 2869)
$TOPHLD_t$	− 0. 1416	− 0. 1393	− 0. 1440	− 0. 1449	− 0. 1431	− 0. 1440
	(0. 1196)	(0. 1195)	(0. 1199)	(0. 1199)	(0. 1195)	(0. 1196)
$ETURN_t$	− 0. 0597 *	− 0. 0593 *	− 0. 0584 *	− 0. 0588 *	− 0. 0592 *	− 0. 0596 *
	(0. 0316)	(0. 0315)	(0. 0316)	(0. 0316)	(0. 0315)	(0. 0315)
LEV_t	0. 1284	0. 1303	0. 1209	0. 1227	0. 1228	0. 1248
	(0. 1108)	(0. 1105)	(0. 1104)	(0. 1104)	(0. 1101)	(0. 1100)
PB_t	0. 0035	0. 0027	0. 0033	0. 0032	0. 0025	0. 0025
	(0. 0082)	(0. 0081)	(0. 0082)	(0. 0082)	(0. 0082)	(0. 0082)
$SIZE_t$	0. 0082	0. 0047	0. 0117	0. 0114	0. 0087	0. 0084
	(0. 0229)	(0. 0228)	(0. 0228)	(0. 0228)	(0. 0227)	(0. 0227)
SOE_t	0. 0479	0. 0452	0. 0490	0. 0488	0. 0474	0. 0469
	(0. 0509)	(0. 0509)	(0. 0511)	(0. 0511)	(0. 0510)	(0. 0509)
RET_t	− 1. 5799	− 1. 5756	− 1. 6718	− 1. 6680	− 1. 6985	− 1. 7017
	(2. 2051)	(2. 2057)	(2. 2060)	(2. 2044)	(2. 2067)	(2. 2049)
$SRET_t$	0. 1625	0. 1489	0. 1435	0. 1529	0. 1431	0. 1521
	(0. 6205)	(0. 6220)	(0. 6202)	(0. 6199)	(0. 6223)	(0. 6221)
_cons	− 0. 7332	− 0. 6530	− 0. 7965	− 0. 7896	− 0. 7265	− 0. 7218
	(0. 4968)	(0. 4951)	(0. 4951)	(0. 4950)	(0. 4937)	(0. 4936)
Indu	YES	YES	YES	YES	YES	YES
Year	YES	YES	YES	YES	YES	YES
N	3373	3373	3373	3373	3373	3373
R^2	0. 0564	0. 0555	0. 0577	0. 0574	0. 0565	0. 0563

注：*、**、***分别代表在10%、5%和1%的水平上显著。

表6-4是险资参股、投资者情绪与股价同步性的国企私企分样本回归结果，实证结果都控制了年度与行业变量，因变量是股价同步性"$SYNCH_{t+1}$"。在列（1）~列（4）国企样本中$TOPST_t$的系数分别为0.2342和0.2234，均为正且均在5%和10%的显著性水平上显著，$SNCFMI_t$的系数为0.2563和0.2471，均为正且均在1%和5%的显著性水平上显著，IP_t和SP_t的系数为-0.0945和-0.1566，均为负且在5%的显著性水平上显著，$TOPST_t\_IP_t$（$TOPST_t$与IP_t的交互项）的系数为-0.2097，$TOPST_t\_SP_t$（$TOPST_t$与SP_t的交互项）的系数为-11.007，均为负且均在10%和5%的显著性水平上显著，$SNCFMI_t\_IP_t$（$SNCFMI_t$与IP_t的交互项）的系数为-0.2834，$SNCFMI_t\_SP_t$（$SNCFMI_t$与SP_t的交互项）的系数为-18.6577，均为负且均在10%的显著性水平上显著，相对于列（5）~列（8）的国企样本而言更显著。这可能是因为：国企样本中由于代理冲突问题较私企更严重，管理者的攫利行为通过网络帖子会对投资者的情绪产生更大影响，尤其是对帖子中的主流观点产生情绪的共鸣和一致看法，非常容易产生"羊群效应"，股价的同涨同跌效应比较强。而险资参股后可以通过对投资者情绪的中介效应降低股价同步性，因为保险参股意味着市场上资金的涌入，首先增强了市场信心，投资者对股价未来预期良好，会安心持股，市场局面相对平稳，并且险资持股比例越高，投资者情绪会越平稳，会觉得这是资本市场的一个利好消息，不会急于离场，反而会坚持价值投资。所以险资参股后其对国企的影响相对于私企更加显著，验证了假设H6-3。

表6-4　国企私企分样本回归结果

	SYNCH_{t+1}							
	国企样本				私企样本			
	(1)	(2)	(3)	(4)	(5)	(6)	(7)	(8)
$TOPST_t$	0.2342 **	0.2234 *			0.0692	0.0668		
	(0.1149)	(0.1135)			(0.0496)	(0.0496)		
$SNCFMI_t$			0.2563 ***	0.2471 **			0.0002	0.0021
			(0.0979)	(0.0979)			(0.0381)	(0.0381)
IP_t	-0.0945 **		-0.1566		-0.1426 *		-0.1118	
	(0.0324)		(0.1735)		(0.0732)		(0.0759)	
SP_t		-4.2612 **		-8.8172 *		-12.3835		-9.0831
		(1.4593)		(4.5216)		(6.7569)		(6.7708)

续表

	SYNCH$_{t+1}$							
	国企样本				私企样本			
	（1）	（2）	（3）	（4）	（5）	（6）	（7）	（8）
TOPST$_t$_IP$_t$	− 0. 2097 *				− 0. 3209			
	(0. 1070)				(0. 2244)			
TOPST$_t$_SP$_t$		− 11. 007 **				− 24. 9673		
		(3. 7695)				(19. 9186)		
SNCFMI$_t$_IP$_t$			− 0. 2834 *				− 0. 0424	
			(0. 1446)				(0. 1557)	
SNCFMI$_t$_SP$_t$				− 18. 6577 *				− 0. 7723
				(9. 5192)				(14. 0731)
TOPHLD$_t$	− 0. 2332	− 0. 2306	− 0. 2021	− 0. 2018	− 0. 1053	− 0. 1055	− 0. 1001	− 0. 1003
	(0. 3002)	(0. 3014)	(0. 3041)	(0. 3045)	(0. 1359)	(0. 1361)	(0. 1357)	(0. 1359)
ETURN$_t$	− 0. 1421	− 0. 1434	− 0. 1289	− 0. 1307	− 0. 0326	− 0. 0330	− 0. 0349	− 0. 0351
	(0. 0934)	(0. 0938)	(0. 0929)	(0. 0930)	(0. 0336)	(0. 0336)	(0. 0337)	(0. 0337)
LEV$_t$	− 0. 1093	− 0. 1108	− 0. 0931	− 0. 0940	0. 1768	0. 1775	0. 1792 *	0. 1804
	(0. 2678)	(0. 2684)	(0. 2662)	(0. 2668)	(0. 1241)	(0. 1240)	(0. 1240)	(0. 1239)
PB$_t$	− 0. 0274	− 0. 0271	− 0. 0318	− 0. 0315	0. 0056	0. 0054	0. 0048	0. 0048
	(0. 0248)	(0. 0248)	(0. 0248)	(0. 0248)	(0. 0087)	(0. 0087)	(0. 0087)	(0. 0087)
SIZE$_t$	− 0. 0279	− 0. 0284	− 0. 0346	− 0. 0352	0. 0133	0. 0133	0. 0110	0. 0111
	(0. 0628)	(0. 0628)	(0. 0625)	(0. 0623)	(0. 0255)	(0. 0255)	(0. 0254)	(0. 0254)
RET$_t$	− 3. 9781	− 4. 1310	− 4. 1669	− 4. 3062	− 1. 7807	− 1. 7662	− 1. 7451	− 1. 7425
	(6. 3173)	(6. 2771)	(6. 1761)	(6. 1602)	(2. 3414)	(2. 3404)	(2. 3429)	(2. 3416)
SRET$_t$	0. 3133	0. 3475	0. 6057	0. 5990	0. 1431	0. 1534 **	0. 1326	0. 1415
	(2. 1430)	(2. 1427)	(2. 0977)	(2. 0995)	(0. 6404)	(0. 6400)	(0. 6427)	(0. 6424)
_cons	0. 6131	0. 6182	0. 7685	0. 7773	− 0. 9227 *	− 0. 9237 *	− 0. 8758	− 0. 8793
	(1. 3727)	(1. 3723)	(1. 3617)	(1. 3585)	(0. 5516)	(0. 5517)	(0. 5489)	(0. 5493)
Indu	YES	YES	YES	YES	YES	YES	YES	YES
Year	YES	YES	YES	YES	YES	YES	YES	YES
N	622	622	622	622	2751	2751	2751	2751
R^2	0. 1243	0. 1237	0. 1284	0. 1274	0. 0501	0. 0498	0. 0490	0. 0489

注：*、**、***分别代表在10%、5%和1%的水平上显著。

三、内生性问题

就反向因果而言，由于本章采取的是被解释变量的一阶滞后项进行回归，所以在一定程度上弱化了可能存在的内生性问题；就遗漏变量而言，我们可能遗漏了某些不可观测的变量，如风险偏好、个人情绪差异等，这些变量可能间接影响股价同步性。衡量偏误在社会调查数据中总是存在，考虑到本章使用的调查数据对于数据质量有严谨的质量控制，本章认为对内生性影响有限。

同时，本章稳健性分析部分也进行了 PSM 分析来解决样本选择偏差带来的问题，进一步弱化了内生性问题。

四、稳健性检验

表 6 - 5 是稳健性检验结果。其中列（1）和列（2）是将自变量换为 SENTB，SENTB 为看涨情绪指数 B，其计算方式为：ln[（1 + 看涨帖子数）/（1 + 看跌帖子数）]，列（3）~列（6）是将行业分类以证监会 2002 年行业分类标准为依据重新计算的股价同步性 SYNCH2，然后分别进行回归检验。其中，$SENTB_t$ 的系数均为正且分别在 10% 和 5% 的显著性水平上显著；$TOPST_t$ 的系数均为正且均在 1% 的显著性水平上显著；$SNCFMI_t$ 的系数均为正且分别在 10% 和 5% 的显著性水平上显著；IP_t 和 SP_t 的系数均为负且在 10% 和 5% 的显著性水平上显著；$SENTB_t\_IP_t$（$SENTB_t$ 与 IP_t 的交互项）和 $SENTB_t\_SP_t$（$SENTB_t$ 与 SP_t 的交互项）均为负且分别在 5% 和 1% 的显著性水平上显著；$TOPST_t\_IP_t$（$TOPST_t$ 与 IP_t 的交互项）和 $TOPST_t\_SP_t$（$TOPST_t$ 与 SP_t 的交互项）均为负且分别在 10% 和 1% 的显著性水平上显著；$SNCFMI_t\_IP_t$（$SNCFMI_t$ 与 IP_t 的交互项）和 $SNCFMI_t\_SP_t$（$SNCFMI_t$ 与 SP_t 的交互项）的系数均为负且在 5% 的水平上显著。回归结果保持一致，假设 H6 - 1、H6 - 2a 得到进一步的验证。

表 6 - 5　稳健性检验结果

	$SYNCH_{t+1}$			$SYNCH2_{t+1}$		
	（1）	（2）	（3）	（4）	（5）	（6）
$TOPST_t$			0.1420*** (0.0455)	0.1388*** (0.0455)		

续表

	SYNCH$_{t+1}$			SYNCH2$_{t+1}$		
	(1)	(2)	(3)	(4)	(5)	(6)
SNCFMI$_t$					0.0281 *	0.0254 **
					(0.0152)	(0.0124)
IP$_t$	−0.0928 *		−0.1337 **		−0.1101 **	
	(0.0501)		(0.0651)		(0.0536)	
SP$_t$		−7.4865 **		−11.1141 *		−8.3047
		(3.6452)		(6.0018)		(6.2288)
TOPST$_t$_IP$_t$			−0.2739 *			
			(0.1479)			
TOPST$_t$_SP$_t$				−21.6475 ***		
				(6.9363)		
SNCFMI$_t$_IP$_t$					−0.0610	
					(0.1396)	
SNCFMI$_t$_SP$_t$						−1.6774 **
						(0.8167)
SENTB$_t$	0.0540 *	0.0525 **				
	(0.0292)	(0.0256)				
SENTB$_t$_IP$_t$	−0.1984 **					
	(0.0966)					
SENTB$_t$_SP$_t$		−20.7465 ***				
		(6.6476)				
TOPHLD$_t$	−0.1386 *	−0.1383	−0.1092	−0.1100	−0.1064 *	−0.1071
	(0.0748)	(0.1190)	(0.1170)	(0.1171)	(0.0575)	(0.1170)
ETURN$_t$	−0.0608 *	−0.0615 *	−0.0339	−0.0343	−0.0357	−0.0361
	(0.0316)	(0.0316)	(0.0312)	(0.0312)	(0.0312)	(0.0312)
LEV$_t$	0.1246	0.1254	0.1674 **	0.1690	0.1696	0.1713
	(0.1099)	(0.1098)	(0.0815)	(0.1106)	(0.1104)	(0.1103)
PB$_t$	0.0022	0.0022	0.0096	0.0094 **	0.0082	0.0082 *
	(0.0081)	(0.0081)	(0.0084)	(0.0046)	(0.0085)	(0.0044)
SIZE$_t$	0.0071	0.0067	0.0228	0.0226	0.0174	0.0172
	(0.0227)	(0.0227)	(0.0230)	(0.0230)	(0.0231)	(0.0231)

续表

	SYNCH$_{t+1}$			SYNCH2$_{t+1}$		
	(1)	(2)	(3)	(4)	(5)	(6)
SOE$_t$	0.0480	0.0474	0.0550	0.0550	0.0525***	0.0521
	(0.0508)	(0.0508)	(0.0498)	(0.0497)	(0.0168)	(0.0496)
RET$_t$	−1.5508	−1.5318	−2.7431	−2.7447	−2.7319	−2.7384
	(2.2085)	(2.2063)	(2.2947)	(2.2946)	(2.2990)	(2.2984)
SRET$_t$	0.1048	0.1072	−0.3221	−0.3125	−0.3418	−0.3336
	(0.6219)	(0.6218)	(0.6257)	(0.6252)	(0.6287)	(0.6284)
_cons	−0.6950	−0.6880	−1.0845**	−1.0805**	−0.9634*	−0.9614*
	(0.4932)	(0.4930)	(0.4988)	(0.4987)	(0.5012)	(0.5013)
Indu	YES	YES	YES	YES	YES	YES
Year	YES	YES	YES	YES	YES	YES
N	3373	3373	3373	3373	3373	3373
R^2	0.0568	0.0567	0.0519	0.0516	0.0495	0.0494

注：*、**、***分别代表在10%、5%和1%的水平上显著。

为防止有投资者情绪指标公司和无投资者情绪指标公司的系统性区别带来的内生性问题，本章采用 PSM 方法通过配比倾向性得分（Propensity Score，PS）给投资者情绪的公司选择配对样本，对"险资参股、投资者情绪与股价同步性"之间的关系进行检验，选择个股年超额换手率 ETURN、资产负债率 LEV、市净率 PB、股票当年周特有收益均值 RET、公司规模 SIZE、产权性质 SOE、股票当年周特有收益标准差 SRET、第一大股东持股比例 TOPHLD 八个公司特征变量来构建投资者情绪的倾向性模型，采用 Logit 模型估计每家公司投资者情绪的倾向性得分值（PS 值），为每一家有投资者情绪指标的公司选择同年中没有投资者情绪且 PS 值最接近的公司作为配对样本，并检验两组样本之间因变量的差异。

表 6-6、表 6-7 和表 6-8 报告了 PSM 半径匹配、核匹配、近邻匹配样本的稳健性检验结果，无论是哪种匹配方式，匹配前后样本的 t 值检验不显著，差异较小（见表 6-9、表 6-10、表 6-11、表 6-12、图 6-2、图 6-3。其中，表 6-9、表 6-10、表 6-11 分别报告了半径匹配、核匹配、近邻匹配的平衡性假设检验结果，通过 t 值检验发现处理组和控制组之间的差异并不显著。表 6-12

是匹配样本的比较结果，发现无论是半径匹配、核匹配、近邻匹配，各匹配结果中配比结果差异小，对数据进行了较好的平衡。图 6 - 2 表明匹配前后样本的变量差异较小，图 6 - 3 表明匹配前后样本的倾向得分值基本是一种平衡状况）。表 6 - 6、表 6 - 7 和表 6 - 8 中不同匹配方法的估计系数和符号以及显著性水平与表 6 - 3 基准回归的结果基本一致，对于假设 H6 - 1 和假设 H6 - 2a 提供了进一步的支撑。

表 6 - 6　PSM 半径匹配检验结果

	SYNCH$_{t+1}$					
	(1)	(2)	(3)	(4)	(5)	(6)
TOPST$_t$	0.0978 **	0.1117 **	0.1091 **			
	(0.0445)	(0.0456)	(0.0456)			
SNCFMI$_t$				0.0381 *	0.0437 **	0.0412 *
				(0.0203)	(0.0178)	(0.0219)
IP$_t$		− 0.1418 **			− 0.1308 *	
		(0.0644)			(0.0684)	
SP$_t$			− 11.7826 **			− 10.0948 *
			(5.9155)			(6.1249)
TOPST$_t$_IP$_t$		− 0.2298 **				
		(0.0938)				
TOPST$_t$_SP$_t$			− 18.3996 *			
			(9.7886)			
SNCFMI$_t$_IP$_t$					− 0.0773 **	
					(0.0316)	
SNCFMI$_t$_SP$_t$						− 3.4652 *
						(1.8435)
TOPHLD$_t$	− 0.1400	− 0.1422	− 0.1431	− 0.1377 *	− 0.1414	− 0.1422
	(0.1200)	(0.1203)	(0.1204)	(0.0733)	(0.1200)	(0.1200)
ETURN$_t$	− 0.0597 *	− 0.0583 *	− 0.0587 *	− 0.0594 *	− 0.0592 *	− 0.0596 *
	(0.0316)	(0.0316)	(0.0316)	(0.0316)	(0.0316)	(0.0316)
LEV$_t$	0.1338	0.1265	0.1282	0.1353	0.1278	0.1298
	(0.1110)	(0.1107)	(0.1106)	(0.1107)	(0.1103)	(0.1103)
PB$_t$	0.0029	0.0027	0.0026	0.0022	0.0019	0.0019
	(0.0082)	(0.0082)	(0.0082)	(0.0082)	(0.0082)	(0.0082)

续表

	SYNCH$_{t+1}$					
	(1)	(2)	(3)	(4)	(5)	(6)
SIZE$_t$	0.0069	0.0103	0.0099	0.0035	0.0073	0.0070
	(0.0231)	(0.0230)	(0.0230)	(0.0230)	(0.0229)	(0.0229)
SOE$_t$	0.0481	0.0491	0.0489	0.0452	0.0474	0.0469
	(0.0509)	(0.0512)	(0.0511)	(0.0509)	(0.0510)	(0.0509)
RET$_t$	−1.4893	−1.5754	−1.5714	−1.4987**	−1.6135	−1.6153
	(2.2167)	(2.2169)	(2.2154)	(0.6118)	(2.2181)	(2.2165)
SRET$_t$	0.1575	0.1377	0.1469	0.1472	0.1404	0.1490
	(0.6231)	(0.6227)	(0.6224)	(0.6246)	(0.6248)	(0.6246)
_cons	−0.7044	−0.7649	−0.7580	−0.6261	−0.6966	−0.6915
	(0.5008)	(0.4990)	(0.4989)	(0.4994)	(0.4979)	(0.4978)
Indu	YES	YES	YES	YES	YES	YES
Year	YES	YES	YES	YES	YES	YES
N	3368	3368	3368	3368	3368	3368
R^2	0.0565	0.0578	0.0576	0.0556	0.0566	0.0564

注：*、**、***分别代表在10%、5%和1%的水平上显著。

表6−7　PSM核匹配检验结果

	SYNCH$_{t+1}$					
	(1)	(2)	(3)	(4)	(5)	(6)
TOPST$_t$	0.0977**	0.1117**	0.1090**			
	(0.0445)	(0.0456)	(0.0456)			
SNCFMI$_t$				0.0382*	0.0437**	0.0411*
				(0.0203)	(0.0178)	(0.0219)
IP$_t$		−0.1418**			−0.1307*	
		(0.0644)			(0.0684)	
SP$_t$			−11.7826**			−10.0948*
			(5.9155)			(6.1249)
TOPST$_t$_IP$_t$		−0.2298**				
		(0.0938)				

续表

	SYNCH$_{t+1}$					
	(1)	(2)	(3)	(4)	(5)	(6)
TOPST$_t$_SP$_t$			− 18. 3996 *			
			(9. 7886)			
SNCFMI$_t$_IP$_t$					− 0. 0773 **	
					(0. 0316)	
SNCFMI$_t$_SP$_t$						− 3. 4652 *
						(1. 8435)
TOPHLD$_t$	− 0. 1400	− 0. 1422	− 0. 1431	− 0. 1377 *	− 0. 1413	− 0. 1422
	(0. 1200)	(0. 1203)	(0. 1204)	(0. 0733)	(0. 1200)	(0. 1200)
ETURN$_t$	− 0. 0597 *	− 0. 0583 *	− 0. 0587 *	− 0. 0594 *	− 0. 0592 *	− 0. 0596 *
	(0. 0316)	(0. 0316)	(0. 0316)	(0. 0316)	(0. 0316)	(0. 0316)
LEV$_t$	0. 1338	0. 1265	0. 1282	0. 1353	0. 1277	0. 1298
	(0. 1110)	(0. 1107)	(0. 1106)	(0. 1107)	(0. 1103)	(0. 1103)
PB$_t$	0. 0029	0. 0027	0. 0026	0. 0022	0. 0019	0. 0019
	(0. 0082)	(0. 0082)	(0. 0082)	(0. 0082)	(0. 0082)	(0. 0082)
SIZE$_t$	0. 0069	0. 0103	0. 0099	0. 0035	0. 0073	0. 0070
	(0. 0231)	(0. 0230)	(0. 0230)	(0. 0230)	(0. 0229)	(0. 0229)
SOE$_t$	0. 0481	0. 0491	0. 0489	0. 0452	0. 0474	0. 0469
	(0. 0509)	(0. 0512)	(0. 0511)	(0. 0509)	(0. 0510)	(0. 0509)
RET$_t$	− 1. 4893	− 1. 5754	− 1. 5714	− 1. 4987 **	− 1. 6136	− 1. 6153
	(2. 2167)	(2. 2169)	(2. 2154)	(0. 6118)	(2. 2181)	(2. 2165)
SRET$_t$	0. 1575	0. 1377	0. 1469	0. 1472	0. 1404	0. 1490
	(0. 6231)	(0. 6227)	(0. 6224)	(0. 6246)	(0. 6248)	(0. 6246)
_cons	− 0. 7044	− 0. 7649	− 0. 7580	− 0. 6261	− 0. 6966	− 0. 6915
	(0. 5008)	(0. 4990)	(0. 4989)	(0. 4994)	(0. 4979)	(0. 4978)
Indu	YES	YES	YES	YES	YES	YES
Year	YES	YES	YES	YES	YES	YES
N	3368	3368	3368	3368	3368	3368
R^2	0. 0565	0. 0576	0. 0576	0. 0556	0. 0566	0. 0564

注：*、**、***分别代表在10%、5%和1%的水平上显著。

表 6 - 8　PSM 近邻匹配检验结果

	SYNCH$_{t+1}$					
	（1）	（2）	（3）	（4）	（5）	（6）
TOPST$_t$	0.0978 **	0.1116 **	0.1091 **			
	(0.0445)	(0.0456)	(0.0456)			
SNCFMI$_t$				0.0381 *	0.0438 **	0.0412 *
				(0.0203)	(0.0178)	(0.0219)
IP$_t$		-0.1416 **			-0.1308 *	
		(0.0644)			(0.0684)	
SP$_t$			-11.7826 **			-10.0947 *
			(5.9155)			(6.1249)
TOPST$_t$_IP$_t$		-0.2298 **				
		(0.0938)				
TOPST$_t$_SP$_t$			-18.3996 *			
			(9.7886)			
SNCFMI$_t$_IP$_t$					-0.0773 **	
					(0.0316)	
SNCFMI$_t$_SP$_t$						-3.4653 *
						(1.8435)
TOPHLD$_t$	-0.1400	-0.1422	-0.1431	-0.1377 *	-0.1414	-0.1422
	(0.1200)	(0.1203)	(0.1204)	(0.0733)	(0.1200)	(0.1200)
ETURN$_t$	-0.0597 *	-0.0583 *	-0.0587 *	-0.0594 *	-0.0592 *	-0.0596 *
	(0.0316)	(0.0316)	(0.0316)	(0.0316)	(0.0316)	(0.0316)
LEV$_t$	0.1338	0.1265	0.1282	0.1353	0.1278	0.1298
	(0.1110)	(0.1107)	(0.1106)	(0.1107)	(0.1103)	(0.1103)
PB$_t$	0.0028	0.0027	0.0026	0.0022	0.0019	0.0019
	(0.0082)	(0.0082)	(0.0082)	(0.0082)	(0.0082)	(0.0082)
SIZE$_t$	0.0069	0.0103	0.0099	0.0035	0.0072	0.0070
	(0.0231)	(0.0230)	(0.0230)	(0.0230)	(0.0229)	(0.0229)
SOE$_t$	0.0481	0.0491	0.0489	0.0452	0.0474	0.0469
	(0.0509)	(0.0512)	(0.0511)	(0.0509)	(0.0510)	(0.0509)
RET$_t$	-1.4893	-1.5754	-1.5714	-1.4987 **	-1.6135	-1.6153
	(2.2167)	(2.2169)	(2.2154)	(0.6118)	(2.2181)	(2.2165)

续表

	SYNCH_{t+1}					
	(1)	(2)	(3)	(4)	(5)	(6)
SRET_t	0.1575	0.1377	0.1469	0.1472	0.1403	0.1490
	(0.6231)	(0.6227)	(0.6224)	(0.6246)	(0.6248)	(0.6246)
_cons	-0.7044	-0.7649	-0.7580	-0.6261	-0.6966	-0.6915
	(0.5008)	(0.4990)	(0.4989)	(0.4994)	(0.4979)	(0.4978)
Indu	YES	YES	YES	YES	YES	YES
Year	YES	YES	YES	YES	YES	YES
N	3368	3368	3368	3368	3368	3368
R^2	0.0565	0.0578	0.0576	0.0556	0.0566	0.0565

注：*、**、***分别代表在10%、5%和1%的水平上显著。

表6-9 半径匹配样本平衡性假设检验结果

Variable Matched	Unmatched	Mean		% reduct	t - test		V（T）/
		Treated	Control	% bias	bias	t	p > t	V（C）
TOPHLD U	U	0.363	0.366	-1.800	-0.390	0.697	1.100	
M	M	0.364	0.361	1.800	-1.400	0.300	0.765	1.080
ETURN U	U	-0.039	0.121	-32.500	-6.970	0.000	0.920	
M	M	-0.036	-0.026	-2.000	93.800	-0.360	0.721	1.130
LEV U	U	0.396	0.365	17.700	3.900	0.000	1.100	
M	M	0.396	0.405	-4.700	73.300	-0.800	0.426	1.130
PB U	U	3.785	4.119	-14.600	-3.150	0.002	0.970	
M	M	3.785	3.931	-6.400	56.200	-1.080	0.278	1.020
SIZE U	U	22.276	21.926	34.700	7.960	0.000	1.370*	
M	M	22.269	22.293	-2.400	93.200	-0.390	0.695	1.280*
SOE U	U	0.230	0.175	13.600	3.050	0.002	0.000	
M	M	0.231	0.230	0.300	97.800	0.050	0.962	0.000
RET U	U	-0.001	0.005	-67.700	-14.690	0.000	1.000	
M	M	-0.001	-0.001	-3.800	94.400	-0.660	0.509	1.190*
SRET U	U	0.053	0.065	-34.400	-7.090	0.000	0.720*	
M	M	0.053	0.054	-1.700	95.000	-0.320	0.745	1.160

注：* if variance ratio outside [0.85; 1.18] for U and [0.85; 1.18] for M.

表6－10 核匹配样本平衡性假设检验结果

Variable Matched		Unmatched	Mean		% reduct	t－test		V（T）/
		Treated	Control	% bias	bias	t	p > t	V（C）
TOPHLD	U	0.364	0.366	－1.400	－0.310	0.759	1.110	
	M	0.364	0.362	1.000	29.500	0.160	0.870	1.070
ETURN	U	－0.036	0.121	－31.900	－6.810	0.000	0.920	
	M	－0.036	－0.027	－1.900	94.200	－0.330	0.740	1.170
LEV	U	0.396	0.365	17.900	3.930	0.000	1.100	
	M	0.396	0.395	0.600	96.800	0.100	0.924	1.050
PB	U	3.785	4.121	－14.700	－3.160	0.002	0.970	
	M	3.785	3.859	－3.200	77.900	－0.560	0.578	1.080
SIZE	U	22.269	21.927	33.900	7.770	0.000	1.380*	
	M	22.269	22.239	3.000	91.200	0.490	0.626	1.250*
SOE	U	0.231	0.175	13.900	3.130	0.002	0.000	
	M	0.231	0.225	1.600	88.700	0.250	0.800	0.000
RET	U	－0.001	0.005	－66.800	－14.430	0.000	0.990	
	M	－0.001	－0.001	－2.800	95.800	－0.480	0.628	1.170
SRET	U	0.053	0.065	－34.600	－7.110	0.000	0.720*	
	M	0.053	0.054	－3.000	91.300	－0.570	0.568	1.170

注：* if variance ratio outside［0.85；1.18］for U and［0.85；1.18］for M.

表6－11 近邻匹配样本平衡性假设检验结果

Variable Matched		Unmatched	Mean		% reduct	t－test		V（T）/
		Treated	Control	% bias	bias	t	p > t	V（C）
TOPHLD	U	0.364	0.366	－1.400	－0.310	0.759	1.110	
	M	0.364	0.369	－3.700	－164.100	－0.610	0.542	1.050
ETURN	U	－0.036	0.121	－31.900	－6.810	0.000	0.920	
	M	－0.036	－0.032	－0.800	97.600	－0.140	0.890	1.170
LEV	U	0.396	0.365	17.900	3.930	0.000	1.100	
	M	0.396	0.401	－2.700	84.800	－0.450	0.654	1.030
PB	U	3.785	4.121	－14.700	－3.160	0.002	0.970	
	M	3.785	3.871	－3.800	74.400	－0.650	0.518	1.080
SIZE	U	22.269	21.927	33.900	7.770	0.000	1.380*	
	M	22.269	22.277	－0.700	97.900	－0.120	0.905	1.210*

续表

Variable Matched		Unmatched		Mean	% reduct		t – test		V（T）/
		Treated	Control	% bias	bias		t	p > t	V（C）
SOE	U	0.231	0.175	13.900	3.130		0.002	0.000	
	M	0.231	0.228	0.900	93.600		0.140	0.887	0.000
RET	U	– 0.001	0.005	– 66.800	– 14.430		0.000	0.990	
	M	– 0.001	– 0.001	– 1.100	98.300		– 0.190	0.847	1.180 *
SRET	U	0.053	0.065	– 34.600	– 7.110		0.000	0.72 *	
	M	0.053	0.053	0.300	99.200		0.050	0.958	1.210 *

注：* if variance ratio outside [0.85；1.18] for U and [0.85；1.18] for M.

表 6 – 12　匹配样本的比较结果

Sample	Ps	R^2	LR	chi2	p > chi2	MeanBias	MedBias	B	R	% Var
半径匹配										
Unmatched	0.109	332.60	0.000	27.1	25.1	87.0 *	0.90	29		
Matched	0.002	2.55	0.959	2.9	2.2	9.5	1.12	29		
核匹配										
Unmatched	0.106	321.56	0.000	26.9	24.9	86.0 *	0.88	29		
Matched	0.000	0.74	0.999	2.1	2.3	5.1	1.17	14		
近邻匹配										
Unmatched	0.106	321.56	0.000	26.9	24.9	86.0 *	0.88	29		
Matched	0.001	1.22	0.996	1.7	1.0	6.6	0.85	43		

注：* if B > 25%，R outside [0.5；2].

同时本章通过边际效用分析，对其他条件不变下投资者情绪高低与股价同步性（高低）进行比较。为了更直观地比较投资者情绪的边际效应，本章在计算时把 TOPHLD、ETURN、LEV、PB、SIZE、RET、SRET 按照初始做样本均值进行重新编码（大于等于均值部分为一组，小于均值部分为一组），重新对因变量 SYNCH 进行回归，得到倾向性得分（概率），进行倾向性得分匹配，按照最近邻 1 – 1 匹配，得到配对样本；同时重新建立回归方程，计算各个关键变量的边际效应（Average Marginal Effect，AME），并比较不同水平下的边际效应，这里使用配对样本进行分析，TOPHLD、ETURN、LEV、PB、SIZE、RET、SRET 等变量按照因子来比较其边际效应，结果如表 6 – 13 所示。

表6-13　PSM 样本下的边际效应分析

SYNCH						
	Margin	Std. Err.	t	P > t	[95% Conf.	Interval]
TOPST1						
0	-0.872	0.017	-52.13	0	-0.905	-0.839
1	-0.974	0.039	-25.16	0	-1.050	-0.898
IP						
0	-0.882	0.016	-55.46	0	-0.913	-0.851
1	-0.989	0.057	-17.34	0	-1.101	-0.877
TOPST1#IP						
0 0	-0.863	0.017	-50.00	0	-0.896	-0.829
0 1	-1.005	0.063	-15.92	0	-1.129	-0.881
1 0	-0.979	0.04	-24.44	0	-1.058	-0.901
1 1	-0.907	0.136	-6.68	0	-1.173	-0.640
TOPHLD2						
0	-0.868	0.021	-42.29	0	-0.909	-0.828
1	-0.917	0.024	-37.70	0	-0.965	-0.870
ETURN2						
0	-0.887	0.017	-51.45	0	-0.921	-0.853
1	-0.898	0.033	-27.19	0	-0.963	-0.833
LEV2						
0	-0.912	0.024	-38.60	0	-0.959	-0.866
1	-0.868	0.022	-38.63	0	-0.912	-0.824
PB2						
0	-0.887	0.022	-39.73	0	-0.931	-0.843
1	-0.892	0.024	-37.40	0	-0.939	-0.845
SIZE2						
0	-0.904	0.026	-34.99	0	-0.954	-0.853
1	-0.878	0.023	-38.92	0	-0.923	-0.834
RET2						
0	-0.901	0.026	-35.27	0	-0.951	-0.85
1	-0.880	0.024	-36.49	0	-0.927	-0.833
SRET2						
0	-0.886	0.025	-36.03	0	-0.934	-0.837
1	-0.894	0.026	-34.29	0	-0.946	-0.843

SYNCH						
	Margin	Std. Err.	t	P > t	[95% Conf.	Interval]
SNCFMI1						
0	−0.877	0.019	−45.89	0	−0.914	−0.839
1	−0.914	0.028	−32.62	0	−0.969	−0.859
IP						
0	−0.882	0.016	−55.44	0	−0.913	−0.851
1	−0.987	0.058	−17.13	0	−1.100	−0.874
SNCFMI1#IP						
0 0	−0.868	0.020	−43.61	0	−0.907	−0.829
0 1	−0.999	0.066	−15.20	0	−1.128	−0.870
1 0	−0.910	0.029	−31.81	0	−0.966	−0.854
1 1	−0.962	0.109	−8.80	0	−1.176	−0.747
TOPHLD2						
0	−0.868	0.021	−42.26	0	−0.908	−0.827
1	−0.917	0.024	−37.70	0	−0.965	−0.870
ETURN2						
0	−0.887	0.017	−51.31	0	−0.921	−0.853
1	−0.897	0.033	−27.16	0	−0.962	−0.832
LEV2						
0	−0.912	0.024	−38.61	0	−0.958	−0.865
1	−0.868	0.023	−38.53	0	−0.912	−0.824
PB2						
0	−0.888	0.022	−39.66	0	−0.932	−0.844
1	−0.891	0.024	−37.43	0	−0.938	−0.844
SIZE2						
0	−0.902	0.026	−35.01	0	−0.953	−0.852
1	−0.879	0.023	−38.93	0	−0.923	−0.835
RET2						
0	−0.90	0.026	−35.26	0	−0.950	−0.850
1	−0.88	0.024	−36.45	0	−0.927	−0.832
SRET2						
0	−0.885	0.025	−35.92	0	−0.933	−0.836
1	−0.895	0.026	−34.28	0	−0.946	−0.844

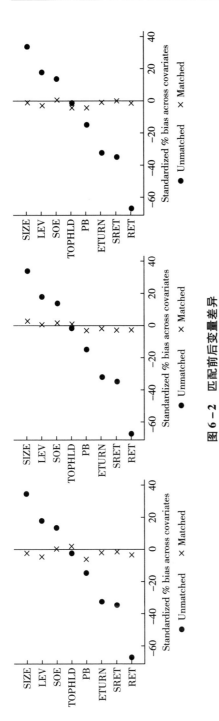

图 6-2　匹配前后变量差异

注：从左到右依次为半径匹配、核匹配以及近邻匹配。

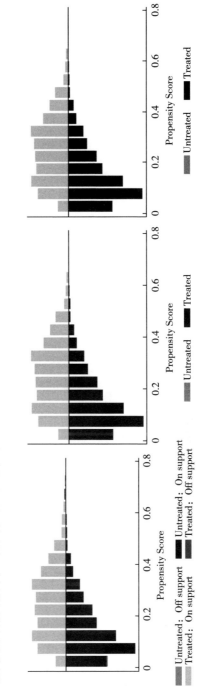

图 6-3　匹配前后倾向得分比较

注：从左到右依次为半径匹配、核匹配以及近邻匹配。

从表 6 – 13 可知，当 TOPHLD、ETURN、LEV、PB、SIZE、RET、SRET 都取较大组或者都取较小组时，即核心变量都取较大组或者都取较小组时，投资者情绪高的组（TOPST1 = 1，SNCFMI1 = 1）相对于投资者情绪低的组（TOPST1 = 0，SNCFMI1 = 0），险资参股可以使股价同步性降低 0.139①，有险资参股的组（IP = 1）相对于无险资参股的组（IP = 0），险资参股可以使股价同步性降低 0.212②，投资者情绪高和险资参股的组（TOPST1 = 1，SNCFMI1 = 1，IP = 1）相对于投资者情绪低和无险资参股的组（TOPST1 = 0，SNCFMI1 = 0，IP = 0），股价同步性降低 4.031③。可见，对于投资者情绪高的组来说，险资参股有助于降低股价同步性。

第五节　本章小结

中国作为新兴资本市场，股市发展较晚、市场成熟度低、各项规章制度不完善，容易出现"追涨杀跌""盲目跟风""过度投资"等情绪化非理性的投资行为，导致股价与其正常价值发生偏离的金融异象，市场"同涨同跌"现象严重，对整个资本市场的稳定繁荣发展有着不利影响，需要追本溯源，加强监管。互联网金融对于金融市场，尤其是资产定价和公司治理的影响日益引起业界和学术界的关注。投资者情绪作为影响股价的重要因素，对股价同步性有重要影响，易产生"多米诺骨牌效应"。但是当险资参股后会有何影响，这是一个值得研究的话题。

本章从股吧舆情视角的投资者情绪出发，系统研究了险资参股对股价同步性的影响。研究结果表明：

（1）股吧论坛的投资者情绪短期内会加大股价同步性，二者呈正相关关系，这主要是因为论坛帖子数用来当作个人投资者关注的代理变量，帖子内容用来提取个人信息。随着帖子数量增多，该股票被关注的可能性更大，大家会有更多的参与度，而在每个帖子所反映出来的看涨看跌观点会形成情绪一致性指数，这会

---

① 计算方式为：$-0.974 + 0.872 - 0.914 + 0.877 = -0.139$。
② 计算方式为：$-0.989 + 0.882 - 0.987 + 0.882 = -0.212$。
③ 计算方式为：$-0.907 - 0.979 - 1.005 + 0.863 - 0.962 - 0.91 - 0.999 + 0.868 = -4.031$。

引导投资者行动的一致性,短期内股价同步性更严重。

(2) 险资参股有效降低了投资者情绪带给股价同步性的冲击,起了一定的中介效应,并且险资持股比例越高,效应越明显,因为当保险公司参股后会通过公司治理对资本市场起到利好消息的作用,在网络论坛的信息效应下有助于稳定投资者情绪,减少羊群效应从而降低股价同涨同跌效应。

(3) 这种降低股价同步性的效应在国企样本中更明显,主要是因为国企中严重的代理冲突使得投资者情绪高涨抑或低落时股价的同涨同跌效应更严重。

(4) 通过边际效用分析,发现当核心变量都取较大组或者都取较小组时,投资者情绪高的组相对于投资者情绪低的组,险资参股可以使股价同步性降低0.139,有险资参股的组相对于无险资参股的组,险资参股可以使股价同步性降低0.212,投资者情绪高和险资参股的组相对于投资者情绪低和无险资参股的组,股价同步性降低4.031。

第七章 保险公司投资中国股市对投资—股价敏感性的影响

第一节 引言

2019 年 5 月银保监会发布《关于保险资金参与信用风险缓释工具和信用保护工具业务的通知》[①]（以下简称《通知》），旨在允许和规范保险资金参与信用衍生产品业务行为，为信用风险管理提供对冲手段，以进一步丰富保险资金运用工具，为险资服务实体经济发展提供更多支撑。那么保险资金是否进入股市以及进入股市后如何更好地服务并影响实体经济的投资非常值得研究。

本章基于 2014～2018 年间沪深两市上市公司样本数据建立面板模型进行实证分析，结果表明：信息透明度与公司的投资—股价敏感性的反馈效应呈正相关关系；险资参股后，通过加强外部监督会使得信息透明度对投资—股价敏感性的反馈效应更加明显，起了一定的中介效应，并且险资持股比例越高，效应越明显，且这种反馈效应在两权分离程度大和资产负债比高的公司更加明显，并且通过边际效用分析，发现信息透明度高的组相对于信息透明度低的组，险资参股可以使投资—股价敏感性提高 0.024，有险资参股的组相对于无险资参股的组，投资—股价敏感性提高 0.007，信息透明度高和险资参股的组相对于信息透明度低

---

① 银保监会发布《关于保险资金参与信用风险缓释工具和信用保护工具业务的通知》，2019 年 5 月 17 日，中国银保监会网站。

和无险资参股的组，投资—股价敏感性提高0.47。

本章的研究贡献在于：①我们从公司盈余、信息披露、分析师预测角度以及审计监督等方面提供了有关于信息透明度有助于提高投资股价敏感性的实证证据，并从反馈效应的视角展开分析，迄今为止关于这一方面的研究还很少，所以本章尝试丰富这一领域的研究。②本章首次从险资参股着手，对其与信息透明度和投资—股价敏感性之间的作用渠道展开分析，以期对信息透明度所产生的经济后果方面的研究做出学术上的边际贡献。③本章的研究对于在公司内部信息处理环境下如何处理好中国股市与实体经济之间的关系具有重要的政策指导作用，具有一定的借鉴意义，丰富了这方面的研究成果。

第二节 理论分析与研究假设

在资本市场上有很多投资者以自己掌握的信息量进行投资，所以股价可以看作是知情信息的汇总。Hayek（1945）最早提出了关于投资股价敏感性的思想理论，认为股价是股票市场的重要信息来源，可为公司的经营决策提供判断依据。这个思想后来也得到其他学者的论证。Grossman（1980）通过建立理论模型来验证股票价格是投资者私有交易信息的反映。这样股票价格就间接表明了管理者在信息获取上的缺口——私有信息，比如：工程项目恰当的市场成本、投资者的产品需求和公司在投资者心中的竞争地位等，而当公司管理层以公司利润最大化或股东利益最大化为出发点进行投资时，如果股价上升则代表公司价值是上升的，那么投资对股价就是非常敏感的（Goldstein and Guembel，2008）。这表明了"信息假说"的重要性，所以股价中那些不被管理层知晓的私人消息会影响投资决策。Fama 和 Miller（1972）指出在一个有效的资本市场上股价提供的有效信息对于公司进行投资决策有重要的影响，也就是公司层面的管理层对信息的操控和反馈对投资决策的影响，即"反馈效应"。Dow 和 Gordon（1997）、Subrahmanyam 和 Titman（1999，2001）等提出了反馈效应的理论模型，表明在投资过程中外部投资者也会根据它掌握的公开或未公开信息进行交易，而这个行为又会融入股价，从而成为公司决策时的参考意见。金融市场与实体经济交相辉映的关系便是以资产价格传导机制作用于实体经济的资源配置（Morck et al.，1990；

Baker et al., 2002）。

关于投资—股价敏感性的研究，首先从价格信息含量展开研究，Chen 等（2007）发现当公司资本约束条件较强的情况下，公司经理通过股票价格的私有信息对公司基本面进行研究，并助益于公司的投资决策参考，发现公司的投资支出与其市场价值之间存在着很强的正相关关系；Edmans 等（2017）研究发现真正的决策不仅取决于价格信息的总量，而且还取决于这些信息的来源，当经理包含他没有的信息时，其会从价格中学习。这表明投资实际效率评估需要重新考虑现有的价格效率指标。其次在公司管理层面以及外部市场环境上，Ovtchinnikov 和 Mcconnell（2009）认为投资股票价格敏感度与公司杠杆率、财务松弛和财务困境概率有关，但与公司低估的代理无关；Jiang 等（2011）从内部人的动机私有利益出发研究其与投资—股价敏感性的关系，发现控制所有权与投资 q 之间是负向关系，因为内部人的利益动机会使他们不倾向于听从市场；Foucault 和 Laurent（2011）发现美国的交叉上市公司比从未交叉上市的公司具有更高的投资—价格敏感度，原因可能是交叉上市增强了管理者对股票价格的依赖，因为它使股票价格对他们更有信息，具有更高的投资—价格敏感度；Durnev（2010）从政治不确定性的角度出发，认为政治不确定情况下投资对股价敏感度大幅下降，导致资源配置效率低下；于丽峰等（2014）发现股价信息含量对投资—股价敏感性的影响与融资水平存在着重要关系，且对于融资约束水平比较低的样本影响更明显。

总而言之，从现有文献来看，关于投资—股价敏感性的文献并不多见，且研究结论不一致，但是却忽略了深层次的影响因素——信息透明度。并且公司内部的信息透明度会影响股价，当信息环境越透明时，越有助于投资者对公司某些特定信息进行准确的评估（Dasgupta et al., 2010）。反之，投资者的羊群效应就更明显（Wang and Huang, 2019）。并且信息披露的评估结果会影响公司绩效（Chu et al., 2018），而在市场缺乏这些特质信息时，市场将对可观察的信息更加敏感（比如公司的现金流），从而来判断公司特质信息。

从信息披露的代理变量来说，经审计的财务报表和支持披露构成投资者和监管机构可获得的公司特定信息集的基础。会计信息的处理程度可以用来衡量公司透明度，利用财务会计信息减少投资者之间的信息不对称（Lee et al., 2017），管理人员也会对投资项目进行资源导向，加强公司治理，提高公司绩效和资源配置程度（Bushma and Smith, 2003）。Chu 等（2018）利用企业价值偏差作为信息披露的代理变量，发现减少信息不对称可以降低道德风险，从而更强的信息透明度可以增强投资的确定性，减少预测误差。从信息披露制度来说，信息披露制度的评价结果对公司绩效有显著影响，投资者也会对评价结果产生兴趣，信息披露水平与公司绩效呈正相关关系。评级上调的公司往往表现出公司业绩的显著增长（Li，2019）；从信息披露水平的角度来说，信息披露水平对权益资本成本的影响是非常重要的（Botosan et al.，1997），高质量的披露会影响公司的真实决策，信息质量的提高导致资本成本明显下降，权益成本增多（Lambert et al.，2007；Cheng et al.，2006；Botosan et al.，1997）。增加披露有可能减少信息不对称，降低融资成本，增加分析师跟随者，对投资者是有益的，并且信息披露可以通过信息中介（如分析师跟随者）来实现（Tim et al.，2007）。Healy 和 Palepu（2001）指出高质量的信息披露可以提升投资效率。所以会计信息的透明度对公司是否进行投资以及其投资敏感程度会有非常重要的影响，管理者要关注财务透明度。并且在股价涨势的推动下，透明度必然会释放消息（Lin et al.，2018），从而继续影响股价。

信息不对称对股票价格投资敏感性影响具有负面意义（Kong et al.，2010），而信息是否透明也决定着投资者对股价信息的知晓程度。所以问题的关键就在于如果信息透明度的提升可以使股价信息传递质量更高，那么公司的投资与股价之间的敏感性会更加明显，即前者对后者的反馈效应更明显。故提出以下假设：

H7-1：信息透明度越高，公司的投资—股价敏感性越高，反馈效应更明显。

股价的变化不仅受到信息披露等因素的影响，还受到其他各种噪声的影响（Black，1986）。机构投资者一直是新兴股票市场的主要参与者，在对公司股票收益率、市场效率和稳定以及公司治理方面具有重要意义，尤其在市场透明度缺乏的时候就会影响公司的投资程度（Mihaela and Ovidiu，2017）。保险公司作为重要的机构投资者，其重要业务之一便是信息搜集，并通过控制措施来实现高效率的信息管理和风险管理，将风险成本降至最低（Gui et al.，2013）。并且保险公司拥有强大的数据群和客户群，在保险行业自我竞争的过程中也逐渐具备了数据挖掘能力（Bhatnagar et al.，2011）。同时机构投资者具有更积极的行为动机（Mcnulty and Nordberg，2016），对于促进公司治理具有至关重要的作用，能够及时地进行信息披露使透明度更高，进而使场内场外的投资者都能够及时地知晓股票信息，进行更正确的决策，信息不对称性程度也会降低，提高资本市场的配置效率，也就能间接地提高信息透明度对公司投资—股价敏感性的反馈效应。

然而，投资者是具有非理性特点的，机构投资者也不例外（Zamri et al.，2017）。保险公司可能目光比较短，从而会在利益驱使下影响管理者做出只是增加短期利润的短期决策（Pucheta - Martínez María Consuelo and López - Zamora Blanca，2018）。与管理者利益勾结会使信息披露的不对称性更加明显，尤其在保险公司中由信息不对称性引发的传染效应更甚（Polonchek and Miller，2005）。不对称信息导致的股价信息含量低，从而会直接影响到公司的投资决策，降低其对投资—股价敏感性的反馈效应。而且将信息披露水平提高与可衡量的经济效益联系起来的实证结果喜忧参半（Verrecchia and Leuz，1999）。其中介机制作用如图 7 - 1 所示。故而提出竞争性假设：

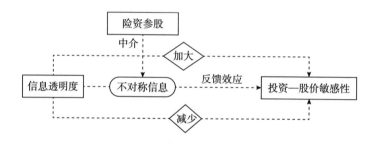

图 7 - 1　中介机制作用

H7 - 2a：险资参股后，通过加强外部监督会使得信息透明度对投资—股价敏感性的中介反馈效应更加明显。

H7 - 2b：险资参股后，利益勾结使得信息不透明的传染效应更强劲而使得其对投资—股价敏感性的中介反馈效应更弱。

从终极控制权理论出发，本章选取两权分离作为代理成本的代理变量。与欧美成熟的资本市场环境相比，在中国特殊的市场环境和治理模式下，控股股东通过股权集中度的优势对公司进行操纵管理的第二类代理问题比较严重。在第二类代理问题上，公司治理层面的上市公司的终极控股股东控制权以及现金流权都有可能发生偏离（Porta et al.，1999），希望以极小的现金流权来获得较大的控制权从而对上市公司进行控制。并且两权分离大的公司相对而言，债务比例更高，公司控股股东更容易通过负债对公司进行利益挖空（宋小保，2014）。而财务报告和披露作为管理层向外部投资者传达公司业绩和治理水平的重要手段（Healy and Palepu，2001），提供高质量全面的自愿披露能帮公司更有效地缓解代理问题

（Chung et al. ，2015）。机构投资者崛起后虽然会导致股权集中度的提高，但是
其会对代理问题进行有效治理（Bebchuk et al. ，2017），尤其是少量机构投资者
拥有着公司大部分的股票，为了自身利益更加会加强监督管理，提高公司各项信
息披露管理和治理。所以险资参股后，其会对公司通过外部监督等行为从而提高
公司信息透明度，刺激公司的投资热情，进一步提高投资——股价敏感性。

而 Francis 和 Wilson（1988）研究发现股权集中度的变化与公司聘请高质量
的审计公司是负相关关系。Fan 和 Wong（2005）进一步基于代理理论发现代理
成本与上市公司聘请被市场公认为高质量的审计公司之间呈正相关关系，但是当
两权分离程度更大时，壕沟防御效应将逐渐递减消失转为协同激励效应占据主导
地位，公司选择国际审计公司的概率会降低。而险资参股后，在利益驱使下其有
可能会与上市公司管理层进行勾结，公司的信息披露操作空间较大，更不愿意出
具真实的会计信息，信息透明度显著下降，在这种境况下公司进行投资的股价敏
感性也会降低。所以提出以下假设：

H7 - 3a：两权分离程度大的公司，险资参股可以加大公司透明度对投资——
股价敏感性的反馈效应。

H7 - 3b：两权分离程度大的公司，险资参股会加强利益勾结，降低信息透
明度对投资——股价敏感性的反馈效应。

但是每个公司都会遇到财务约束，从而陷于财务困境，出现债务积压状况，
这对公司未来现金流的风险有明显影响，也影响投资回报（Ovtchinnikov and Mc-
connell，2009），而债务融资作为上市公司外部融资的重要来源，及时、详细的
信息披露则有助于债权人提高对公司违约风险的认知，降低公司表面的债务常
数，尤其是在市场不确定性较大的时候，信息披露的重要性更大（Sengupta，
1998），会使具有债务的公司进行投资时对信息披露变得特别敏感，尤其是对于
遭受债务积压、信息不对称和代价高昂的企业在对股票的投资中显得更加敏感
（Ovtchinnikov and Mcconnell，2009）。而险资参股后，为公司提供了资金来源，
缓解了公司暂时的财务困境，这对于债务水平高的公司来说所起到的作用更大，
不仅会提高债权人对公司的信任，也会使公司提高资金流动性，在投资时能够获
得更加全面的信息（Lipson and Mortal，2009），也有利于股市价值的提升（Fang
et al. ，2009），提高投资——股价敏感性。所以提出以下假设：

H7 - 4：险资参股后通过信息透明度对投资——股价敏感性的反馈效应在高杠
杆率的组中更明显。

第三节　研究设计

一、样本选择和数据来源

本章选择 2014～2018 年的 A 股上市公司数据为样本进行研究分析，并遵循如下原则：①剔除了金融类上市公司；②剔除当年被标记 ST 或 *ST 的公司；③剔除一些数据缺失的公司。同时为了剔除极端值对研究结果的影响，所有连续变量均在上下 5% 水平进行了 Winsorize 处理。由于实际计算时需要用到上一年的数据进行交叉核对，所以数据实际研究年份为 2014～2017 年，共计 9135 个"公司－年度观察值"，所涉及的财务数据均从国泰安（CSMAR）数据库和锐思（RESSET）金融数据库获得，并进行交叉核对。

二、模型构建与变量定义

1. 变量定义

（1）信息透明度指标。

透明度是指市场外部投资者所能够获得的关于上市公司公开交易的有效信息（比如：各类信息披露报告、分析师报告、年报等）水平（Bushman and Smith，2003）。参考以前文献，本章主要从以下几个方面对公司信息透明度进行衡量。

本章衡量透明度的第一个指标是根据修正的琼斯模型（The Modified Jones Model）（Dechow et al.，1995）来估计盈余管理程度。具体估计步骤为：首先按以下模型公式估计各个行业每个年度内的系数：

$$AC_t = \partial_1 + \partial_2(\Delta REV_t) + \partial_3(PPE_t) + \varepsilon_t \qquad (7-1)$$

其中，ΔREV_t 代表当年产品主营业务收入与上年相比的变化量按照公司当年的平均资产规模标准化后的值。PPE_t 代表当年固定资产总额的平均值（年初与年末固定资产总值的平均数）按照当年公司平均资产规模标准化后的值。在参数估计出以后，按以下公式进行不可控会计应计量（NDA）的计算：

$$NDA_t = \partial_1(1/A_{t-1}) + \partial_2(\Delta REV_t - \Delta REC_t) + \partial_3(PPE_t) \qquad (7-2)$$

其中，ΔREC_t 代表当年应收账款净额与上年相比的变化量按照公司当年的平均资产规模标准化后的值。最后按照式（7-3）计算可操控的会计应计量（DA）。

$$DA_t = AC_t - NDA_t \qquad\qquad (7-3)$$

并且我们取了绝对值，这个值越大，证明盈余管理水平越高。

本章衡量信息透明度的第二个指标是 SCORE，以深交所、沪交所披露的信息为准，并且根据对上市公司的工作披露进行从高到低的质量审核并进行划分 A、B、C、D 四个等级（分别代表优、良、及格和不及格），并分别对其赋值，设定取值范围为 1~4 分，分值越大，代表信息披露质量越好。

Lang 等（2004）指出证券分析师通过搜集和整合上市公司公开和非公开的消息对股价进行估值的行为有助于改善公司透明度水平。所以本章采用分析师跟踪人数（ANALYST）和分析师盈余预测准确性（ACCURACY）来对透明度进行测量。ANALYST 代表当年对公司的年度盈余进行分析预测的分析师数量，从某种意义上来说，它是一种传递公司信息的中介机制，且 ANALYST 越大，信息透明度越高。同时，针对分析师预测的准确程度，我们的计算方式为：ACCURACY = -｜（同一年不同分析师预测的每股收益的中位数-实际每股收益）/上年度的每股股价｜。该值越大，分析师预测得越准确。

本章第五个透明度指标是以公司当年是否聘请国际四大审计对其年报进行审计（BIG4）。一般认为，四大审计因为审计严格所以出具的财务报告质量更高从而对公司透明度进行改进。并且 Lang 和 Maffett（2012）从公司选择审计师的角度也力证了如果公司愿意选择聘用国际四大审计进行审计则在一定程度上表明公司愿意承诺并提供真实可靠的会计信息的倾向和可能性。所以，BIG4 也可捕捉与公司会计透明度相关的信息。

在以上五个透明度指标的基础上，本章参考 Lang 等（2010）构造了一个综合性的透明度指标 TRANS，其值等于 DA、SCORE、ANALYST、ACCURACY 和 BIG4 这五个变量的样本百分等级（Percentile Rank）的平均值。并且 TRANS 越大，代表公司透明度水平越高。

（2）投资—股价敏感性。

参照 Chen 等（2007）、Foucault 和 Frésard（2012）、Wang 等（2009）的研究，本章主要以两种资本支出方式来测量公司的投资，首先是企业年度直接资本支出（CPEX），即企业构建固定资产、无形资产和其他长期资产支付的现金除以年初总资产；第二个指标 CHGAET 是以总资产变化率来衡量，计算方式为（年

末总资产 – 年初总资产)/年初总资产。

（3）险资参股。

IP 表示保险公司是否参股，若参股，则为 1，否则为 0；SP 表示保险公司参股比例，SOE 表示参股性质，若保险公司参股企业为国企，则为 1，否则为 0。

（4）控制变量。

根据已有研究，本章加入以下控制变量：账面市值比（BTM）、自由现金流（CASHFLOW）、资产负债比（LEV）、资产报酬率（ROA）、销售比率（SALES）、资产规模（SIZE）、参股性质（SOE）、两权分离程度（SPRT）、托宾Q（TQ）、换手率（TURNOVER）。由于资本市场信息的不对称性，公司获得外部资金来源的途径是有限的，其与自由现金流并不能完全替代，所以自由现金流对公司投资起着显著作用，现金流是衡量投资机会的非价格指标（Edmans et al.，2017）；销售比例（SALES）代表了公司在生产方面的资源利用效率，与自由现金流呈正相关关系，故而对公司投资水平也有重要影响（Aivaziana et al.，2005）；而资产报酬率越高，公司的投资积极性更高，而资产负债率越高，则会抑制公司的投资（Aivaziana et al.，2005），对一个理性资本市场来说，投资股票的价格敏感性与公司杠杆率等有重要关系（Ovtchinnikov and Mcconnell，2009）。

2. 模型构建与变量定义

为了验证险资参股对信息透明度与投资—股价敏感性的关系，本章参照Chen 等（2007）、Rajgopal 等（2014）及温忠麟等（2005）拟构建如下模型：首先通过模型（7-4）和模型（7-7）检验信息透明度对投资—股价敏感性的反馈是否在中国股市上存在，以检验假设 H7-1；接下来通过模型（7-5）、模型（7-6）、模型（7-8）、模型（7-9）检验险资参股后对信息透明度以及投资—股价敏感性的影响，以检验假设 H7-2、假设 H7-3、假设 H7-4。变量释义如表 7-1 所示。

$$CPEX_{t+1} = \beta_0 + \beta_1 TRANS_t + controls + Year + Indu + \varepsilon \qquad (7-4)$$

$$CPEX_{t+1} = \beta_0 + \beta_1 TRANS_t + \beta_2 IP_t + \beta_3 TRANS_t \times IP_t + controls + Year + Indu + \varepsilon \qquad (7-5)$$

$$CPEX_{t+1} = \beta_0 + \beta_1 TRANS_t + \beta_2 SP_t + \beta_3 TRANS_t \times SP_t + controls + Year + Indu + \varepsilon \qquad (7-6)$$

$$CHGAET_{t+1} = \beta_0 + \beta_1 TRANS_t + controls + Year + Indu + \varepsilon \qquad (7-7)$$

$$CHGAET_{t+1} = \beta_0 + \beta_1 TRANS_t + \beta_2 IP_t + \beta_3 TRANS_t \times IP_t + controls + Year + Indu + \varepsilon$$

$$(7-8)$$

$$CHGAET_{t+1} = \beta_0 + \beta_1 TRANS_t + \beta_2 SP_t + \beta_3 TRANS_t \times SP_t + controls + Year + Indu + \varepsilon$$

$$(7-9)$$

表 7 – 1　变量释义

变量名称	变量说明
CPEX	购建固定资产、无形资产和其他长期资产支付的现金/年初总资产
CHGAET	（年末总资产 – 年初总资产）/年初总资产
IP	保险公司是否参股，若参股，则为1，否则为0
SP	保险公司持股比例
SOE	保险公司参股性质，若参股企业为国有，则为1，否则为0
|DA|	修正 Jones 模型计算出来的可操控应计利润的绝对值
SCORE	信息披露质量打分，见文中释义
ANALYST	分析师跟踪人数，该值越大，信息分析越准确
ACCURACY	ACCURACY = – |（同一年不同分析师预测的每股收益的中位数 – 实际每股收益）/上年度的每股股价|，该值越大越准确
BIG4	公司当年是否聘请国际四大对其年报进行审计
TRANS	透明性综合性指标，该值越大，信息透明度越高
TQ	托宾 Q 值 =（所有者权益市场价值 + 债务总账面价值）/总资产账面价值，即公司的市场价值占资产重置成本的比重，若大于1表明购买用于扩大生产的资本产品有利可图，追加投资；否则会减少投资
CASHFLOW	自由现金流 =（营业利润 + 折旧摊销）/年初总资产
SALES	销售比率 = 销售收入/年初总资产
TURNOVER	换手率 = 年内该股票交易量/流通 A 股股数
LEV	资产负债率 = 期末负债总额/期末资产总额
SPRT	两权分离程度，即控制权与所有权之间的差值
BTM	账面市值比 = 期末总资产/（股权市值 + 净债务市值）
ROA	资产报酬率 = 息税前利润/期末总资产
SIZE	资产规模，为期末资产总额的自然对数
Year	年度哑变量
Indu	行业哑变量

第四节 实证结果分析

一、描述性统计

表 7 - 2 是主要变量的描述性统计，栏目 A 报告了投资—股价敏感性的描述性统计。其中，CPEX 的均值为 0.050，标准差为 0.049，说明样本公司的资本支出占上一年的初始资产的平均水平为 5%，且波动较小；CHGAET 的均值为 0.196，标准差为 0.336，说明样本公司的年资产增加值占据年初资产的平均水平为 19.6%，且波动相对较大，整体上说明投资—股价敏感性相对较高。

表 7 - 2 描述性统计

栏目 A：投资—股价敏感性指标			
变量	Min	Max	Mean	St. Dev.
CPEX	0.0000	0.235	0.050	0.049
CHGAET	- 0.336	3.135	0.196	0.336

栏目 B：信息透明度指标			
变量	Min	Max	Mean	St. Dev.
BIG4	0	1	0.076	0.267
ACCURACY	- 1.285	0	- 0.013	0.023
SCORE	1	4	3.083	0.588
ANALYST	1	80	10.163	9.876
|DA|	0.00001	1.916	0.057	0.068
TRANS	0.165	0.801	0.5236	0.146

栏目 C：险资参股指标			
变量	Min	Max	Mean	St. Dev.
SP	0	0.067	0.002	0.007
IP	0	0.590	0.114	0.318

栏目 D：控制变量			
变量	Min	Max	Mean	St. Dev.
SALES	- 0.720	11.289	0.482	1.469

续表

栏目 D：控制变量				
变量	Min	Max	Mean	St. Dev.
CASHFLOW	0.001	0.073	0.023	0.015
ROA	−0.165	0.240	0.058	0.058
LEV	0.048	0.964	0.430	0.218
SIZE	19.479	25.912	22.014	1.284
TQ	0.193	12.401	2.339	2.148
BTM	0.081	5.174	0.894	0.9111
SOE	0.000	1.000	1.544	0.529
TURNOVER	0.152	5.376	1.771	1.093
SPRT	0.000	0.281	0.056	0.075

　　栏目 B 报告了公司透明度的描述性统计。BIG4 的均值为 0.076，说明样本公司使用国际四大审计进行审计的概率还是很低的；ACCURACY 的均值为 −0.013，标准误为 0.023，说明公司信息准确度相对较高；SCORE 的均值为 3.083，这表明深沪公司的信息质量考核结果相对较高；从分析师跟踪人数 ANALYST 来看，均值为 10.163，标准差为 9.876，这说明一半以上的公司分析师跟踪数量较少，且分析师跟踪数量差异较大；|DA|代表的盈余管理均值为 0.057，标准差为 0.068，说明大多数样本公司的盈余管理水平相对较低且差异较小。上述五个指标构建的百分等级均值的透明度综合指标 TRANS 的均值为 0.5236，标准差为 0.146。

　　栏目 C 报告了险资参股的描述性统计结果。SP 的均值为 0.002，标准差为 0.007，说明险资企业的持股比例相对较低且变化相对较低；IP 的均值为 0.114，说明公司参股率相对较低。D 栏报告了其他控制变量的描述性统计结果，与已有研究相对一致。

二、主要假设验证

　　表 7 - 3 报告了假设 H7 - 1 和假设 H7 - 2 的回归检验结果，实证结果都控制了年度与行业变量，因变量是投资—股价敏感性"$CPEX_{t+1}$"和"$CHGAET_{t+1}$"。列（1）和列（4）检验的是信息透明度对投资—股价敏感性的影响。其中，$TRANS_t$ 的系数为 0.0072 和 0.0734，均为正且分别在 5% 和 10% 的显著性水平上

显著，这说明信息透明度与投资—股价敏感性呈正相关关系，信息透明度越高，投资—股价敏感性就越大。主要是因为：公司内部的信息透明度是股票价格信息的一种体现，并且信息环境的透明程度与投资者是否根据公司特定信息进行投资有重要关系，因为高质量的信息披露对信息质量有较大提升，伴随着市场信息透明度的提高，信息不对称程度会下降，融资成本降低，上市公司进行投资的准确性越高，投资效率越高，投资热情自然高涨，此时公司信息透明度对投资—股价敏感性的反馈效应更高。所以信息透明度越高，公司的投资—股价敏感性越高，反馈效应越明显。验证了假设 H7 – 1。

表 7 – 3   假设 H7 – 1 和假设 H7 – 2 的检验

	$CPEX_{t+1}$			$CHGAET_{t+1}$		
	(1)	(2)	(3)	(4)	(5)	(6)
$TRANS_t$	0.0072 **	0.0083 *	0.0090 **	0.0734 *	0.0790 *	0.0733 *
	(0.0036)	(0.0047)	(0.0045)	(0.0419)	(0.0451)	(0.0432)
IP_t		0.0032 *			0.0201	
		(0.0018)			(0.0397)	
SP_t			0.2988 **			0.2255 *
			(0.1495)			(0.1287)
$TRANS_t\_IP_t$		0.0070 *			0.0340 **	
		(0.0004)			(0.0170)	
$TRANS_t\_SP_t$			0.6118 ***			0.0498 *
			(0.0754)			(0.0284)
TQ_t	0.0018 ***	0.0018 ***	0.0018 ***	0.0479 ***	0.0479 ***	0.0479 ***
	(0.0006)	(0.0006)	(0.0006)	(0.0059)	(0.0059)	(0.0059)
$CASHFLOW_t$	0.8250 ***	0.8251 ***	0.8255 ***	– 0.1118	– 0.1120	– 0.1132
	(0.0611)	(0.0611)	(0.0611)	(0.3003)	(0.3004)	(0.3006)
$SALES_t$	– 0.0008 **	– 0.0008 **	– 0.0008 **	0.0043	0.0043	0.0043
	(0.0004)	(0.0004)	(0.0004)	(0.0033)	(0.0033)	(0.0033)
$TURNOVER_t$	0.0020 ***	0.0020 ***	0.0020 ***	– 0.0080 *	– 0.0080 *	– 0.0081 *
	(0.0007)	(0.0007)	(0.0007)	(0.0046)	(0.0046)	(0.0046)
LEV_t	– 0.0035	– 0.0034	– 0.0035	0.3156 ***	0.3158 ***	0.3154 ***
	(0.0051)	(0.0052)	(0.0051)	(0.0336)	(0.0336)	(0.0336)

续表

	CPEX$_{t+1}$			CHGAET$_{t+1}$		
	(1)	(2)	(3)	(4)	(5)	(6)
BTM$_t$	− 0.0032 **	− 0.0032 **	− 0.0032 **	− 0.0247 ***	− 0.0246 ***	− 0.0248 ***
	(0.0014)	(0.0014)	(0.0014)	(0.0074)	(0.0074)	(0.0074)
ROA$_t$	0.0286 *	0.0286 *	0.0286 *	0.1946	0.1946	0.1954
	(0.0173)	(0.0173)	(0.0173)	(0.1241)	(0.1241)	(0.1242)
SIZE$_t$	0.0031 ***	0.0031 ***	0.0031 ***	− 0.0122 **	− 0.0123 **	− 0.0121 **
	(0.0009)	(0.0009)	(0.0009)	(0.0053)	(0.0053)	(0.0053)
SOE$_t$	0.0099 ***	0.0100 ***	0.0100 ***	0.0290 ***	0.0291 ***	0.0288 ***
	(0.0016)	(0.0017)	(0.0016)	(0.0082)	(0.0082)	(0.0082)
SPRT$_t$	− 0.0227 **	− 0.0228 **	− 0.0229 **	− 0.0341	− 0.0339	− 0.0339
	(0.0097)	(0.0097)	(0.0097)	(0.0503)	(0.0503)	(0.0503)
_cons	− 0.0342	− 0.0328	− 0.0327	0.2361 *	0.2342 *	0.2340 *
	(0.0215)	(0.0216)	(0.0215)	(0.1240)	(0.1242)	(0.1238)
Indu	YES	YES	YES	YES	YES	YES
Year	YES	YES	YES	YES	YES	YES
N	9134	9134	9134	9135	9135	9135
R^2	0.1927	0.1928	0.1929	0.0766	0.0766	0.0766

注：＊、＊＊、＊＊＊分别代表在10%、5%和1%的水平上显著。

列（2）、列（3）、列（5）、列（6）检验的是险资参股、信息透明度和投资—股价敏感性之间关系的检验结果。其中，TRANS$_t$的系数分别为0.0083、0.0090、0.0790、0.0733，均为正且均在10%的显著性水平上显著；IP$_t$的系数为0.0032、0.0201，均为正且前者在10%的显著性水平上显著；SP$_t$的系数为0.2988、0.2255，均为正且分别在5%和10%的显著性水平上显著；TRANS$_t$_IP$_t$（TRANS$_t$与IP$_t$的交互项）的系数分别为0.0070、0.0340，均为正且分别在10%和5%的显著性水平上显著；TRANS$_t$_SP$_t$（TRANS$_t$与SP$_t$的交互项）的系数分别为0.6118、0.0498，均为正且分别在1%和10%的显著性水平上显著。这说明信息透明度提高了投资—股价敏感性，险资参股又可以通过加强公司治理从而有效提高信息透明度，进而起到提高投资—股价敏感性的中介效应。这可能是因为险资参股后可以通过积极的行为动机采取控制措施来实现高效率的信息治理和风险管理，将风险成本降至最低，并且保险公司具备强大的数据挖掘能力，对公司治理有重要影响，能够及时地进行信息披露，从而透明度更高，从而使场内场外的投资者都能够及时地知晓股票信息，进行更正确的决策，信息不对称性也会降低，这样上市公司的投资—股价敏感性会提升，从而提高资本市场的配置效率，此时信息透明度对投资—股价敏感性的反馈效应更明显，所以险资参股后，通过加强外部监督会使得信息透明度对投资—股价敏感性的反馈效应更加明显。验证了假设 H7 - 2a。

表 7 - 4 报告了 H7 - 3 的回归检验结果。列（1）～列（4）是两权分离程度高的组，列（5）～列（8）是两权分离程度低的组。列（1）～列（4）中 $TRANS_t$ 的系数均为正且分别在 5% 和 10% 的显著性水平上显著；IP_t 的系数均为正且分别在 5% 和 10% 的显著性水平上显著；SP_t 的系数均为正且分别在 5% 和 10% 的显著性水平上显著；$TRANS_t\_IP_t$（$TRANS_t$ 与 IP_t 的交互项）的系数均为正且分别在 10% 和 5% 的显著性水平上显著；$TRANS_t\_SP_t$（$TRANS_t$ 与 SP_t 的交互项）的系数均为正且分别在 10% 和 5% 的显著性水平上显著。相比之下，列（5）～列（8）中各系数均不显著。可以看出，两权分离程度更高的组各项指标更加显著。这可能是因为在中国特殊的市场环境和治理模式下，每个公司都面对着"所有权"和"管理权"分离的问题，两权分离问题会导致信息的不对称性和不透明问题，从而加大道德风险问题，只有加强公司治理才能够有效解决这一问题，而险资参股后会加大股权集中度，这样可以通过加强公司治理，降低公司代理成本，提高信息透明度，从而有效解决代理问题，上市公司进行投资的反馈效应更明显，投资—股价敏感性提高。由此 H7 - 3a 得到进一步的佐证。

表 7 - 4　假设 H7 - 3 的回归检验结果

	$CPEX_{t+1}$		$CHGAET_{t+1}$		$CPEX_{t+1}$		$CHGAET_{t+1}$	
	SPRT > 0.56				SPRT < 0.56			
	(1)	(2)	(3)	(4)	(5)	(6)	(7)	(8)
$TRANS_t$	0.0167 *	0.0173 **	0.1224 *	0.1208 *	-0.0019	-0.0027	0.0559	0.0472
	(0.0095)	(0.0067)	(0.0712)	(0.0692)	(0.0092)	(0.0092)	(0.0572)	(0.0546)
IP_t	0.0001 **		0.0495 *		-0.0037		0.0170	
	(0.0000)		(0.0283)		(0.0074)		(0.0464)	
$TRANS_t\_IP_t$	0.0004 *		0.0678 **		0.0090		-0.0399	
	(0.0002)		(0.0264)		(0.0134)		(0.0779)	

续表

	CPEX$_{t+1}$	CHGAET$_{t+1}$		CPEX$_{t+1}$	CHGAET$_{t+1}$		
	SPRT > 0.56			SPRT < 0.56			
	(1)	(2)	(3)	(4)	(5)	(6)	(7)	(8)
SP$_t$		0.0354**		2.3455*		−0.3842		−0.9986
		(0.0138)		(1.3403)		(0.2699)		(1.5744)
TRANS$_t$_SP$_t$		0.1722*		3.2103**		0.7699		0.6818
		(0.0984)		(1.2491)		(0.5340)		(2.7817)
TQ$_t$	0.0016	0.0016*	0.0515***	0.0515***	0.0019***	0.0019***	0.0455***	0.0454***
	(0.0010)	(0.0010)	(0.0106)	(0.0106)	(0.0007)	(0.0007)	(0.0069)	(0.0069)
CASHFLOW$_t$	0.6768***	0.6776***	−1.1314**	−1.1357**	0.9293***	0.9293***	0.5629	0.5545
	(0.1004)	(0.1003)	(0.4402)	(0.4399)	(0.0724)	(0.0725)	(0.4089)	(0.4087)
SALES$_t$	−0.0011*	−0.0011*	0.0052	0.0052	−0.0006	−0.0006	0.0037	0.0037
	(0.0006)	(0.0006)	(0.0058)	(0.0058)	(0.0005)	(0.0005)	(0.0040)	(0.0040)
TURNOVER$_t$	0.0018	0.0018	−0.0127*	−0.0126*	0.0021**	0.0020**	−0.0058	−0.0059
	(0.0011)	(0.0011)	(0.0073)	(0.0073)	(0.0009)	(0.0009)	(0.0057)	(0.0057)
LEV$_t$	−0.0142*	−0.0141*	0.2969***	0.2962***	0.0026	0.0024	0.3224***	0.3224***
	(0.0079)	(0.0079)	(0.0533)	(0.0532)	(0.0065)	(0.0065)	(0.0421)	(0.0421)
BTM$_t$	−0.0082***	−0.0081***	−0.0312***	−0.0313***	−0.0002	−0.0002	−0.0235**	−0.0237**
	(0.0021)	(0.0021)	(0.0117)	(0.0118)	(0.0018)	(0.0018)	(0.0093)	(0.0093)
ROA$_t$	0.0102	0.0101	0.1341	0.1300	0.0448**	0.0447**	0.2387	0.2395
	(0.0272)	(0.0272)	(0.2000)	(0.2005)	(0.0224)	(0.0224)	(0.1538)	(0.1537)
SIZE$_t$	0.0065***	0.0065***	−0.0062	−0.0059	0.0013	0.0014	−0.0147**	−0.0146**
	(0.0016)	(0.0016)	(0.0081)	(0.0082)	(0.0011)	(0.0011)	(0.0069)	(0.0069)
SOE$_t$	0.0074***	0.0074***	0.0181	0.0178	0.0111***	0.0111***	0.0365***	0.0359***
	(0.0025)	(0.0025)	(0.0137)	(0.0138)	(0.0022)	(0.0022)	(0.0097)	(0.0097)
SPRT$_t$	−0.0391**	−0.0396**	0.0141	0.0126	−0.0599	−0.0593	−0.3582	−0.3488
	(0.0191)	(0.0191)	(0.1143)	(0.1147)	(0.0721)	(0.0720)	(0.4054)	(0.4043)
_cons	−0.0818**	−0.0809**	0.1242	0.1200	−0.0084	−0.0089	0.2777*	0.2825*
	(0.0371)	(0.0371)	(0.1901)	(0.1897)	(0.0261)	(0.0260)	(0.1604)	(0.1601)
Indu	YES	YES	YES	YES	YES	YES	YES	YES
Year	YES	YES	YES	YES	YES	YES	YES	YES
N	3568	3568	3568	3568	5566	5566	5567	5567
R^2	0.1717	0.1718	0.0915	0.0916	0.22	0.2202	0.0779	0.0781

注：*、**、***分别代表在10%、5%和1%的水平上显著。

表7-5报告了假设H7-4的回归检验结果。列（1）~列（4）是资产负债比高的组，列（5）~列（8）是资产负债比低的组。列（1）~列（4）中 $TRANS_t$ 的系数均为正且分别在5%和10%的显著性水平上显著；IP_t 的系数均为正且分别在5%和10%的显著性水平上显著；SP_t 的系数均为正且分别在5%和10%的显著性水平上显著；$TRANS_t\_IP_t$（$TRANS_t$ 与 IP_t 的交互项）的系数均为正且分别在10%和5%的显著性水平上显著；$TRANS_t\_SP_t$（$TRANS_t$ 与 SP_t 的交互项）的系数均为正且分别在10%和5%的显著性水平上显著。相比之下，列（5）~列（8）中各系数均不显著。可以看出，资产负债比更高的组各项指标更加显著。这可能是因为资产负债比代表着上市公司的财务约束能力，资产负债比越高则意味着财务成本越高，而及时详细的信息披露会提高公司的信誉，使公司的投资敏感性提高。而险资参股后，为公司缓解了暂时的财务困境，提高了债权人对公司的信任，也会使公司在投资时能够获得更加全面的信息，提高投资—股价敏感性。假设H7-4也得到进一步的佐证。

表7-5 假设H7-4的检验结果

	$CPEX_{t+1}$		$CHGAET_{t+1}$		$CPEX_{t+1}$		$CHGAET_{t+1}$	
	LEV > 0.43				LEV > 0.43			
	(1)	(2)	(3)	(4)	(5)	(6)	(7)	(8)
$TRANS_t$	0.011 *	0.0093 *	0.0625 **	0.0457 *	0.0275 ***	0.0276 ***	0.095	0.0978
	(0.0065)	(0.0055)	(0.0282)	(0.0272)	(0.0105)	(0.0103)	(0.0633)	(0.0608)
IP_t	0.0002 **		0.0696 *		-0.0038		-0.0172	
	(0.0000)		(0.0414)		(0.0090)		(0.0472)	
$TRANS_t\_IP_t$	0.0012 *		0.1183 **		0.0097		0.0301	
	(0.0007)		(0.0533)		(0.0162)		(0.0863)	
SP_t		0.209 *		0.4801 **		-0.2927		-0.7321
		(0.1244)		(0.2163)		(0.3281)		(1.6723)
$TRANS_t\_SP_t$		0.5001 **		0.8942 *		0.5225		0.6185
		(0.2253)		(0.5323)		(0.6181)		(3.1110)
TQ_t	0.0055 ***	0.0055 ***	0.0599 ***	0.0599 ***	0.0002	0.0002	0.0452 ***	0.0452 ***
	(0.0011)	(0.0011)	(0.0114)	(0.0114)	(0.0007)	(0.0007)	(0.0079)	(0.0079)
$CASHFLOW_t$	0.8788 ***	0.8806 ***	-0.9897 **	-0.9922 **	0.7889 ***	0.7887 ***	0.6527	0.6501
	(0.0781)	(0.0781)	(0.4341)	(0.4354)	(0.0870)	(0.0870)	(0.4358)	(0.4358)

续表

	CPEX$_{t+1}$		CHGAET$_{t+1}$		CPEX$_{t+1}$		CHGAET$_{t+1}$	
	LEV > 0.43				LEV > 0.43			
	(1)	(2)	(3)	(4)	(5)	(6)	(7)	(8)
SALES$_t$	-0.0007*	-0.0007*	0.0037	0.0036	-0.0011	-0.0011	0.0043	0.0043
	(0.0004)	(0.0004)	(0.0036)	(0.0036)	(0.0008)	(0.0008)	(0.0075)	(0.0075)
TURNOVER$_t$	0.0020**	0.0020**	-0.0162***	-0.0162***	0.0025**	0.0025**	-0.0035	-0.0036
	(0.0009)	(0.0009)	(0.0061)	(0.0061)	(0.0010)	(0.0010)	(0.0068)	(0.0068)
LEV$_t$	-0.0166*	-0.0158*	0.2322***	0.2323***	-0.0054	-0.0056	0.3288***	0.3299***
	(0.0094)	(0.0094)	(0.0754)	(0.0754)	(0.0098)	(0.0098)	(0.0568)	(0.0569)
BTM$_t$	-0.0021	-0.0020	-0.0119	-0.0119	-0.0121***	-0.0122***	-0.0371	-0.0377
	(0.0016)	(0.0016)	(0.0092)	(0.0092)	(0.0043)	(0.0043)	(0.0275)	(0.0274)
ROA$_t$	0.0246	0.0249	0.4308**	0.4288**	0.0266	0.0265	0.1351	0.1365
	(0.0298)	(0.0298)	(0.1971)	(0.1975)	(0.0210)	(0.0210)	(0.1531)	(0.1532)
SIZE$_t$	0.0056***	0.0055***	-0.0102	-0.0101	0.0013	0.0015	-0.0176**	-0.0173**
	(0.0011)	(0.0011)	(0.0072)	(0.0073)	(0.0014)	(0.0014)	(0.0078)	(0.0077)
SOE$_t$	0.0081***	0.0082***	0.0202*	0.0199*	0.0102***	0.0101***	0.0394***	0.0391***
	(0.0020)	(0.0020)	(0.0113)	(0.0114)	(0.0024)	(0.0024)	(0.0128)	(0.0128)
SPRT$_t$	-0.0202	-0.0200	-0.1128*	-0.1116*	-0.0197	-0.0197	0.0446	0.0448
	(0.0128)	(0.0128)	(0.0657)	(0.0658)	(0.0133)	(0.0132)	(0.0786)	(0.0786)
_cons	-0.0952***	-0.0931***	0.2685	0.2758	0.0255	0.0236	0.2856	0.2804
	(0.0264)	(0.0264)	(0.1744)	(0.1745)	(0.0319)	(0.0317)	(0.1787)	(0.1781)
Indu	YES	YES	YES	YES	YES	YES	YES	YES
Year	YES	YES	YES	YES	YES	YES	YES	YES
N	4657	4657	4657	4657	4477	4477	4478	4478
R^2	0.2516	0.2518	0.0730	0.0728	0.1537	0.1537	0.0957	0.0958

注：*、**、***分别代表在10%、5%和1%的水平上显著。

三、内生性问题

就反向因果而言，由于本章采取的是被解释变量的一阶滞后项进行回归，所以在一定程度上弱化了可能存在的内生性问题；就遗漏变量而言，我们也许会遗漏一些无法观测到的变量，会间接影响投资—股价敏感性。衡量偏误在社会调查数据中总是存在，考虑到本章使用的调查数据在质量控制方面相对严谨，所以本章认为对内生性影响有限。

参考 Roulstone（2010）、Yu（2008）及 Lang 等（2012）等文献，本章使用股票价值混合成长得分（VCG）、公司过去五年的年度股票回报（收益增长率）和盈余（每股收益）的相关系数（RECORR）、公司过去四年的平均净资产增长率（AG）以及公司过去四年的主营业务收入增长率（RSALES）这四个指标作为综合性透明度指标 TRANS 的工具变量进行分析。表 7－6 是使用工具变量进行 2sls 回归的结果，结果保持一致。

同时，本章稳健性分析部分也进行了 PSM 分析来解决样本选择偏差带来的问题，进一步弱化了内生性问题。

表 7－6　IV 工具变量的回归检验

	$CPEX_{t+1}$		$CHGAET_{t+1}$	
	（1）	（2）	（3）	（4）
$TRANS_t$	2.1002 *	10.6133 **	10.2243 **	51.2476 *
	（1.0327）	（2.9519）	（5.4172）	（26.9879）
IP_t	0.7449 **		3.6365 *	
	（0.3764）		（1.8182）	
$TRANS_t\_IP_t$	1.3147 ***		6.4241 *	
	（0.1964）		（3.2120）	
SP_t		16.4505 **		13.0346 **
		（3.0323）		（2.0865）
$TRANS_t\_SP_t$		0.0002 *		0.0003 **
		（0.0001）		（0.0000）
TQ_t	0.0035	0.0103	0.0364 *	0.0035
	（0.0048）	（0.0977）	（0.0173）	（0.4662）
$CASHFLOW_t$	1.0356 ***	1.0457	− 0.3824	− 0.4261
	（0.1434）	（0.7592）	（0.7243）	（3.6229）
$SALES_t$	− 0.0045	− 0.0161	0.0183	0.0738 *
	（0.0058）	（0.1555）	（0.0296）	（0.0386）
$TURNOVER_t$	− 0.0024 *	− 0.0248	0.0135 *	0.1212
	（0.0011）	（0.2954）	（0.0068）	（1.4058）

续表

	CPEX$_{t+1}$		CHGAET$_{t+1}$	
	（1）	（2）	（3）	（4）
LEV$_t$	− 0. 0709	− 0. 3335 *	0. 6246	1. 8892
	（0. 1341）	（0. 1635）	（0. 6828）	（16. 9686）
BTM$_t$	− 0. 0089	− 0. 0373	0. 0040	0. 1410
	（0. 0108）	（0. 3644）	（0. 0546）	（1. 7353）
ROA$_t$	− 0. 1229	− 0. 8355 *	0. 9870	4. 4187 *
	（0. 3487）	（0. 4277）	（1. 7741）	（2. 2076）
SIZE$_t$	0. 0173	0. 0851	− 0. 0807	− 0. 4071
	（0. 0310）	（0. 9017）	（0. 1579）	（4. 2950）
SOE$_t$	0. 0020 *	− 0. 0307	0. 0594 *	0. 2170
	（0. 0009）	（0. 4380）	（0. 0298）	（2. 0854）
SPRT$_t$	− 0. 1436	− 0. 6509	0. 5507	2. 9951
	（0. 2644）	（6. 9111）	（1. 3420）	（32. 9216）
_cons	− 1. 5776	− 8. 0020	7. 7584	38. 7152
	（3. 3710）	（87. 7269）	（17. 1473）	（417. 8214）
Indu	YES	YES	YES	YES
Year	YES	YES	YES	YES
N	9134	9134	9135	9135
R^2	0. 0062	0. 0045	0. 0034	0. 0056

注：＊、＊＊、＊＊＊分别代表在 10% 、5% 和 1% 的水平上显著。

四、稳健性检验

表 7 - 7 是稳健性检验结果。将被解释变量换为 CGF 进行检验，CGF 代表无形资产和固定资产的变化率，其计算方式为：（年末无形资产与固定资产之和 - 年初无形资产与固定资产之和）/年初总资产。回归结果基本保持一致，假设 H7 - 1、H7 - 2a 得到进一步的佐证。

为了防止有信息透明度指标公司和无信息透明度指标公司的系统性区别带来的内生性问题，本章采用 PSM 方法通过配比倾向性得分（Propensity Score，PS）给信息透明度的公司选择配对样本，对"险资参股、信息透明度与投资—股价敏感性"之间的关系进行检验，选择账面市值比（BTM）、自由现金流（CASH-

FLOW）、资产负债比（LEV）、资产报酬率（ROA）、销售比率（SALES）、资产规模（SIZE）、参股性质（SOE）、两权分离程度（SPRT）、托宾 Q（TQ）和换手率（TURNOVER）十个公司特征变量来建立信息透明度的倾向性模型，采用 Logit 模型估计每家公司信息透明度的倾向性得分值（PS 值），为每一家有信息透明度指标的公司选择同年中没有信息透明度指标且 PS 值最接近的公司作为配对样本，并检验两组样本之间因变量的差异。

表 7 - 7   稳健性检验结果

	CGF_{t+1}		
	（1）	（2）	（3）
$TRANS_t$	0.001 ***	0.002 ***	0.0003 ***
	(0.000)	(0.000)	(0.000)
IP_t		0.016 *	
		(0.64)	
SP_t			0.08 *
			(3.200)
$TRANS_t\_IP_t$		0.023 ***	
		(0.000)	
$TRANS_t\_SP_t$			0.164 *
			(0.656)
TQ_t	0.003 ***	0.003 ***	0.003 ***
	(0.001)	(0.001)	(0.001)
$CASHFLOW_t$	0.137	0.140	0.137
	(0.195)	(0.186)	(0.195)
$SALES_t$	− 0.002 *	− 0.002 *	− 0.002 *
	(0.079)	(0.080)	(0.079)
$TURNOVER_t$	0.001	0.001	0.001
	(0.714)	(0.689)	(0.713)
LEV_t	0.046 ***	0.046 ***	0.046 ***
	(0.000)	(0.000)	(0.0000)
BTM_t	− 0.003	− 0.003	− 0.003
	(0.316)	(0.355)	(0.317)

续表

	CGF$_{t+1}$		
	(1)	(2)	(3)
ROA$_t$	0.072 **	0.070 *	0.072 **
	(0.047)	(0.051)	(0.047)
SIZE$_t$	-0.004 *	-0.004 *	-0.004 *
	(0.065)	(0.052)	(0.066)
SOE$_t$	0.013 ***	0.013 ***	0.013 ***
	(0.0002)	(0.0001)	(0.0002)
SPRT$_t$	-0.040 **	-0.040 **	-0.040 **
	(0.033)	(0.034)	(0.033)
_cons	9.021 ***	9.001 ***	9.018 ***
	(0.003)	(0.003)	(0.003)
Indu	YES	YES	YES
Year	YES	YES	YES
N	4208	4206	4206
R^2	0.040	0.041	0.040

注：*、**、***分别代表在10%、5%和1%的水平上显著。

表7-8、表7-9和表7-10报告了PSM半径匹配、核匹配、近邻匹配样本的稳健性检验结果，无论是哪种匹配方式，匹配前后样本的t值检验都不显著，差异较小（见表7-11、表7-12、表7-13、表7-14、图7-2、图7-3。其中，表7-11、表7-12、表7-13分别报告了半径匹配、核匹配、近邻匹配的平衡性假设检验结果，通过t值检验发现处理组和控制组之间的差异并不显著。表7-14是匹配样本的比较结果，发现无论是半径匹配、核匹配、近邻匹配，各匹配结果中配比结果差异都小，对数据进行了较好的平衡。图7-2表明匹配前后样本的变量差异较小，图7-3表明匹配前后样本的倾向得分值基本是一种平衡状况）。表7-8、表7-9和表7-10中不同匹配方法的估计系数和符号以及显著性水平与表7-3基准回归的结果基本一致，对假设H7-1和假设H7-2a提供了进一步的支撑。

表 7 - 8　PSM 半径匹配检验结果

	CPEX$_{t+1}$			CHGAET$_{t+1}$		
	(1)	(2)	(3)	(4)	(5)	(6)
TRANS$_t$	0.0070*	0.0082*	0.0088*	0.0730*	0.0787*	0.0729*
	(0.0041)	(0.0053)	(0.0062)	(0.0420)	(0.0451)	(0.0433)
IP$_t$		0.0035**			0.0204**	
		(0.0017)			(0.0108)	
SP$_t$			0.2922**			0.2237***
			(0.1432)			(0.0284)
TRANS$_t$_IP$_t$		0.0074**			0.0343**	
		(0.0038)			(0.0173)	
TRANS$_t$_SP$_t$			0.6014**			0.0515*
			(0.3164)			(0.0230)
TQ$_t$	0.0018***	0.0018***	0.0018***	0.0480***	0.0480***	0.0480***
	(0.0006)	(0.0006)	(0.0006)	(0.0059)	(0.0059)	(0.0059)
CASHFLOW$_t$	0.8222***	0.8223***	0.8227***	-0.1145	-0.1146	-0.1158
	(0.0613)	(0.0613)	(0.0613)	(0.3015)	(0.3016)	(0.3018)
SALES$_t$	-0.0008**	-0.0008**	-0.0008**	0.0043	0.0043	0.0043
	(0.0004)	(0.0004)	(0.0004)	(0.0034)	(0.0034)	(0.0034)
TURNOVER$_t$	0.0020***	0.0020***	0.0020***	-0.0081*	-0.0081*	-0.0082*
	(0.0007)	(0.0007)	(0.0007)	(0.0046)	(0.0046)	(0.0046)
LEV$_t$	-0.0030	-0.0029	-0.0030	0.3167***	0.3169***	0.3164***
	(0.0052)	(0.0052)	(0.0052)	(0.0339)	(0.0339)	(0.0339)
BTM$_t$	-0.0031**	-0.0031**	-0.0031**	-0.0247***	-0.0246***	-0.0248***
	(0.0014)	(0.0014)	(0.0014)	(0.0074)	(0.0074)	(0.0074)
ROA$_t$	0.0304*	0.0304*	0.0304*	0.1962	0.1962	0.1969
	(0.0174)	(0.0174)	(0.0174)	(0.1244)	(0.1244)	(0.1245)
SIZE$_t$	0.0029***	0.0029***	0.0029***	-0.0123**	-0.0124**	-0.0122**
	(0.0009)	(0.0010)	(0.0009)	(0.0054)	(0.0054)	(0.0054)
SOE$_t$	0.0099***	0.0099***	0.0099***	0.0291***	0.0292***	0.0290***
	(0.0017)	(0.0017)	(0.0017)	(0.0082)	(0.0082)	(0.0083)
SPRT$_t$	-0.0226**	-0.0226**	-0.0227**	-0.0344	-0.0343	-0.0343
	(0.0097)	(0.0097)	(0.0097)	(0.0503)	(0.0503)	(0.0504)

续表

	CPEX$_{t+1}$			CHGAET$_{t+1}$		
	(1)	(2)	(3)	(4)	(5)	(6)
_cons	−0.0309	−0.0295	−0.0293	0.2385*	0.2367*	0.2363*
	(0.0216)	(0.0216)	(0.0216)	(0.1255)	(0.1257)	(0.1253)
Indu	YES	YES	YES	YES	YES	YES
Year	YES	YES	YES	YES	YES	YES
N	9120	9120	9120	9121	9121	9121
R^2	0.1920	0.1921	0.1922	0.0765	0.0765	0.0765

注：＊、＊＊、＊＊＊分别代表在10%、5%和1%的水平上显著。

表7-9　PSM核匹配检验结果

	CPEX$_{t+1}$			CHGAET$_{t+1}$		
	(1)	(2)	(3)	(4)	(5)	(6)
TRANS$_t$	0.0071*	0.0082*	0.0088*	0.0731*	0.0787*	0.0729*
	(0.0041)	(0.0053)	(0.0062)	(0.0420)	(0.0451)	(0.0433)
IP$_t$		0.0035**			0.0204**	
		(0.0017)			(0.0108)	
SP$_t$			0.2921**			0.2236***
			(0.1432)			(0.0284)
TRANS$_t$_IP$_t$		0.0074**			0.0343**	
		(0.0038)			(0.0173)	
TRANS$_t$_SP$_t$			0.6014**			0.0515*
			(0.3164)			(0.0230)
TQ$_t$	0.0018***	0.0018***	0.0017***	0.0480***	0.0480***	0.0480***
	(0.0006)	(0.0006)	(0.0006)	(0.0059)	(0.0059)	(0.0059)
CASHFLOW$_t$	0.8222***	0.8223***	0.8227***	−0.1145	−0.1146	−0.1158
	(0.0613)	(0.0613)	(0.0613)	(0.3015)	(0.3016)	(0.3018)
SALES$_t$	−0.0008**	−0.0008**	−0.0008**	0.0043	0.0043	0.0043
	(0.0004)	(0.0004)	(0.0004)	(0.0034)	(0.0034)	(0.0034)
TURNOVER$_t$	0.0020***	0.0020***	0.0020***	−0.0081*	−0.0081*	−0.0082*
	(0.0007)	(0.0007)	(0.0007)	(0.0046)	(0.0046)	(0.0046)

续表

	CPEX$_{t+1}$			CHGAET$_{t+1}$		
	（1）	（2）	（3）	（4）	（5）	（6）
LEV$_t$	−0.0030	−0.0029	−0.0030	0.3167***	0.3169***	0.3164***
	（0.0052）	（0.0052）	（0.0052）	（0.0339）	（0.0339）	（0.0339）
BTM$_t$	−0.0031**	−0.0031**	−0.0031**	−0.0247***	−0.0246***	−0.0247***
	（0.0014）	（0.0014）	（0.0014）	（0.0074）	（0.0074）	（0.0074）
ROA$_t$	0.0304*	0.0304*	0.0304*	0.1962	0.1962	0.1969
	（0.0174）	（0.0174）	（0.0174）	（0.1244）	（0.1244）	（0.1245）
SIZE$_t$	0.0029***	0.0029***	0.0029***	−0.0123**	−0.0124**	−0.0122**
	（0.0009）	（0.0010）	（0.0009）	（0.0054）	（0.0054）	（0.0054）
SOE$_t$	0.0099***	0.0099***	0.0099***	0.0291***	0.0292***	0.0290***
	（0.0017）	（0.0017）	（0.0017）	（0.0082）	（0.0082）	（0.0083）
SPRT$_t$	−0.0226**	−0.0226**	−0.0227**	−0.0344	−0.0343	−0.0343
	（0.0097）	（0.0097）	（0.0097）	（0.0503）	（0.0503）	（0.0504）
_cons	−0.0309	−0.0295	−0.0293	0.2385*	0.2367*	0.2363*
	（0.0216）	（0.0216）	（0.0216）	（0.1255）	（0.1257）	（0.1253）
Indu	YES	YES	YES	YES	YES	YES
Year	YES	YES	YES	YES	YES	YES
N	9120	9120	9120	9121	9121	9121
R^2	0.1920	0.1921	0.1922	0.0765	0.0765	0.0765

注：*、**、***分别代表在10%、5%和1%的水平上显著。

表7-10　PSM近邻匹配检验结果

	CPEX$_{t+1}$			CHGAET$_{t+1}$		
	（1）	（2）	（3）	（4）	（5）	（6）
TRANS$_t$	0.0069*	0.0082*	0.0088*	0.0730*	0.0787*	0.0728*
	（0.0041）	（0.0053）	（0.0062）	（0.0420）	（0.0451）	（0.0433）
IP$_t$		0.0036**			0.0204**	
		（0.0017）			（0.0108）	
SP$_t$			0.2921**			0.2238***
			（0.1432）			（0.0284）

续表

	CPEX$_{t+1}$			CHGAET$_{t+1}$		
	(1)	(2)	(3)	(4)	(5)	(6)
TRANS$_t$_IP$_t$		0.0073 **			0.0343 **	
		(0.0038)			(0.0173)	
TRANS$_t$_SP$_t$			0.6014 **			0.0514 *
			(0.3164)			(0.0230)
TQ$_t$	0.0018 ***	0.0018 ***	0.0018 ***	0.0480 ***	0.0480 ***	0.0480 ***
	(0.0006)	(0.0006)	(0.0006)	(0.0059)	(0.0059)	(0.0059)
CASHFLOW$_t$	0.8222 ***	0.8223 ***	0.8226 ***	− 0.1145	− 0.1146	− 0.1157
	(0.0613)	(0.0613)	(0.0613)	(0.3015)	(0.3016)	(0.3018)
SALES$_t$	− 0.0008 **	− 0.0008 **	− 0.0008 **	0.0043	0.0043	0.0043
	(0.0004)	(0.0004)	(0.0004)	(0.0034)	(0.0034)	(0.0034)
TURNOVER$_t$	0.0020 ***	0.0020 ***	0.0020 ***	− 0.0081 *	− 0.0081 *	− 0.0082 *
	(0.0007)	(0.0007)	(0.0007)	(0.0046)	(0.0046)	(0.0046)
LEV$_t$	− 0.0030	− 0.0029	− 0.0030	0.3167 ***	0.3169 ***	0.3165 ***
	(0.0052)	(0.0052)	(0.0052)	(0.0339)	(0.0339)	(0.0339)
BTM$_t$	− 0.0031 **	− 0.0031 **	− 0.0031 **	− 0.0247 ***	− 0.0246 ***	− 0.0248 ***
	(0.0014)	(0.0014)	(0.0014)	(0.0074)	(0.0074)	(0.0074)
ROA$_t$	0.0304 *	0.0304 *	0.0304 *	0.1962	0.1962	0.1966
	(0.0174)	(0.0174)	(0.0174)	(0.1244)	(0.1244)	(0.1245)
SIZE$_t$	0.0029 ***	0.0029 ***	0.0029 ***	− 0.0123 **	− 0.0124 **	− 0.0121 **
	(0.0009)	(0.0010)	(0.0009)	(0.0054)	(0.0054)	(0.0054)
SOE$_t$	0.0099 ***	0.0099 ***	0.0099 ***	0.0291 ***	0.0292 ***	0.0290 ***
	(0.0017)	(0.0017)	(0.0017)	(0.0082)	(0.0082)	(0.0083)
SPRT$_t$	− 0.0226 **	− 0.0226 **	− 0.0227 **	− 0.0344	− 0.0343	− 0.0343
	(0.0097)	(0.0097)	(0.0097)	(0.0503)	(0.0503)	(0.0504)
_cons	− 0.0309	− 0.0295	− 0.0293	0.2385 *	0.2367 *	0.2363 *
	(0.0216)	(0.0216)	(0.0216)	(0.1255)	(0.1257)	(0.1253)
Indu	YES	YES	YES	YES	YES	YES
Year	YES	YES	YES	YES	YES	YES
N	9120	9120	9120	9121	9121	9121
R^2	0.1920	0.1921	0.1922	0.0765	0.0765	0.0765

注：* 、** 、*** 分别代表在10% 、5% 和1% 的水平上显著。

表 7 - 11　半径匹配样本平衡性假设检验结果

Variable	Matched	Unmatched Treated	Mean Control	% bias	% reduct bias	t - test t	p > t	V (T) / V (C)
TQ	U	2.049	2.339	-15.100	-7.600	0.000	0.760 *	
	M	2.049	1.985	3.300	78.000	2.200	0.028	1.140 *
CASHFLOW	U	0.024	0.024	1.300	0.630	0.527	1.070 *	
	M	0.024	0.024	-1.900	-47.600	-1.130	0.258	1.040
SALES	U	0.521	0.428	6.200	2.930	0.003	1.690 *	
	M	0.519	0.520	0.000	99.200	-0.030	0.979	1.06 *
TURNOVER	U	1.789	1.835	-4.100	-2.010	0.045	0.960	
	M	1.790	1.748	3.800	7.500	2.360	0.019	1.160 *
LEV	U	0.452	0.435	8.300	4.070	0.000	1.090 *	
	M	0.452	0.455	-1.600	80.600	-0.960	0.339	1.040
BTM	U	0.907	0.835	8.800	4.340	0.000	1.030	
	M	0.906	0.956	-6.100	31.200	-3.440	0.001	0.830 *
ROA	U	0.070	0.070	0.400	0.210	0.837	1.090 *	
	M	0.070	0.072	-4.700	-1010.300	-2.770	0.006	1.040
SIZE	U	21.992	22.516	-43.500	-21.560	0.000	0.930 *	
	M	21.993	22.079	-7.200	83.500	-4.530	0.000	1.170 *
SOE	U	1.503	1.547	-8.400	-4.140	0.000	0.990	
	M	1.503	1.446	11.000	-30.800	6.480	0.000	0.940 *
SPRT	U	0.063	0.055	10.300	5.040	0.000	1.140 *	
	M	0.063	0.063	0.200	98.000	0.120	0.905	1.030

注：* if variance ratio outside [0.95; 1.05] for U and [0.95; 1.05] for M.

表 7 - 12　核匹配样本平衡性假设检验结果

Variable	Matched	Unmatched Treated	Mean Control	% bias	% reduct bias	t - test t	p > t	V (T) / V (C)
TQ	U	2.049	2.339	-15.100	-7.610	0.000	0.760 *	
	M	2.049	1.997	2.700	82.100	1.780	0.074	1.11 *
CASHFLOW	U	0.024	0.024	1.600	0.790	0.428	1.080 *	
	M	0.024	0.024	-2.700	-67.400	-1.610	0.107	1.05 *
SALES	U	0.519	0.429	6.000	2.850	0.004	1.680 *	
	M	0.519	0.506	0.900	85.000	0.500	0.619	1.130 *

· 166 ·

续表

| Variable | Matched | Unmatched | | Mean | % reduct | t – test | | V (T) / |
		Treated	Control	% bias	bias	t	p > t	V (C)
TURNOVER	U	1.790	1.836	-4.100	-2.030	0.042	0.960	
	M	1.790	1.737	4.800	-16.600	3.010	0.003	1.180*
LEV	U	0.452	0.435	8.190	4.020	0.000	1.080*	
	M	0.452	0.455	-1.800	77.600	-1.090	0.275	1.040
BTM	U	0.906	0.836	8.800	4.300	0.000	1.030	
	M	0.906	0.951	-5.500	37.600	-3.110	0.002	0.840*
ROA	U	0.070	0.070	0.400	0.200	0.842	1.090*	
	M	0.070	0.072	-4.200	-921.600	-2.480	0.013	1.050*
SIZE	U	21.993	22.506	-42.800	-21.160	0.000	0.950*	
	M	21.993	22.101	-9.000	78.900	-5.670	0.000	1.160*
SOE	U	1.503	1.547	-8.400	-4.110	0.000	0.990	
	M	1.503	1.446	10.800	-29.400	6.380	0.000	0.940*
SPRT	U	0.063	0.055	10.200	4.970	0.000	1.130*	
	M	0.063	0.062	0.500	95.400	0.270	0.786	1.010

注： * if variance ratio outside [0.95; 1.05] for U and [0.95; 1.05] for M.

表7－13 近邻匹配样本平衡性假设检验结果

| Variable | Matched | Unmatched | | Mean | % reduct | t – test | | V (T) / |
		Treated	Control	% bias	bias	t	p > t	V (C)
TQ	U	2.049	2.339	-15.100	-7.610	0.000	0.760*	
	M	2.049	2.008	2.100	85.900	1.400	0.163	1.090*
CASHFLOW	U	0.024	0.024	1.600	0.790	0.428	1.080*	
	M	0.024	0.024	-0.900	43.200	-0.550	0.585	1.040
SALES	U	0.519	0.429	6.000	2.850	0.004	1.680*	
	M	0.519	0.505	0.900	84.800	0.500	0.616	1.110*
TURNOVER	U	1.790	1.836	-4.100	-2.030	0.042	0.960	
	M	1.790	1.746	4.000	2.900	2.500	0.012	1.160*
LEV	U	0.452	0.435	8.199	4.020	0.000	1.080*	
	M	0.452	0.453	-0.500	93.400	-0.320	0.748	1.020
BTM	U	0.906	0.836	8.800	4.300	0.000	1.030	
	M	0.906	0.954	-5.900	33.000	-3.310	0.001	0.820*

续表

Variable Matched		Unmatched			% reduct	t − test		V (T) /
		Treated	Control	% bias	bias	t	p > t	V (C)
ROA	U	0.070	0.070	0.400	0.200	0.842	1.090 *	
	M	0.070	0.072	− 4.000	− 879.000	− 2.370	0.018	1.050 *
SIZE	U	21.993	22.506	− 42.800	− 21.160	0.000	0.950 *	
	M	21.993	22.068	− 6.300	85.200	− 3.970	0.000	1.150 *
SOE	U	1.503	1.547	− 8.400	− 4.110	0.000	0.990	
	M	1.503	1.444	11.200	− 34.300	6.620	0.000	0.940 *
SPRT	U	0.063	0.055	10.200	4.970	0.000	1.130 *	
	M	0.063	0.062	0.900	91.400	0.510	0.610	1.030

注: * if variance ratio outside [0.95; 1.05] for U and [0.95; 1.05] for M.

表 7 − 14　匹配样本的比较结果

Sample	Ps	R²	LR	chi2	p > chi2	MeanBias	MedBias	B	R	% Var
半径匹配										
Unmatched	0.098	1362.88	0	10.6	8.4	77.9 *	0.99	70		
Matched	0.004	69.58	0	4.0	3.5	14.0	1.03	60		
核匹配										
Unmatched	0.097	1335.6	0	10.6	8.3	77.3 *	1.01	70		
Matched	0.004	74.0	0	4.3	3.4	14.4	1.12	80		
近邻匹配										
Unmatched	0.097	1335.60	0	10.6	8.3	77.3 *	1.01	70		
Matched	0.004	69.62	0	3.7	3.1	14.0	1.03	70		

注: * if B > 25%, R outside [0.5; 2].

　　同时本章通过边际效用分析, 对其他条件不变的情况下公司信息透明度高低与投资—股价敏感性 (高低) 进行比较。为了更直观地比较公司信息透明度的边际效应, 本章在计算时把 TQ、CASHFLOW、SALES、TURNOVER、LEV、BTM、ROA、SIZE 按照初始做样本均值进行重新编码 (大于等于均值部分为一组, 小于均值部分为一组), 重新对因变量 CPEX 和 CHGAET 进行回归, 得到倾向性得分 (概率), 进行倾向性得分匹配, 按照最近邻 1 − 1 匹配, 得到配对样本; 同时重新建立回归方程, 计算各个关键变量的边际效应 (Average Marginal

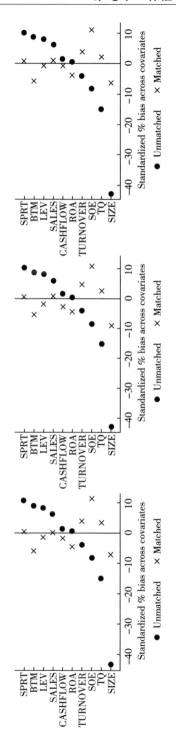

图 7-2　匹配前后变量差异图

注：从左到右依次为半径匹配、核匹配以及近邻匹配。

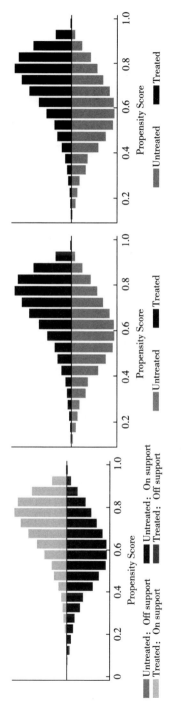

图 7-3　匹配前后倾向得分比较

注：从左到右依次为半径匹配、核匹配以及近邻匹配。

Effect，AME)，并比较不同水平下的边际效应，这里使用配对样本进行分析，TQ、CASHFLOW、SALES、TURNOVER、LEV、BTM、ROA、SIZE 等变量按照因子来比较其边际效应，结果如表7－15所示。

表7－15 PSM样本下的边际效应分析

CPEX						
	Margin	Std. Err.	t	P > t	[95% Conf.	Interval]
TRANS1						
0	0.054	0.001	63.19	0	0.052	0.056
1	0.048	0.001	72.76	0	0.047	0.050
IP						
0	0.050	0.001	91.37	0	0.049	0.051
1	0.053	0.001	41.6	0	0.050	0.055
TRANS1#IP						
0 0	0.054	0.001	63.24	0	0.052	0.056
0 1	0.053	0.002	26.71	0	0.049	0.057
1 0	0.048	0.001	71.12	0	0.046	0.049
1 1	0.052	0.002	33.30	0	0.049	0.055
TQ2						
0	0.049	0.001	78.03	0	0.048	0.051
1	0.052	0.001	60.68	0	0.050	0.054
CASHFLOW2						
0	0.043	0.001	64.41	0	0.042	0.045
1	0.057	0.001	68.98	0	0.056	0.059
SALES2						
0	0.051	0.001	84.37	0	0.050	0.052
1	0.048	0.001	59.59	0	0.047	0.050
TURNOVER2						
0	0.049	0.001	62.10	0	0.047	0.050
1	0.051	0.001	80.26	0	0.050	0.053
LEV2						
0	0.051	0.001	70.03	0	0.050	0.053
1	0.050	0.001	62.23	0	0.048	0.051

续表

	Margin	Std. Err.	t	P > t	[95% Conf.	Interval]
BTM2						
0	0.053	0.001	78.90	0	0.051	0.054
1	0.046	0.001	55.27	0	0.044	0.048
ROA2						
0	0.045	0.001	67.95	0	0.044	0.046
1	0.056	0.001	74.62	0	0.055	0.058
SIZE2						
0	0.048	0.001	71.60	0	0.047	0.049
1	0.053	0.001	59.70	0	0.052	0.055

CHGAET						
	Margin	Std. Err.	t	P > t	[95% Conf.	Interval]
TRANS1						
0	0.208	0.005	38.77	0	0.197	0.219
1	0.190	0.004	43.72	0	0.182	0.199
IP						
0	0.197	0.003	62.86	0	0.191	0.203
1	0.193	0.007	28.62	0	0.180	0.207
TRANS1#IP						
0 0	0.209	0.006	36.64	0	0.198	0.220
0 1	0.200	0.010	20.10	0	0.180	0.219
1 0	0.191	0.005	41.60	0	0.182	0.199
1 1	0.189	0.009	21.30	0	0.172	0.207
TQ2						
0	0.148	0.003	45.21	0	0.141	0.154
1	0.281	0.007	41.53	0	0.267	0.294
CASHFLOW2						
0	0.200	0.004	47.78	0	0.192	0.208
1	0.194	0.005	41.86	0	0.185	0.203
SALES2						
0	0.196	0.004	54.71	0	0.189	0.204
1	0.198	0.006	32.91	0	0.186	0.210

续表

	Margin	Std. Err.	t	P > t	[95% Conf.	Interval]
TURNOVER2						
0	0.206	0.006	36.62	0	0.195	0.217
1	0.191	0.004	50.70	0	0.184	0.198
LEV2						
0	0.177	0.005	38.87	0	0.168	0.186
1	0.218	0.006	39.34	0	0.207	0.229
BTM2						
0	0.198	0.004	44.86	0	0.189	0.207
1	0.194	0.007	27.81	0	0.181	0.208
ROA2						
0	0.177	0.005	39.12	0	0.168	0.186
1	0.219	0.004	52.03	0	0.211	0.228
SIZE2						
0	0.213	0.005	43.62	0	0.204	0.223
1	0.176	0.004	40.87	0	0.168	0.185

从表 7 - 15 中可知，当 TQ、CASHFLOW、SALES、TURNOVER、LEV、BTM、ROA、SIZE 都取较大组或者都取较小组时，即核心变量都取较大组或者都取较小组时，信息透明度高的组（TRANS1 = 1）相对于信息透明度低的组（TRANS1 = 0），险资参股可以使投资—股价敏感性提高 0.024[①]；有险资参股的组（IP = 1）相对于无险资参股的组（IP = 0），险资参股可以使投资—股价敏感性提高 0.007[②]；信息透明度高和险资参股的组（TRANS1 = 1，IP = 1）相对于信息透明度低和无险资参股的组（TRANS1 = 0，IP = 0），投资—股价敏感性提高 0.47[③]。可见，对于信息透明度高的组来说，险资参股有助于提高投资—股价敏感性。

---

① 计算方式为：$0.054 - 0.048 + 0.208 - 0.19 = 0.024$。
② 计算方式为：$0.053 - 0.05 + 0.197 - 0.193 = 0.007$。
③ 计算方式为：$0.053 + 0.048 + 0.052 - 0.054 + 0.2 + 0.191 + 0.189 - 0.209 = 0.47$。

第五节　本章小结

信息透明度作为衡量股价信息的重要因素，对于上市公司的投资敏感度有重要影响，在国家号召险资要服务实体经济发展的前提下，保险公司作为重要的机构投资者，其举牌后会有何影响？

本章从信息透明度角度出发，系统研究了险资参股对投资——股价敏感性的影响。研究结果表明：

（1）信息透明度越高，其对公司的投资——股价敏感性的反馈效应越明显。这主要是因为信息环境的透明程度与投资者是否根据公司特定信息进行投资有重要关系，高质量的信息披露对信息质量有较大提升，伴随着市场信息透明度的提高，信息不对称程度会下降，融资成本降低，上市公司进行投资的准确性越高，投资效率越高，投资热情自然高涨，公司信息透明度对投资——股价敏感性的反馈效应更高。

（2）险资参股后，通过加强外部监督会使信息透明度对投资——股价敏感性的反馈效应更加明显，形成了一定的中介效应，并且险资持股比例越高，效应越明显。这是因为险资参股后可以通过积极的行为动机采取控制措施来实现高效率的信息治理和风险管理，将风险成本降至最低，对公司治理产生重要影响，能够及时地进行信息披露使透明度更高，从而使场内场外的投资者进行更正确的决策，信息不对称性也会降低，所以上市公司的投资——股价敏感性会提升。

（3）险资参股提高投资——股价敏感性的效应在两权分离程度大和高杠杆率的组中效果更明显，因为险资参股对两权分离程度大的公司的代理冲突问题所起到的监督化解作用更明显，并且对于高杠杆率的公司可以最大限度地缓解其债务压力，进而提升投资决策能力。

（4）当核心变量都取较大组或者都取较小组时，信息透明度高的组相对于信息透明度低的组，险资参股可以使投资——股价敏感性提高 0.024；有险资参股的组相对于无险资参股的组，险资参股可以使投资——股价敏感性提高 0.007；信息透明度高和险资参股的组相对于信息透明度低和无险资参股的组，投资——股价敏感性提高 0.47。

第八章　研究结论与未来展望

第一节　研究结论

本书主要对保险公司投资中国股市对市场风险的影响进行分析，并从不同利益主体相关的市场风险展开研究，主要结论如下：

第一，关于险资举牌与市场风险分析时得出：①从险资持股特征看，险资所青睐的投资行业类型主要分布在金融保险业、房地产业及制造业板块；在股权偏好方面，险资更青睐中等市值、现金股利分红相对较高以及股权相对分散的股票；在财务偏好方面，保险公司更加偏好现金资产比率为 0~0.5 的股票；而在每股收益方面，保险公司更加偏好高收益水平的股票。②从险资持股数量和持股比例看，无论是股权投资的保险公司还是被举牌的上市公司数量都在呈上升趋势。③从险资交易策略看，负反馈交易策略是保险公司更擅长的投资策略。④从险资持股与全部上市公司的比较，从财务性指标看，险资持股公司的每股收益、每股净资产及每股净资产收益率都高于全体上市公司，所以被保险公司物色的上市公司基本上是经营业绩好、盈利能力高的公司，市场竞争力相对较强；从估值性指标看，险资持股公司市盈率和市净率的均值比整体市场相比都比较低，这说明保险公司在投资时有较低的风险偏好，其更倾向于投资被低估的股票。⑤"险资举牌"能够降低个股收益率的波动幅度，进一步的分析表明虽然换手率是体现股票流通强弱的重要指标，一般认为换手率越高的上市公司在险资介入后个股收益的波动率越小，但是通过异质性分析没有发现显著差异。所以，影响股票换手率的因素错综复杂，险资举牌对其的影响效应不明显。

第二，关于保险公司投资中国股市对股价崩盘风险进行分析时得出：①股权质押下企业的股价崩盘风险低，这主要是因为企业为了能够获得股权质押资格以及高的杠杆率，会加强内部治理和盈余管理，公司市值管理提升、业绩上升，投资者认可度提高会大量购买股票，同时由于股权质押的股票在市场上暂时处于冻结状态，所以市场上可流通股本相应减少，股价上升。②进一步研究发现险资参股可以进一步降低股权质押带来的股价崩盘风险，这是因为：险资参股首先能够加强公司治理监督，防止股价下行；同时能够增强市场信心，在公司股权质押流动性不足时提供资金保障，一旦触及平仓线出现爆仓风险时提供资金支持，起着一种中介效应。③这种降低股价崩盘风险的效应对于私企和大股东持股比例高的公司样本更明显，主要是因为对于融资途径受限的私企来说，其应对市场风险能力差，担保不足时股价更容易下跌，险资参股则在关键时刻为其提供了资金支持；在财务约束下的大股东股权质押加剧了公司两权分离程度和代理冲突，其有更强烈的动机和能力对上市公司实施掏空，这样股价崩盘风险加大。但是保险公司的投资至少在资金上为公司和股东提供了支持，可以有效化解股价崩盘风险。④通过边际效用分析，发现当核心变量都取较大组或者都取较小组时，股权质押的组相对于无股权质押的组，保险公司投资可以使股价崩盘风险降低 0.009；有险资参股的组相对于无险资参股的组，险资参股可以使股价崩盘风险降低 0.059；有股权质押和险资参股的组相对于无股权质押和险资参股的组，股价崩盘风险降低 0.837。

第三，关于保险公司投资中国股市与股价同步性的影响进行检验研究得出：①股吧论坛的投资者情绪短期内会加大股价同步性，二者呈正相关关系。②险资参股有效降低了投资者情绪带给股价同步性的冲击，起了一定的中介效应，并且险资持股比例越高，效应越明显。③这种降低股价同步性的效应在国企样本中更明显，因为国企中严重的代理冲突使得投资者情绪高涨抑或低落时股价的同涨同跌效应更严重。④通过边际效用分析，发现当核心变量都取较大组或者都取较小组时，投资者情绪高的组相对于投资者情绪低的组，险资参股可以使股价同步性降低 0.139；有险资参股的组相对于无险资参股的组，险资参股可以使股价同步性降低 0.212；投资者情绪高和险资参股的组相对于投资者情绪低和无险资参股的组，股价同步性降低 4.031。

第四，关于保险公司投资中国股市对投资—股价敏感性的关系进行检验得出：①信息透明度越高，其对公司的投资—股价敏感性的反馈效应越明显。这主要是因为信息环境的透明程度与投资者是否根据公司特定信息进行投资有重要关系，高质量的信息披露对信息质量有较大提升，伴随着市场信息透明度的提高，信息不对称程度会下降，融资成本降低，上市公司进行投资的准确性越高，投资效率越高，投资热情自然高涨，公司信息透明度对投资—股价敏感性的反馈效应更高。②险资参股后，通过加强外部监督会使得信息透明度对投资—股价敏感性的反馈效应更加明显，起了一定的中介效应，并且险资持股比例越高，效应越明显。这是因为保险公司投资后可以通过积极的行为动机采取控制措施来实现高效率的信息治理和风险管理，将风险成本降至最低，对公司治理产生重要影响，能够及时地进行信息披露使透明度更高，进而使场内场外的投资者进行更正确的决策，信息不对称性也会降低，所以上市公司的投资—股价敏感性会提升。③险资参股提高投资—股价敏感性的效应在两权分离程度大和高杠杆率的组中效果更明显，因为险资参股对两权分离程度大的公司的代理冲突问题所起到的监督化解作用更明显，并且对于高杠杆率的公司可以最大限度地缓解其债务压力，进而提升投资决策能力。④通过边际效用分析，发现当核心变量都取较大组或者都取较小组时，信息透明度高的组相对于信息透明度低的组，险资参股可以使投资—股价敏感性提高 0.024；有保险公司投资的组相对于无险资参股的组，险资参股可以使投资—股价敏感性提高 0.007；信息透明度高和险资参股的组相对于信息透明度低和无险资参股的组，投资—股价敏感性提高 0.47。

所以，实证研究的结果整体上验证了保险公司投资中国股市对市场上风险整体起到一个降低效应，并且能够通过对不同利益主体（控股股东、投资者以及公司内部信息）的心理和行为影响从而起到降低市场不同层面风险的作用。

第二节　政策建议

针对研究结论主要得出以下政策建议：

第一，从保险公司角度出发。①要提高保险公司的风险意识，尤其是在股权投资问题上，要深入挖掘被举牌公司的市场潜力和价值，从而形成正确判断。②保险机构不应只以追求收益为中心而罔视风险，要充分考虑资金的流动性与安全性，加强公司的资产负债管理，完善资金配置结构。因为只有在保证保险资金安全的基础上，才能发挥保险资金的利益与价值，实现对实体经济发展的促进作用以及对社会的稳定发展作用。

第二，从上市公司的角度出发。作为上市公司，要对保险公司的介入进行有效的门槛限制，提高识别能力，力争引入质量优良的保险公司，在其发挥监督作用的同时有效改善公司内部的治理结构，提高公司经营绩效，避免保险公司对上市公司内部的"掏空效应"。

第三，从国家层面出发。①国家要制定相应的法律法规对保险公司形成投资约束，防止其短期的市场炒作行为，抑制泡沫资本的膨胀，促进良性资本的正向循环。②健康的引导保险公司参与资本市场，政府要制定相应的政策法规来对其进行约束，监管部门要加强监督，避免保险公司与公司管理层的利益勾结行为，从而保证有效的公司治理，提高资本市场配置效率。③国家监管部门要加强监督，防止投机性的资本投资行为，以防坏消息带来的暴涨暴跌行为，防范风险于未然。④国家在防范系统性金融风险的同时，要尊重市场的运行发展规律。对于保险公司的发展要秉行"适度监管"的原则，给予市场各个主体适当的发展空间，充分发挥市场在资源配置中的作用。

第四，从公司股东层面出发。①质权人要加强对股权质押的监管，预防控股股东的机会主义投机行为，并根据不同经营状况的企业设定不同的质押资格和质押率，平仓线可根据实际情况适度下调，防止爆仓风险，预防金融风险。②完善上市公司自身股权质押机制，信息披露及时完全充分，降低股东利用机制漏洞攫取公司利润的可能性；同时加强公司内部管理，防止因资金流动性不足处于发展困境。

第五，从投资者层面出发。①对投资者进行教育，同时要多关注投资者情绪变化，防止其过激投资行为影响市场稳定；减少市场中噪声交易者的比重，提高资本市场投资者的准入门槛，营建一个高质量的资本市场。②在信息高度发达的社会，国家相关的信息部门要对证券市场相关的信息渠道进行整肃，防止不法分子故意扰乱视听的行为，从而建立正确的投资情绪导向，提高资本市场定价效率。

第六，从信息透明度出发。中国作为新兴资本市场，信息透明度的提高还有上升的空间，比如给定上市公司分析师跟踪数量人数较少，信息透明度的提高有助于加强投资—股价敏感性，说明加强上市公司信息监管以及培育优秀的分析师队伍是非常必要的。

第三节　研究展望

本书以保险公司投资中国股市为主体研究对象，运用 2007～2018 年上市公司财务数据，检验了不同利益主体下保险公司投资中国股市对市场风险的影响。但由于以保险公司投资为研究对象检验其对市场风险影响的文献仍然比较少，所以本书的研究仍然存在一些局限和不足。首先，关于保险公司投资股市的数据仍然比较少，所以无法特别准确地得出保险公司投资对市场风险的影响分析；其次，在研究保险公司投资与资本市场价值关系时，会存在一些内生性问题，本书的工具变量可能会比较简单，进而处理方法也相对简单，对于内生性问题的处理可能存在不足，所以后续研究可以选取更加合适有效的工具变量进行分析；最后，由于关于保险公司投资中国股市数据受限，保险公司投资的变量选择相对单一，而仅是以险资是否介入、参股比例以及参股性质作为解释变量纳入回归模型中，这在一定程度上影响了保险公司投资方面研究的丰富性和准确度。

以保险公司投资为研究对象，有关其对市场风险的影响后果还存在诸多可以进一步探讨的学术方向。一方面，未来的研究可以密切考虑当前中国资本市场的动态背景，根据市场热点研究保险公司投资对市场风险的影响，从而为解决市场难题提供进一步的政策建议，助力资本市场的平稳发展；另一方面，以保险公司投资为研究对象，可以进一步从更多细致的利益主体方向出发探究保险公司投资对资本市场的风险影响，具备一定的理论价值和实践经验借鉴。

参考文献

［1］薄仙慧、吴联生：《国有控股与机构投资者的治理效应:盈余管理视角》，《经济研究》2009 年第 44 期，第 81 – 91 + 160 页。

［2］曹云波、薛文忠、常兴华：《保险公司入市对股票市场波动影响的实证分析》，《东北财经大学学报》2013 年第 1 期，第 27 – 30 页。

［3］程书强：《机构投资者持股与上市公司会计盈余信息关系实证研究》，《管理世界》2006 年第 9 期，第 129 – 136 页。

［4］陈胜蓝、卢锐：《卖空压力与控股股东私利侵占——来自卖空管制放松的准自然实验证据》，《管理科学学报》2018 年第 4 期，第 67 – 85 页。

［5］蔡宁、董艳华、刘峰：《董事会之谜——基于尚德电力的案例研究》，《管理世界》2015 年第 4 期，第 155 – 165 + 169 页。

［6］陈康、刘琦：《股价信息含量与投资—股价敏感性——基于融资融券的准自然实验》，《金融研究》2018 年第 9 期，第 126 – 142 页。

［7］段江娇、刘红忠、曾剑平：《中国股票网络论坛的信息含量分析》，《金融研究》2017 年第 10 期，第 178 – 192 页。

［8］窦欢、陆正飞：《大股东代理问题与上市公司的盈余持续性》，《会计研究》2017 年第 5 期，第 34 – 41 + 98 页。

［9］冯根福：《双重委托代理理论:上市公司治理的另一种分析框架——兼论进一步完善中国上市公司治理的新思路》，《经济研究》2004 年第 12 期，第 16 – 25 页。

［10］冯用富、董艳、袁泽波、杨仁眉：《基于 R^2 的中国股市私有信息套利分析》，《经济研究》2009 年第 44 期，第 50 – 59、98 页。

［11］冯慧群：《私募股权投资对控股股东"掏空"的抑制效应》，《经济管

理》2016 年第 6 期，第 41 – 58 页。

　　[12] 高昊宇、杨晓光、叶彦艺：《机构投资者对暴涨暴跌的抑制作用：基于中国市场的实证》，《金融研究》2017 年第 2 期，第 163 – 178 页。

　　[13] 郭文伟、王礼昱：《资产价格泡沫对消费的影响：抑制还是促进?》，《统计与信息论坛》2017 年第 32 期，第 59 – 68 页。

　　[14] 何佳、何基报、王霞、翟伟丽：《机构投资者一定能够稳定股市吗?——来自中国的经验证据》，《管理世界》2007 年第 8 期，第 35 – 42 页。

　　[15] 黄宏斌、刘志远：《投资者情绪与企业信贷资源获取》，《投资研究》2013 年第 32 期，第 13 – 29 页。

　　[16] 韩浩、宋亚轩、刘璐：《险资举牌对被举牌公司股价波动的影响研究——基于事件研究法的实证分析》，《保险研究》2017 年第 8 期，第 73 – 88 页。

　　[17] 侯青川、靳庆鲁、苏玲、于潇潇：《放松卖空管制与大股东"掏空"》，《经济学（季刊)》2017 年第 3 期，第 1143 – 1172 页。

　　[18] 江向才：《公司治理与机构投资人持股之研究》，《南开管理评论》2004 年第 1 期，第 33 – 40 页。

　　[19] 荆涛、郝芳静、栾志乾：《股权质押、利率水平与股价崩盘风险》，《投资研究》2019 年第 3 期，第 63 – 78 页。

　　[20] 姜付秀、王运通、田园、吴恺：《多个大股东与企业融资约束——基于文本分析的经验证据》，《管理世界》2017 年第 12 期，第 61 – 74 页。

　　[21] 姜付秀、马云飙、王运通：《退出威胁能抑制控股股东私利行为吗?》，《管理世界》2015 年第 5 期，第 147 – 159 页。

　　[22] 刘力、李广子、周铭山：《股东利益冲突、投资者情绪与新股增发折价》，《财经问题研究》2010 年第 5 期，第 53 – 59 页。

　　[23] 刘璐、王向楠、张文欣：《保险机构持股行为对上市公司股价波动的影响》，《保险研究》2019 年第 2 期，第 28 – 40 页。

　　[24] 刘振彪、何天：《机构投资者影响中国股价波动的实证研究》，《财经理论与实践》2016 年第 37 期，第 64 – 69 页。

　　[25] 李维安、李滨：《机构投资者举牌公司治理效果的实证研究——基于 CCGI[NK] 的经验研究》，《南开管理评论》2008 年第 1 期，第 4 – 14 页。

　　[26] 李旎、郑国坚：《市值管理动机下的控股股东股权质押融资与利益侵

占》，《会计研究》2015 年第 5 期，第 42 - 49 页。

［27］李争光、赵西卜、曹丰、卢晓璇、刘向强：《机构投资者异质性与会计稳健性——来自中国上市公司的经验证据》，《南开管理评论》2015 年第 18 期，第 111 - 121 页。

［28］李永、王亚琳、邓伟伟：《投资者情绪、异质性与公司债券信用利差》，《财贸研究》2018 年第 29 期，第 100 - 110 页。

［29］罗宏、曾永良、方军雄、周大伟：《会计信息的宏观预测价值：基于中国制度环境的研究》，《会计研究》2016 年第 4 期，第 9 - 18、95 页。

［30］罗庆忠、杜金燕：《中国保险资金运用中股票组合的风险特征研究》，《保险研究》2007 年第 1 期，第 75 - 78 页。

［31］罗劲博：《公司治理环境、准则变迁与股权资本成本——基于沪深 A 股市场的经验证据》，《证券市场导报》2014 年第 3 期，第 24 - 32 页。

［32］林忠国、韩立岩：《机构交易的正面效应：波动率和市场效率的视角》，《系统工程理论与实践》2011 年第 31 期，第 606 - 616 页。

［33］刘娥平、杨庆森、方园丽：《股东监督视角下投资者情绪对管理层自利行为的影响研究》，《财经研究》2017 年第 43 期，第 88 - 97 页。

［34］连立帅、陈超、米春蕾：《吃一堑会长一智吗？——基于金融危机与经济刺激政策影响下企业绩效关联性的研究》，《管理世界》2016 年第 4 期，第 111 - 126 页。

［35］牛建波、吴超、李胜楠：《机构投资者类型、股权特征和自愿性信息披露》，《管理评论》2013 年第 25 期，第 48 - 59 页。

［36］祁斌、黄明、陈卓思：《机构投资者与市场有效性》，《金融研究》2006 年第 3 期，第 76 - 84 页。

［37］石美娟、童卫华：《机构投资者提升公司价值吗？——来自后股改时期的经验证据》，《金融研究》2009 年第 10 期，第 150 - 161 页。

［38］宋渊洋、唐跃军：《机构投资者有助于企业业绩改善吗？——来自 2003 - 2007 年中国上市公司的经验证据》，《南方经济》2009 年第 12 期，第 56 - 68 页。

［39］宋冬林、毕子男、沈正阳：《机构投资者与市场波动性关系的研究——基于中国 A 股市场的实证分析》，《经济科学》2007 年第 3 期，第 97 - 103 页。

［40］宋小保：《最终控制人、负债融资与利益侵占：来自中国民营上市公

司的经验证据》,《系统工程理论与实践》2014 年第 7 期,第 1633 – 1647 页。

[41] 史永东、王谨乐:《中国机构投资者真的稳定市场了吗?》,《经济研究》2014 年第 49 期,第 100 – 112 页。

[42] 孙英博、戎姝霖:《机构投资者参与度对中国股票市场波动性的影响》,《经济研究导刊》2016 年第 25 期,第 62 – 64 页。

[43] 苏冬蔚、熊家财:《股票流动性、股价信息含量与 CEO 薪酬契约》,《经济研究》2013 年第 11 期,第 56 – 70 页。

[44] 王媛媛、葛厚逸:《保险公司持股偏好及持股对上市公司经营业绩影响的研究——来自中国 A 股市场的经验证据》,《保险研究》2017 年第 8 期,第 89 – 104 页。

[45] 王斌、宋春霞:《大股东股权质押、股权性质与盈余管理方式》,《华东经济管理》2015 年第 29 期,第 118 – 128 页。

[46] 王俊、王东:《保险公司资产组合与最优投资比例研究》,《保险研究》2010 年第 12 期,第 60 – 67 页。

[47] 温忠麟、侯杰泰、张雷:《调节效应与中介效应的比较和应用》,《心理学报》2005 年第 2 期,第 268 – 274 页。

[48] 薛文忠:《机构投资者持股与股票收益波动性——基于机构重仓股的分阶段实证研究》,《经济与管理》2012 年第 26 期,第 78 – 83 页。

[49] 谢德仁、郑登津、崔宸瑜:《控股股东股权质押是潜在的"地雷"吗?——基于股价崩盘风险视角的研究》,《管理世界》2016 年第 5 期,第 128 – 140、188 页。

[50] 许年行、于上尧、伊志宏:《机构投资者羊群行为与股价崩盘风险》,《管理世界》2013 年第 7 期,第 31 – 43 页。

[51] 徐莉萍、辛宇、陈工孟:《股权集中度和股权制衡及其对公司经营绩效的影响》,《经济研究》2006 年第 1 期,第 90 – 100 页。

[52] 徐高林、马世兵:《保险公司股票投资实证分析》,《工业技术经济》2006 年第 10 期,第 143 – 146 页。

[53] 徐飞、花冯涛、李强谊:《投资者理性预期、流动性约束与股价崩盘传染研究》,《金融研究》2019 年第 6 期,第 169 – 187 页。

[54] 夏常源、贾凡胜:《控股股东股权质押与股价崩盘:"实际伤害"还是"情绪宣泄"》,《南开管理评论》2019 年第 22 期,第 165 – 177 页。

［55］杨典：《公司治理与企业绩效——基于中国经验的社会学分析》，《中国社会科学》2013 年第 1 期，第 72 - 94 + 206 页。

［56］叶松勤、徐经长：《大股东控制与机构投资者的治理效应——基于投资效率视角的实证分析》，《证券市场导报》2013 年第 5 期，第 35 - 42 页。

［57］姚颐、刘志远：《机构投资者具有监督作用吗?》，《金融研究》2009 年第 6 期，第 128 - 143 页。

［58］尹海员、吴兴颖：《投资者高频情绪对股票日内收益率的预测作用》，《中国工业经济》2019 年第 8 期，第 80 - 98 页。

［59］于丽峰、唐涯、徐建国：《融资约束、股价信息含量与投资—股价敏感性》，《金融研究》2014 年第 11 期，第 159 - 174 页。

［60］赵袁军、余红心、刘正凯：《股权转让与创业资本投资回报关系研究——基于产业关联性视角》，《证券市场导报》2017 年第 4 期，第 20 - 28 页。

［61］张晓东：《保险公司持股偏好的实证研究》，《保险研究》2013 年第 7 期，第 34 - 41 页。

［62］张学勇、廖理：《股权分置改革、自愿性信息披露与公司治理》，《经济研究》2010 年第 4 期，第 28 - 39、53 页。

［63］钟覃琳、陆正飞：《资本市场开放能提高股价信息含量吗?——基于"沪港通"效应的实证检验》，《管理世界》2018 年第 1 期，第 169 - 179 页。

［64］Ackert, L. F., Jiang, L., Lee, H. S. & Liu, J., "Influential investors in online stock forums", *International Review of Financial Analysis*, Vol. 45, pp. 39 - 46, 2016.

［65］Agrawal, A. & Knoeber, C. R., "Firm performance and mechanisms to control agency problems between managers and shareholders", *Journal of Financial & Quantitative Analysis*, Vol. 3, pp. 377 - 397, 1996.

［66］Aivazian, V. A., Ge, Y. & Qiu, J., "The impact of leverage on firm investment: Canadian evidence", *Journal of Corporate Finance*, Vol. 11, pp. 277 - 291, 2005.

［67］Allen, F., Qian, J. & Qian, M., "Law, finance, and economic growth in China", *Journal of Financial Economics*, Vol. 77, pp. 57 - 116, 2005.

［68］Almeida, H., Park, S. Y., Subrahmanyam, M. G. & Wolfenzon, D., "The structure and formation of business groups: evidence from Korean chaebols", *Jour-

nal of Financial Economics, Vol. 2, pp. 447 – 475, 2011.

[69] Amir R. & Eran R. , "Informed investors and the internet", *Journal of Business Finance and Accounting*, Vol. 37, pp. 841 – 865, 2010.

[70] An, H. & Zhang, T. , "Stock price synchronicity, crash risk, and institutional investors", *Journal of Corporate Finance*, Vol. 21, pp. 1 – 15, 2011.

[71] Antweiler, W. & Frank, M. Z. , "Is all that talk just noise? The information content of internet stock message boards", *The Journal of Finance*, Vol. 59, pp. 259 – 1294, 2004.

[72] Armstrong, C. S. , Banerjee, S. & Corona, C. , "Factor – loading uncertainty and expected returns", *Review of Financial Studies*, Vol. 1, pp. 158 – 207, 2013.

[73] Armstrong, C. S. , Balakrishnan, K. & Cohen, D. , "Corporate governance and the information environment: evidence from state antitakeover laws", *Journal of Accounting & Economics*, Vol. 1 – 2, pp. 185 – 204, 2012.

[74] Atanasov V. , Black B. & Ciccotello C. S. , "Unbundling and measuring tunneling", *University of Illinois Law Review*, Vol. 5, pp. 1697 – 1738, 2014.

[75] Attig, N. , Guedhami, O. & Mishra, D. , "Multiple large shareholders, control contests, and implied cost of equity", *Journal of Corporate Finance*, Vol. 5, 2008.

[76] Attig, N. , Ghoul, S. E. & Omrane Guedhami. , "The governance role of multiple large shareholders: Evidence from the valuation of cash holdings", *Journal of Management and Governance*, Vol. 2, pp. 419 – 451, 2013.

[77] Baker, Malcolm P. , Wurgler, J. & Stein, Jeremy C. , "When does the market matter? Stock prices and the investment of equity – dependent firms", *Social Science Electronic Publishing*, 2002.

[78] Baker, M. & Wurgler, J. , "Investor sentiment in the stock market", *Journal of Economic Perspectives*, Vol. 21, 2007.

[79] Baker, M. , Wurgler, J. & Yuan, Y. , "Global, local, and contagious investor sentiment", *Journal of Financial Economics*, Vol. 2, pp. 272 – 287, 2012.

[80] Bandyopadhyay, S. P. , Huang, A. G. , Sun, K. J. & Wirjanto, T. S. , "The return premiums to accruals quality", *Review of Quantitative Finance and*

Accounting, Vol. 1, pp. 1 – 33, 2015.

[81] Bao D., Fung S. Y. K. & Su L., "Can shareholders be at rest after adopting clawback provisions? Evidence from stock price crash risk", *Contemporary Accounting Research*, Vol. 35, 2018.

[82] Barber, B. M. & Odean, T., "All that glitters: the effect of attention and news on the buying behavior of individual and institutional investors", *Review of Financial Studies*, Vol. 21, pp. 785 – 818, 2008.

[83] Barberis, N., Shleifer, A. & Vishny, R. W., "A model of investor sentiment", *Journal of Financial Economics*, Vol. 49, pp. 307 – 343, 1998.

[84] Barro, R. J., "The stock market and investment", *Review of Financial Studies*, Vol. 1, pp. 115 – 131, 1990.

[85] Bebchuk, L. A., Cohen, A. & Hirst, S., "The agency problems of institutional investors", *Social Science Electronic Publishing*, 2017.

[86] Ben – Rephael, A., Kandel, S. & Wohl, A., "Measuring investor sentiment with mutual fund flows", *Journal of Financial Economics*, Vol. 104, pp. 363 – 382, 2012.

[87] Berle A. A. Jr., "For whom corporate managers are trustees: A note", *Harvard Law Review*, Vol. 8, pp. 1365 – 1372, 1932.

[88] Bertrand M., Duflo E. & Mullainathan S., "How much should we trust differences – in – differences estimates?", *The Quarterly Journal of Economics*, Vol. 119, pp. 249 – 275, 2004.

[89] Beyer, A., Cohen, R. A., Lys, R. Z. & Walther, R. R., "The financial reporting environment: Review of the recent literature", *Journal of Accounting & Economics*, Vol. 2 – 3, pp. 296 – 343, 2010.

[90] Bhatnagar, V., Ranjan, J. & Singh, R., "Analytical customer relationship management in insurance Indu using data mining: A case study of indian insurance company", *International Journal of Networking and Virtual Organisations*, Vol. 9, p. 331, 2011.

[91] Bhattacharya, U., Daouk, H. & Welker, M., "The world price of earnings opacity", *Social Science Electronic Publishing*, Vol. 78, pp. 641 – 678, 2003.

[92] Black, F., "Noise", *Journal of Finance*, Vol. 41, pp. 529 – 544, 1986.

［93］Blair, M. M. , "For whom should corporations be run? An economic rationale for stakeholder management", *Long Range Planning*, Vol. 2, pp. 195 – 200, 1998.

［94］Botosan, C. A. , Botosan, C. A. , Botosan, C. , Botosan, C. A. & Botosan, C. A. , "Disclosure level and the cost of equity capital", *Accounting Review*, Vol. 72, pp. 323 – 349, 1997.

［95］Boubakri, N. , "Corporate governance and issues from the insurance industry", *Journal of Risk & Insurance*, Vol. 3, 2011.

［96］Bowden, J. , Burton, B. & Power, D. , "Rumours built on quicksand: Evidence on the nature and impact of message board postings in modern equity markets", *The European Journal of Finance*, pp. 1 – 25, 2017.

［97］Brick, I. E. & Chidambaran, N. K. , "Board monitoring, firm risk, and external regulation", *Journal of Regulatory Economics*, Vol. 1, pp. 87 – 116, 2008.

［98］Bushee, B. J. , "The influence of institutional investors on myopic R&D investment behavior", *The Accounting Review*, Vol. 73, pp. 305 – 333, 1998.

［99］Bushman, R. M. & Smith, A. , "Transparency, financial accounting information, and corporate governance", *Economic Policy Review*, Vol. 32, pp. 237 – 333, 2003.

［100］Brandt, L. & Li, H. , "Bank discrimination in transition economies: ideology, information, or incentives?", *Journal of Comparative Economics*, Vol. 31, pp. 387 – 413, 2003.

［101］Brickley, J. A. , Lease, R. C. & Smith, C. , "Ownership structure and voting on antitakeover amendments", *Journal of Financial Economics*, Vol. 20, pp. 267 – 291, 1988.

［102］Cai, C. X. , Hillier, D. & Wang, J. , "The cost of multiple large shareholders", *Financial Management*, Vol. 2, pp. 401 – 430, 2015.

［103］Cai C. X. , Faff R. W. , Hillier D. & Mohamed S. , "Exploring the link between information quality andsystematic risk", *Journal of Financial Research*, Vol. 30, pp. 35 – 335, 2007.

［104］Chan, K. & Hameed, A. , "Stock price synchronicity and analyst coverage in emerging markets", *Journal of Financial Economics*, Vol. 80, pp. 115 – 147, 2006.

[105] Chang E. C. Sen D. , "Idiosyncratic Volatility, Fundamentals and Institutional Herding: Evidence from the Japanese Stock Market", Working Paper, University of Hong Kong, 2005.

[106] Chang, X. , Chen, Y. & Zolotoy, L. , "Stock liquidity and stock price crash risk", *Journal of Financial and Quantitative Analysis*, Vol. 52, 2017.

[107] Chen, C. , Kim J. B. & Yao L. , "Earnings smoothing: Does it exacerbate or constrain stock price crash risk?", *Journal of Corporate Finance*, Vol. 42, pp. 36 – 54, 2017.

[108] Chen, H. , De, P. , Hu, Y. & Hwang, B. H. , "Wisdom of crowds: the value of stock opinions transmitted through social media", *Review of Financial Studies*, Vol. 27, pp. 1367 – 1403, 2014.

[109] Chen J. , Chan, K. C. , Dong, W. & Zhang, F. , "Internal control and stock price crash risk: Evidence from china", *Social Science Electronic Publishing*, Vol. 26, pp. 125 – 152, 2016.

[110] Chen, J. , Hong, H. G. & Stein, J. C. , "Forecasting crashes: Trading volume, past returns and conditional skewness in stock prices", *Social Science Electronic Publishing*, Vol. 61, pp. 345 – 381, 2001.

[111] Chen, Q. , Goldstein, I. & Jiang, W. , "Price informativeness and investment sensitivity to stock price", *Review of Financial Studies*, Vol. 20, pp. 619 – 650, 2007.

[112] Chen, T. , Harford, J. & Lin, C. , "Do analysts matter for governance? Evidence from natural experiments", *Journal of Financial Economics*, Vol. 115, pp. 383 – 410, 2015.

[113] Chen, C. , Huang, A. G. & Jha, R. , "Idiosyncratic return volatility and the information quality underlying managerial discretion", *Journal of Financial and Quantitative Analysis*, Vol. 4, pp. 873 – 899, 2012.

[114] Cheng, C. S. A. , Collins D. & Huang H. H. , "Shareholder right, financial disclosure and the cost of equity capital", *Review of Quantitative Finance and Accounting*, Vol. 27, pp. 175 – 204, 2006.

[115] Cheng, C. S. A. , Huang, H. H. , Li, Y. & Lobo, G. , "Institutional monitoring through shareholder litigation", *Journal of Financial Economics*,

Vol. 95, pp. 356 – 383, 2010.

[116] Cheynel, E. , "A theory of voluntary disclosure and cost of capital", *Review of Accounting Studies*, Vol. 4, pp. 987 – 1020, 2012.

[117] Chi, L. , Zhuang, X. & Song, D. , "Investor sentiment in the Chinese stock market: An empirical analysis", *Applied Economics Letters*, Vol. 4 – 6, pp. 345 – 348, 2012.

[118] Chidambaran, N. K. , Fernando, C. S. , Spindt, P. A. , Jain, P. , John, K. & Noe, T. , "Credit enhancement through financial engineering: Freeport – mcmoran's", *Journal of Financial Economics*, Vol. 60, pp. 487 – 528, 2000.

[119] Chu, C. C. , Ho, K. C. , Lo, C. C. , Karathanasopoulos, A. & Jiang, I. M. , "Information disclosure, transparency ranking system and firms' value deviation: Evidence from Taiwan", *Review of Quantitative Finance and Accounting*, 2018.

[120] Chuang, W. J. , Ouyang, L. Y. & Lo, W. C. , "The impact of investor sentiment on excess returns: A Taiwan stock market case", *International Journal of Information and Management Sciences*, pp. 13 – 28, 2010.

[121] Chung, H. , Judge, W. Q. & Li, Y. H. , "Voluntary disclosure, excess executive compensation, and firm value", *Journal of Corporate Finance*, Vol. 32, pp. 64 – 90, 2015.

[122] Claessens, S. , Djankov, S. & Joseph, P. , "Disentangling the incentive and entrenchment effect of large shareholdings", *Journal of Finance*, Vol. 6, pp. 2741 – 2771, 2002.

[123] Cohen, B. R. , Gompers, P. A. & Vuolteenaho, T. O. , "Who under-reacts to cash – flow news? Evidence from trading between individuals and institutions", *Journal of Financial Economics*, Vol. 2, pp. 409 – 462, 2002.

[124] Core, J. E. , Hail, L. & Verdi, R. S. , "Mandatory disclosure quality, inside ownership, and cost of capital", *European Accounting Review*, Vol. 1, pp. 1 – 29, 2015.

[125] Core, J. E. , Guay, W. R. & Verdi, R. , "Is accruals quality a priced risk factor?", *Journal of Accounting and Economics*, Vol. 1, pp. 2 – 22, 2008.

[126] Cornell, B. , Landsman, W. R. & Stubben, S. R. , "Accounting infor-

mation, investor sentiment, and market pricing", *Journal of Law*, *Finance*, *and Accounting*, *Vol. 2*, *pp. 1 – 8*, *2017*.

[127] Cornett, M. M. , Marcus, A. J. , Saunders, A. & Tehranian, H. , "The impact of institutional ownership on corporate operating performance", *Journal of Banking and Finance*, Vol. 31, pp. 1771 – 1794, 2007.

[128] Daily C. M. & Dalton, D. R. , "Board of directors leadership and structure: Control and performance implications", *Entrepreneurship: Theory and Practice*, Vol. 17, pp. 65 – 81, 1993.

[129] Daniel, A. & Julien, C. , "Information percolation, momentum, and reversal", SSRN Electronic Journal, 2014.

[130] Das, S. R. & Chen, M. Y. , "Yahoo! for Amazon: Sentiment extraction from small talk on the web", *Management Science*, Vol. 53, pp. 1375 – 1388, 2007.

[131] Dasgupta, S. , Gan, J. & Gao, N. , "Transparency, price informativeness, and stock return synchronicity: Theory and evidence", *Journal of Financial and Quantitative Analysis*, Vol. 45, pp. 1189 – 1220, 2010.

[132] Davis E. P. , "Institutional investors, financial market efficiency and financial stability", *Working Paper*, 2003.

[133] De Oliveira, F. A. , Maia, Sinézio F. , De Jesus, D. P. & Besarria, Cássio da N. , "Which information matters to market risk spreading in brazil? Volatility transmission modelling using mgarch – bekk, dcc, t – copulas", *The North American Journal of Economics and Finance*, Vol. 45, pp. 83 – 100, 2018.

[134] Dechow, P. M. , Sloan, R. G. & Sweeney, A. P. , "Detecting earnings management", Accounting Review, Vol. 70, pp. 193 – 225, 1995.

[135] De – La – Hoz, M. C. , Pombo, C. & Taborda, R. , "Does board diversity affect institutional investor preferences? Evidence from latin America", *Documentos Cede*, 2018.

[136] De Long, J. B. , Shleifer, A. , Summers, L. H. & Waldmann, R. J. , "Noise trader risk in financial markets", *Journal of Political Economy*, Vol. 98, pp. 703 – 738, 1990.

[137] De Long, J. B. , Shleifer, A. , Summers, L. H. & Waldmann, R. J. , "Positive feedback investment strategies and destabilizing rational speculation", *Jour-*

nal of Finance, Vol. 45, pp. 379, 1990.

[138] Dechow, P. M. & Dichev, I. D. , "The quality of accruals and earnings: The role of accrual estimation errors", *Accounting Review*, Vol. 77, pp. 35 – 59, 2002.

[139] Dennis P. J. & Strickland D. , "Who blinks in volatile markets, individuals or institutions?", *Journal of Finance*, Vol. 57, pp. 1923 – 1950, 2002.

[140] Diego E. & Mohammad J. , "Investorss uncertainty and stock market risk", *Social Science Electronic Publishing*, 2018.

[141] Dow J. & Gorton G. , "Stock market efficiency and economic efficiency: is there a connection?", *The Journal of Finance*, Vol. 3, pp. 1087 – 1129, 1997.

[142] Duan, L. & Shou, C. , "Management short – horizon, investor sentiment and corporate investment distortion in China stock market", *Chinese Journal of Management Science*, Vol. 14, pp. 16 – 23, 2006.

[143] Durnev, A. , "The real effects of political uncertainty: elections and investment sensitivity to stock prices", Working Paper, Social Science Electronic Publishing, 2010.

[144] Durnev, A. , Morck, R. , Yeung, B. & Zarowin, P. , "Does greater firm – specific return variation mean more or less informed stock pricing?" , *Journal of Accounting Research*, Vol. 41, pp. 797 – 836, 2003.

[145] Edmans, A. , Jayaraman, S. & Schneemeier, J. , "The source of information in prices and investment – price sensitivity", *Journal of Financial Economics*, Vol. 126, pp. 74 – 96, 2017.

[146] Edmans, A. , "Blockholder trading, market efficiency, and managerial myopia", *The Journal of Finance*, Vol. 6, pp. 2481 – 2513, 2009.

[147] Egeth, H. & Kahneman D. , "Attention and effort", *American Journal of Psychology*, Vol. 88, p. 339, 1975.

[148] Eling, M. & Marek, S. D. , "Corporate governance and risk taking: evidence from the U. K. and German insurance markets", *Journal of Risk & Insurance*, Vol. 3, pp. 653 – 682, 2014.

[149] Faccio, M. , Lang, L. H. P. & Young, L. , "Dividends and expropriation", *American Economic Review*, Vol. 1, pp. 54 – 78, 2001.

［150］ Fama, E. , Miller, M. , *The Theory of Finance*, Published by Holt, Rinehart and Winston, New York, 1972.

［151］ Fama, E. F. & French, K. R. , "Size and book – to – market factors in earnings and returns", *Journal of Finance*, Vol. 50, pp. 131 – 155, 1995.

［152］ Fazzari, S. M. , Hubbard, R. G. , Petersen, B. C. , Blinder, A. S. & Poterba, J. M. , *Financing constraints and corporate investment*, Brookings Papers on Economic Activity, 1988.

［153］ Fan, J. P. H. & Wong, T. J. , "Do external auditors perform a corporate governance role in emerging markets? Evidence from East Asia", *Journal of Accounting Research*, Vol. 43, pp. 35 – 72, 2005.

［154］ Fama, E, F. & French. K. R. , "Size and book – to – market factors in earnings and returns", *Journal of Finance*, Vol. 1, pp. 131 – 155, 1995.

［155］ Fan, J. P. H. , Jin, L. & Zheng, G. , "Revisiting the bright and dark sides of capital flows in business groups", *Journal of Business Ethics*, Vol. 4, pp. 509 – 528, 2016.

［156］ Fang, V. W. , Noe, T. H. & Tice, S. , "Stock market liquidity and firm value", *Journal of Financial Economics*, Vol. 1, pp. 150 – 169, 2009.

［157］ Ferrara, E. L. , Chong, A. & Duryea, S. , "Soap operas and fertility: evidence from Brazil", *Applied economics*, Vol. 4, pp. 1 – 31, 2012.

［158］ Foucault, T. & Laurent Frésard. , "Cross – listing, investment sensitivity to stock price and the learning hypothesis", *CEPR Discussion Papers*, Vol. 25, pp. 3305 – 3350, 2011.

［159］ Francis, J. R. & Wilson, E. R. , "Auditor changes: A joint test of theories relating to agency costs and auditor differentiation", *The Accounting Review*, Vol. 63, pp. 663 – 682, 1988.

［160］ Gao, Z. , "Expected earnings growth, stock valuation and investor sentiment", *Social Science Electronic Publishing*, 2012.

［161］ Ghorbel, J. , "A study of contingency factors of accounting information system design in tunisian smis", *Journal of the Knowledge Economy*, Vol. 10, 2019.

［162］ Goldstein, I. & Guembel. A. , "Manipulation and the allocational role of prices", *The Review of Economic Studies*, Vol. 75, pp. 133 – 164, 2008.

[163] Greenwood, R. M. & Nathan, S. , "Trading patterns and excess comovement of stock returns", *Financial Analysts Journal*, Vol. 63, pp. 69 – 81, 2007.

[164] Gregory, W. , Brown & Michael T. , et al. , "Investor sentiment and the near – term stock market", *Journal of Empirical Finance*, 2004.

[165] Grossman, S. J. , "On the impossibility of informationally efficient markets", *American Economic Review*, Vol. 70, pp. 393 – 408, 1980.

[166] Gui, A. , Haron, H. , Sabrina, C. , Timoti, J. , Yusuf, M. & Pratiwi, S. D. , "Information technology risk management using frap (a case of insurance company)", *Applied Mechanics and Materials*, Vol. 437, pp. 857 – 860, 2013.

[167] Gul, F. A. , Kim, J. B. & Qiu, A. A. , "Ownership concentration, foreign shareholding, audit quality, and stock price synchronicity: Evidence from China", *Journal of Financial Economics*, Vol. 95, pp. 425 – 442, 2010.

[168] Han, L. , Li, D. , Moshirian, F. & Tian, Y. , "Insurance development and economic growth", *The Geneva Papers on Risk and Insurance – Issues and Practice*, Vol. 35, pp. 183 – 199, 2010.

[169] Han, Y. , Li, P. & Xia, Y. , "Dynamic robust portfolio selection with copulas", *Finance Research Letters*, Vol. 21, pp. 190 – 200, 2017.

[170] Hansen, J. H. L. & Womack, B. D. , "Feature analysis and neural network – based classification of speech under stress", *IEEE Transactions on Speech and Audio Processing*, Vol. 4, pp. 307 – 313, 1996.

[171] Hao, X. C. & Liang, Q. , "Does stock pledge of ultimate owner impair firm value?", *Accounting Research*, 2009.

[172] Hartzell, J. C. & Starks, L. T. , "Institutional investors and executive compensation", *The Journal of Finance*, Vol. 58, pp. 2351 – 2374, 2003.

[173] Hassard, J. , Sheehan, J. & Morris, J. , "Enterprise reform in post – deng China", *International Studies of Management and Organization*, Vol. 29, pp. 54 – 83, 1999.

[174] Hausele, S. , "Investor relations: basic principles and importance in the insurance Indu", *Insurance Mathematics and Economics*, Vol. 22, pp. 192 – 193, 1998.

[175] Hayek, F. , "The use of knowledge in society", *American Economic Re-*

view, Vol. 35, pp. 519 – 530, 1945.

[176] Healy, P. M. & Palepu, K. G., "Information asymmetry, corporate disclosure, and the capital markets: A review of the empirical disclosure literature", *Journal of Accounting and Economics*, Vol. 31, pp. 405 – 440, 2001.

[177] Healy, P. M. & Wahlen, J. M., "A review of the earnings management literature and its implications for standard setting", *Social Science Electronic Publishing*, Vol. 13, pp. 365 – 383, 2008.

[178] Hitchcox, A. N., Klumpes, P. J. M., Mcgaughey, K. W., Smith, A. D. & Taverner, N. H., "Erm for insurance companies – adding the investor's point of view", *British Actuarial Journal*, Vol. 16, pp. 341 – 384, 2011.

[179] Ho, C. & Hung, C. H., "Investor sentiment as conditioning information in asset pricing", *Journal of Banking and Finance*, Vol. 5, pp. 892 – 903, 2009.

[180] Holmstrom, B. & Milgrom, P., "Multitask principal – agent analyses: Incentive contracts, asset ownership, and job design", *Journal of Law, Economics & Organization*, Vol. 7, 1991.

[181] Hong, H. & Stein, J. C., "Differences of opinion, short – sales constraints, and market crashes", *Review of Financial Studies*, Vol. 16, pp. 487 – 525, 2003.

[182] Hu, C. & Chi, Y., "Investor sentiment: Rational or irrational — Evidence from China", *Social Science Electronic Publishing*, 2012.

[183] Huang, Y., Qiu, H. & Wu, Z., "Local bias in investor attention: Evidence from China's internet stock message boards", *Journal of Empirical Finance*, Vol. 38, pp. 338 – 354, 2016.

[184] Huang, Z. & Xue, Q., "Re – examination of the effect of ownership structure on financial reporting: Evidence from share pledges in China", *China Journal of Accounting Research*, Vol. 9, pp. 137 – 152, 2016.

[185] Hutton, A. P., Marcus, A. J. & Tehranian, H., "Opaque financial reports, r – square, and crash risk", *Social Science Electronic Publishing*, Vol. 94, pp. 67 – 86, 2008.

[186] Isidro, H. & Dias, José G., "Earnings quality and the heterogeneous relation between earnings and stock returns", *Review of Quantitative Finance and Ac-*

counting, 2017.

[187] Jacobson, L. S. , Lalonde, R. J. & Sullivan, D. G. , "Earnings losses of displaced workers", *American Economic Review*, Vol. 83, 1993.

[188] Jeong – Bon, K. V. & Zhang, L. , "Accounting conservatism and stock price crash risk: Firm – level evidence", *Contemporary Accounting Research*, Vol. 33, pp. 412 – 441. 2012.

[189] Jiang, L. , Kim, J. B. & Pang, L. , "Control – ownership wedge and investment sensitivity to stock price", *Journal of Banking and Finance*, Vol. 35, pp. 2856 – 2867, 2011.

[190] Jin, L. & Myers, S. C. , "R – squared around the world: New theory and new tests", *NBER Working Papers*, Vol. 2, pp. 257 – 292, 2004.

[191] Jin, Z. , "New accounting standard, accounting information quality and stock price synchronicity", *Accounting Research*, Vol. 22, pp. 19 – 26, 2010.

[192] Jiang, G. , Lee, C. M. C. & Yue, H. , "Tunneling through intercorporate loans: The China experience", *Journal of Financial Economics*, Vol. 1, pp. 1 – 20, 2010.

[193] Ju, N. , Parrino, R. , Weisbach, M. S. & Poteshman, A. M, "Horses and rabbits? Optimal dynamic capital structure from shareholder and manager perspectives", *Social Science Electronic Publishing*, 2003.

[194] Juliarto, A. , Tower G. , Van Der Zahn M. , et al. , "Managerial ownership influencing tunneling behaviour", *Australasian Accounting Busines and Finance Journal*, Vol. 2, pp. 25 – 46, 2013.

[195] Johnson, S. , Porta, R. L. , Silanes, F. L. D & Shleifer, A. , "Tunneling", *American Economic Review*, Vol. 2, pp. 22 – 27, 2000.

[196] Kaigorodova, G. N. , Mustafina, A. A. & Alyakina, D. P. , "Directions of improving information system of insurance company", *Journal of Physics Conference Series*, 2018.

[197] Kelly, P. J. , "Information efficiency and firm – specific return variation", *Quarterly Journal of Finance*, Vol. 4, pp. 1 – 44, 2014.

[198] Kim, J. B. , Li, Y. & Zhang, L. , "Corporate tax avoidance and stock price crash risk: Firm – level analysis", *Social Science Electronic Publishing*,

Vol. 100, pp. 639 – 662, 2011a.

[199] Kim, J. B., Li, Y. & Zhang, L., "Cfos versus ceos: Equity incentives and crashes", *Journal of Financial Economics*, Vol. 101, pp. 713 – 730, 2011b.

[200] Kim, J. B. & Zhang, L., "Financial reporting opacity and expected crash risk: Evidence from implied volatility smirks", *Contemporary Accounting Research*, Vol. 31, pp. 851 – 875. 2014.

[201] Kong, D., Xiao, T. & Liu, S., "Asymmetric information, firm investment and stock prices", *China Finance Review International*, Vol. 1, pp. 6 – 33, 2010.

[202] Kothari, S. P. & Wysocki, S. P. D., "Do managers withhold bad news?", *Journal of Accounting Research*, Vol. 47, pp. 241 – 276, 2009.

[203] Kumar, A. & Lee, C. M. C., "Retail investor sentiment and return co-movements", *The Journal of Finance*, Vol. 5, pp. 2451 – 2486, 2006.

[204] Kumari, J. & Mahakud, J., "Investor sentiment and stock market volatility: Evidence from India", *Journal of Asia – Pacific Business*, Vol. 2, pp. 173 – 202, 2016.

[205] Kumari, J. & Mahakud, J., "Does investor sentiment predict the asset volatility? Evidence from emerging stock market India", *Journal of Behavioral and Experimental Finance*, 2015.

[206] Kyle, A. S. & Vila, J., "Noise trading and takeovers", *Rand Journal of Economics*, Vol. 1, pp. 54 – 71, 1991.

[207] Lambert, R., Leuz, C. & Verrecchia, R. E., "Accounting information, disclosure, and the cost of capital", *Journal of Accounting Research*, Vol. 45, 2007.

[208] Lang, M., "Economic effects of transparency in international equity markets", *Social Science Electronic Publishing*, Vol. 5, pp. 175 – 241, 2010.

[209] Lang, M. H. & Miller, L. D. P., "Concentrated control, analyst following, and valuation: Do analysts matter most when investors are protected least?", *Journal of Accounting Research*, Vol. 42, pp. 589 – 623, 2004.

[210] Lang, M., Lins, K. V. & Maffett, M., "Transparency, liquidity, and valuation: International evidence on when transparency matters most", *Journal of Accounting Research*, Vol. 50, pp. 729 – 774, 2012.

[211] Lee, C. M. C. & Thaler, S. R. H., "Investor sentiment and the closed - end fund puzzle", *The Journal of Finance*, Vol. 46, pp. 75 - 109, 1991.

[212] Lee, H., Lee H. L. & Wang C. C., "Engagement partner specialization and corporate disclosure transparency", *International Journal of Accounting*, Vol. 52, pp. 354 - 369, 2017.

[213] Lee, W. Y., Jiang, C. X. & Indro, D. C., "Stock market volatility, excess returns, and the role of investor sentiment", *Journal of Banking & Finance*, Vol. 12, pp. 2277 - 2299, 2002.

[214] Leuz, C., Nanda, D. & Wysocki, P. D., "Earnings management and investor protection: An international comparison", *Journal of Financial Economics*, Vol. 69, pp. 505 - 527, 2002.

[215] Li, K., Morck, R. & Yeung, Y. B., "Firm - specific variation and openness in emerging markets", *The Review of Economics and Statistics*, Vol. 86, pp. 658 - 669, 2004.

[216] Li, P., Lu Y. & Wang J., "Does flattening government improve economic performance? Evidence from China", *Journal of Development Economics*, Vol. 123, pp. 18 - 37, 2016.

[217] Li, X., Shen, D. & Zhang, W., "Do chinese internet stock message boards convey firm - specific information?", *Pacific - Basin Finance Journal*, Vol. 49, 2018.

[218] Li, Y. Y., "Information transparency and corporate performance - evidence from China's multi - tiered capital market system", *Journal of Statistics and Management Systems*, Vol. 22, pp. 73 - 96, 2019.

[219] Lipson M. L. & Mortal S., "Liquidity and capital structure", *Journal of Financial Markets*, Vol. 4, pp. 611 - 644, 2009.

[220] Liu, B. X., "Market transparency and the accounting regime", *Journal of Accounting Research*, Vol. 45, pp. 229 - 256, 2007.

[221] Lumpkin, G. T. & Dess. G. G., "Clarifying the entrepreneurial orientation construct and linking it to performance", *Academy of Management Review*, Vol. 1, pp. 135 - 172, 1996.

[222] Luo Y., "Do insiders learn from outsiders? Evidence from mergers and

acquisitions", *Journal of Finance*, Vol. 4, pp. 1951 – 1982, 2005.

[223] Lux, T., "Herd behaviour, bubbles and crashes", *The Economic Journal*, Vol. 105, pp. 881 – 896, 1995.

[224] Mao, H., Counts, S. & Bollen, J., "Quantifying the effects of online bullishness on international financial markets", *Statistics Paper*, 2015.

[225] Mansfield, E., *Industrial research and technological innovation, an econometric analysis*, Physica – Verlag HD, 2006.

[226] Marquardt, C. & Zur, E., "The role of accounting quality in the m&a market", *Management Science*, Vol. 3, pp. 604 – 623, 2015.

[227] Mcnulty, T. & Nordberg, D., "Ownership, activism and engagement: Institutional investors as active owners", *Corporate Governance: An International Review*, Vol. 24, pp. 346 – 358, 2016.

[228] Merkle, C. & Weber, M., "Do investors put their money where their mouth is? Stock market expectations and investing behavior", *Journal of Banking and Finance*, Vol. 46, pp. 372 – 386, 2014.

[229] Michael, S., "A portfolio performance index", *Financial Analysts Journal*, Vol. 56, pp. 52 – 61, 2003.

[230] Mihaela, B. & Ovidiu S., "Herding behavior of institutional investors in romania. An empirical analysis", *Review of Economic and Business Studies*, Vol. 10, 2017.

[231] Modigliani, F. & Miller, M. H., "The cost of capital corporation finance and the theory of investment", *American Economic Review*, Vol. 4, pp. 443 – 453, 1959.

[232] Morck, R., Shleifer, A., Vishny, R. W. & Poterba, S. J. M., "The stock market and investment: Is the market a sideshow?", *Brookings Papers on Economic Activity*, Vol. 2, pp. 157 – 215, 1990.

[233] Morck, R., Yeung, B. & Yu, W., "The information content of stock markets: Why do emerging markets have synchronous stock price movements?", *Harvard Institute of Economic Research Working Papers*, Vol. 58, pp. 215 – 260, 1999.

[234] Nofer, M. & Hinz, O., "Using twitter to predict the stock market", *Business and Information Systems Engineering*, Vol. 57, pp. 229 – 242, 2015.

[235] Nofsinger, J. R. & Sias, R. W. , "Herding and feedback trading by institutional and individual investors", *Journal of Finance*, Vol. 54, pp. 2263 – 2295, 1999.

[236] Ng, J. , "The effect of information quality on liquidity risk", *Journal of Accounting & Economics*, Vol. 2 – 3, pp. 126 – 143, 2011.

[237] Odean, T. , "Volume, volatility, price, and profit when all traders are above average", *Journal of Finance*, Vol. 53, pp. 1887 – 1934, 1998.

[238] Ovtchinnikov, A. V. & Mcconnell, J. J. , "Capital market imperfections and the sensitivity of investment to stock prices", *Journal of Financial and Quantitative Analysis*, Vol. 44, p. 551, 2009.

[239] Patton, A. J. & Verardo, M. , "Does beta move with news? Firm – specific information flows and learning about profitability", *Review of Financial Studies*, Vol. 9, pp. 2789 – 2839, 2012.

[240] Piotroski, J. D. & Roulstone, D. T. , "The influence of analysts, institutional investors, and insiders on the incorporation of market, Indu, and firm – specific information into stock prices", *Accounting Review*, Vol. 79, pp. 1119 – 1151, 2004.

[241] Piotroski, J. D. , Wong, T. J. & Zhang, T. , "Political incentives to suppress negative financial information: Evidence from state – controlled Chinese firms", *Social Science Electronic Publishing*, 2010.

[242] Polonchek, J. & Miller, R. K. , "The impact of management communications on insurance company share repurchases", *Journal of Insurance Issues*, Vol. 28, pp. 183 – 210, 2005.

[243] Porta, R. L. , Lopez – De – Silanes, F. & Shleifer, A. , "Corporate ownership around the world", *Journal of Finance*, Vol. 54, pp. 471 – 517, 1999.

[244] Pound, J. , "The information effects of takeover bids and resistance", *Journal of Financial Economics*, Vol. 22, pp. 207 – 227, 1988.

[245] Pucheta – Martínez María Consuelo & López – Zamora Blanca. , "Engagement of directors representing institutional investors on environmental disclosure", *Corporate Social Responsibility and Environmental Management*, 2018.

[246] Puckett, A. & Yan X. S. , "Short – term institutional herding and its im-

pact on stock price", *University of Missouri*, *Working Paper*, 2008.

[247] Qiu – Ling, Y. U. & Hong – Quan, Z. , "Investor sentiment's influence to the stock linkage: An empirical research based on stock market in china", *Financial Theory & Practice*, 2015.

[248] Rajgopal, S. , Roller, J. A. , Venkatachalam, M. , Baber, A. & Teoh, S. H. , "Financial reporting quality and idiosyncratic return volatility", *Journal of Accounting and Economics*, Vol. 51, pp. 1 – 20, 2014.

[249] Roll, Richard, "A mean/variance analysis of tracking error", *The Journal of Portfolio Managewent*, Vol. 20, pp. 13 – 22, 1992.

[250] Roulstone, D. T. , "Analyst following and market liquidity", *Contemporary Accounting Research*, Vol. 20, pp. 552 – 578, 2010.

[251] Ruan, Y. , Durresi, A. & Alfantoukh, L. , "Using twitter trust network for stock market analysis", *Knowledge – Based Systems*, 2018.

[252] Sabherwal, S. , Sarkar, S. K. & Zhang, Y. , "Do internet stock message boards influence trading? Evidence from heavily discussed stocks with no fundamental news", *Journal of Business Finance and Accounting*, Vol. 38, pp. 1209 – 1237, 2011.

[253] Sadka, R. , "Liquidity risk and accounting information", *Journal of Accounting & Economics*, Vol. 2 – 3, pp. 144 – 152, 2011.

[254] Saumya, S. , Singh, J. & Kumar, P. , *Predicting Stock Movements using Social Network. Social Media: The Good, the Bad, and the Ugly*, Springer International Publishing, 2016.

[255] Schmeling, M. , "Investor sentiment and stock returns: Some international evidence", *Journal of Empirical Finance*, Vol. 16, pp. 394 – 408, 2009.

[256] Seasholes, M. S. & Wu, G. , "Predictable behavior, profits, and attention", *Journal of Empirical Finance*, Vol. 14, pp. 590 – 610, 2007.

[257] Sengupta, P. , "Corporate disclosure quality and the cost of debt", *Accounting Review*, Vol. 73, pp. 459 – 474, 1998.

[258] Shiller R. J. , "Comovements in stock prices and comovements in dividends", *Journal of Finance*, Vol. 44, 1989.

[259] Shleifer, A. , Vishny, R. W. , "Large shareholders and corporate con-

trol", *Scholarly Articles*, Vol. 94, pp. 461 – 488, 1986.

[260] Shleifer, A. & Vishny, R. W. , "A survey of corporate governance", *The Journal of Finance*, Vol. 2, pp. 737 – 783, 1997.

[261] Sklar A. , "Distribution functions of n dimensions and margins", *Publications of the Institute of Statistics of the University of Paris*, Vol. 1, pp. 229 – 231, 1959.

[262] Song, L. , "Accounting disclosure, stock price synchronicity and stock crash risk: An emerging – market perspective", *International Journal of Accounting and Information Management*, Vol. 23, 2015.

[263] Stambaugh, R. F. , Yu, J. & Yuan, Y. , "The short of it: Investor sentiment and anomalies", *Journal of Financial Economics*, Vol. 2, pp. 288 – 302, 2012.

[264] Statman, S. M. , "Behavioral capital asset pricing theory", *The Journal of Financial and Quantitative Analysis*, Vol. 29, pp. 323 – 349, 1994.

[265] Stutzer, M. J. , "Fund managers may cause their benchmarks to be priced 'risks'", *Electronic Journal*, Vol. 2, pp. 1355 – 1382, 2003.

[266] Subrahmanyam, A. & Titman, S. , "The going – public decision and the development of financial markets", *The Journal of Finance*, Vol. 54, pp. 1045 – 1082, 1999.

[267] Subrahmanyam, A. & Titman, S. , "Feedback from stock prices to cash flows", *The Journal of Finance*, Vol. 56, pp. 2389 – 2413, 2001.

[268] Suda, K. & Shuto, A. , "Earnings management to avoid earnings decreases and losses: Empirical evidence from japan", *Social Science Electronic Publishing*, Vol. 43, pp. 279 – 286, 2005.

[269] Sul, H. K. , Dennis, A. R. & Yuan, L. I. , "Trading on twitter: using social media sentiment to predict stock returns", *Decision Sciences*, 2016.

[270] Tan, Y. A. & Wu, J. , "Does stock pledge have governance utility? — Empirical evidence from Chinese public companies", *Accounting Research*, 2013.

[271] Tang, V. W. , "Isolating the effect of disclosure on information risk", *Journal of Accounting & Economics*, Vol. 1, pp. 81 – 99, 2011.

[272] Tetlock, P. C. , "Giving content to investor sentiment: The role of media

in the stock market", *The Journal of Finance*, Vol. 62, pp. 1139 – 1168, 2007.

[273] Thomas, C. Chiang, Jiandong Li & Lin Tan, "Empirical investigation of herding behavior in Chinese stock markets: Evidence from quantile regression analysis", *Global Finance Journal*, Vol. 21, 2010.

[274] Tim, V. E., John R. N. & Daniel, G. W., "Disclosure and the cost of equity in international cross – listing", *Review of Quantitative Finance and Accounting*, Vol. 29, pp. 1 – 24, 2007.

[275] Tobin, J., "A general equilibrium approach to monetary theory", *Journal of Money, Credit and Banking*, Vol. 1, pp. 15 – 29, 1969.

[276] Tourani – Rad, A., Beaumont, R., Van Daele, M., Frijns, B., Lehnert, T. & Muller, A., "Investor sentiment, mutual fund flows and its impact on returns and volatility", *Managerial Finance*, Vol. 11, pp. 772 – 785, 2008.

[277] Tumarkin, R. & Whitelaw, R. F., "News or noise? Internet postings and stock prices", *Financial Analysts Journal*, Vol. 57, pp. 41 – 51, 2001.

[278] Vandenberghe, V. Robin. S., "Evaluating the effectiveness of private education across countries: A comparison of Methods", *Labor Economics*, pp. 487 – 506, 2004.

[279] Verma, R. & Verma, P., "Noise trading and stock market volatility", *Journal of Multinational Financial Management*, Vol. 3, pp. 231 – 243, 2007.

[280] Verrecchia, R. E. & Leuz, C., "The economic consequences of increased disclosure", *Working Paper Series: Finance and Accounting*, Vol. 38, pp. 91 – 124, 1999.

[281] Wang, B., Xia, X. & Hao, X., "Stock price synchronicity and limited arbitrage", *International Conference on Management and Service Science*, 2011.

[282] Wang, K. Y. & Huang, Y. S., "Effects of transparency on herding behavior: Evidence from the Taiwanese stock market", *Emerging Markets Finance and Trade*, Vol. 55, pp. 1 – 20, 2019.

[283] Wang, Y. C. & Chou, R. K., "The impact of share pledging regulations on stock trading and firm valuation", *Journal of Banking and Finance*, Vol. 89, pp. 1 – 13, 2018.

[284] Watts, R. L. & Zimmerman, J. L., "Positive accounting theory", *So-*

cial Science Electronic Publishing, Vol. 14, pp. 455 – 468, 1986.

[285] Wen, F., Yuan, Y. & Zhou, W. X., "Cross – shareholding networks and stock price synchronicity: Evidence from China", *Papers*, 2019.

[286] West, K. D., "Dividend innovations and stock price volatility", *Econometrica*, Vol. 56, pp. 37 – 61, 1988.

[287] Wright, P., Ferris, S. P. & Awasthi, S. V., "Impact of corporate insider, blockholder, and institutional equity ownership on firm risk taking", *The Academy of Management Journal*, Vol. 2, pp. 441 – 463, 1996.

[288] Wurgler, J., "Financial markets and the allocation of capital", *Yale School of Management Working Papers*, Vol. 58, pp. 187 – 214, 2001.

[289] Wurgler, J. A. & Baker, M. P., "Investor sentiment and the cross – section of stock returns", *The Journal of Finance*, Vol. 4, pp. 1645 – 1680, 2006.

[290] Xing, X. & Yan, S., "Accounting information quality and systematic risk", *Review of Quantitative Finance and Accounting*, Vol. 52, 2019.

[291] Xu, N., Chan, K. C., Jiang, X. & Yi, Z., "Do star analysts know more firm – specific information? Evidence from China", *Journal of Banking and Finance*, Vol. 37, pp. 89 – 102, 2013.

[292] Xuelian, B., Yi, D. & Nan, H., "Financial report readability and stock return synchronicity", *Applied Economics*, pp. 1 – 18, 2018.

[293] Yifeng, W. & Yanming, W., "The role of investor sentiment in asset pricing", *Management Review*, 2014.

[294] Yin, Y. & Tian, R., "Investor sentiment, financial report quality and stock price crash risk: Role of short – sales constraints", *Emerging Markets Finance and Trade*, 2016.

[295] Ying, Q., Wang, L., School, B. & University, S., "Propping by controlling shareholders, wealth transfer and firm performance: Evidence from Chinese listed companies", *China Journal of Accounting Research*, Vol. 6, pp. 133 – 147, 2013.

[296] Yu, F., "Analyst coverage and earnings management", *Journal of Financial Economics*, Vol. 88, pp. 254 – 271, 2008.

[297] Yuan, R., Sun, J. & Cao, F., "Director' and officers' liability insur-

ance and stock price crash risk", *Journal of Corporate Finance*, Vol. 37, pp. 173 – 192. 2016.

[298] Zamri, A., Haslindar, I. & Jasman, T., "Institutional investor behavioral biases: Syntheses of theory and evidence", *Management Research Review*, Vol. 40, pp. 578 – 603, 2017.

[299] Zeng, Y., Yuan, Q. & Zhang, J., "Dark side of institutional shareholder activism in emerging markets: Evidence from China's split share structure reform", *Asia – Pacific Journal of Financial Studies*, Vol. 40, pp. 240 – 260, 2011.

[300] Zhang, Y. & Swanson, P. E., "Are day traders bias free? —Evidence from internet stock message boards", *Journal of Economics and Finance*, Vol. 34, pp. 96 – 112, 2010.

[301] Zhang, R., Xian, X. & Fang, H., "The early arning system of stock market crises with investor sentiment: Evidence from China", *International Journal of Finance and Economics*, Vol. 24, 2019.

[302] Zhaohui, W., "Investor sentiment and stock market return in China", *International Conference on WTO & Financial Engineering*, 2008.

[303] Zhou, C., Wu, C., Li, D. & Chen, Z., "Insurance stock returns and economic growth", *The Geneva Papers on Risk and Insurance – Issues and Practice*, Vol. 37, pp. 405 – 428, 2012.

[304] Zou, H. & Sun, L., "The influence of investor sentiment on stock return and its volatility under different market states", *Business Intelligence and Financial Engineering*, *IEEE*, 2012.